经济管理类创新融合精品教材
"互联网+"教育改革新理念教材

财务管理案例分析

唐世静　邢明春　许轲名　主　编
刘　欢　孙　静　蒋巧艳
陈珊珊　杨　帆　副主编

中国商业出版社

图书在版编目（CIP）数据

财务管理案例分析 / 唐世静，邢明春，许轲名主编.
北京 : 中国商业出版社，2024. 9. -- ISBN 978-7-5208-3147-5

Ⅰ. F275

中国国家版本馆 CIP 数据核字第 2024H6G498 号

责任编辑：管明林

中国商业出版社出版发行

（www.zgsycb.com　100053　北京广安门内报国寺1号）

总编室：010-63180647　编辑室：010-83114579

发行部：010-83120835/8286

新华书店经销

唐山唐文印刷有限公司印刷

*

880毫米×1230毫米　16开　12.5印张　283千字

2024年9月第1版　2024年9月第1次印刷

定价：49.80元

* * * *

（如有印装质量问题可更换）

前 言

近年来，有许多毕业生进入企业后是通过财务管理工作走上了公司高层管理的岗位，可见财务管理在企业管理中占有很重要的地位。但是要想缩短从一名普通的财务管理人员到财务总监这一过程，大学毕业生在校期间能得到足够的综合能力，尤其是专业实践能力的培养是不可或缺的环节和必备条件。

“财务管理案例分析”是继财会专业理论课后的财务管理实践教学课程。本书以企业财务决策中筹资、投资、营运、收益分配等重要环节为结构板块，在理论基础、专业知识、分析思路、信息收集、解决方案等方面，与教学目标和内容互相结合、互相渗透，培养学生清晰的专业理念、较高的专业技能和敏锐的专业判断。

本书案例来源全部是真实的财务事件，具有代表性、典型性。案例企业类型丰富，既有上市公司也涉及非上市企业，既有大型国有企业又有民营企业。为体现地域特色，在呈现方式上，每一板块的案例都以“背景知识—案例资料—案例分析—案例思考”为线索展开，一方面有利于教师引导、主持和控制教学过程，另一方面可以达到促进学生循序渐进，不断内化知识，积极探索实践的学习效果。

我们在本书编写过程中参考了国内外大量财务管理专家和学者的著作，吸收了许多有益的观点，在此表示衷心感谢。由于时间所限本书难免存在不足，欢迎大家批评指正。

编　者

目　录

案例一
美的电器运营资金分析

一、背景知识

（一）营运资金概述

营运资金是指企业流动资产减去流动负债后的余额。若流动资产等于流动负债即营运资金为零，则表明占用在流动资产上的资金是由流动负债融资；若流动资产大于流动负债，营运资金为正值，则与此相对应的“净流动资产”要以长期负债或所有者权益的一定份额为其资金来源；若流动资产小于流动负债，营运资金为负，说明企业将流动负债投资到长期资产中，一般而言财务风险较高。

与营运资金密切相关的概念是流动比率指标，它是流动资产与流动负债的比值，有财务常识的人都熟知该指标通常有大于1.5倍或2倍的数值要求，这是基于流动性和偿债能力的考察。如果从融资规划分析，这个2倍比率的要求实质就是短期负债融资必须全部用于流动资产投资，而且有1/2的流动资产资金需求应该由长期融资解决。换言之，企业随时做好了以流动资产打五折的安排以应对流动负债的支付压力，这种固化的比率要求是财务稳健的标志。

营运资金规模持有量的确定，实质上也是企业财务政策在收益和风险之间进行的权衡。持有较高的营运资金被认为是企业采用宽松的营运资金政策，持有较低的营运资金被认为是企业采用紧缩的营运资金政策，前者营运资金的收益性、风险性均较低，后者的收益性、风险性均较高。介于两者之间的称为适中的(中庸的)营运资金政策。在适中的营运资金政策下，营运资金的持有量不过高也不过低，现金恰好足够支付所需，存货足够满足生产和销售所用。

在营运资金规模上还有一个概念“净现金需求”，该需求并不是一般意义上的流动资金需求，它是生产经营上存货、应收款等流动资产占用所需资金以应付款等(而不是短期借款)流动负债满足之后，仍然不足而需要企业另行筹集的那部分现金需求。它等于企业在生产经营过程中的资金占用(流动资产的部分项目)与在生产经营过程中的资金来源(结算性流动负债的部分项目)的差额。决定企业生产经营过程现金需求的因素主要有存货(包括原材料、在产品、产成品等)、预付账款、应收票据、应收账款，而决定生产经营过程结算性资金来源的因素有预收账款、应付票据、应付账款等。因此，其计算公式如下：

净现金需求＝存货＋预付账款＋应收账款＋应收票据－预收账款－应付账款－应付票据

净现金需求为正(负)数，表明公司在存货和应收账款上被“客户”占用的资金超过(低于)了公司占用供应商的资金。这是善于利用供应商或顾客在货款结算上的商业信用政策的财务反映，这个指标的正或负是考察企业运营管理、供应链设计、财务风险与经营业绩的一个很重要的视角。

与净现金需求相近的一个财务概念是“现金周转期”。现金周转期即从支付货款到应收款收到现金的周期。现金周转期越长，企业短期筹资需求量越多。对现金周转期的分析可以帮助我们分析企业营运资本的形成。现金周转期的计算公式如下：

现金周转期＝经营周期－应付账款周转期

＝存货周转期＋应收账款周转期－应付账款周转期

无论何种行业或者哪类公司都要不断改进运营管理，改善现金周转期，在改进供应商关系、客户关系管理中提高营运资金效率。

(二) 营运资金结构与风险

一般来说，营运资金管理的核心问题是企业在风险与收益之间的权衡，高营运资金持有量意味着低风险与低收益策略，而低营运资金则意味着高风险与高收益。但是，这个结论并非所有情况都适用，有时候高营运资金并非企业的主动选择，而是市场环境恶化的被动结果，主要表现在库存商品和应收账款迅速上升，上升速度远超过营业收入的增长速度。这种高营运资金带来的结果是高风险、低收益，企业长期盈利能力存在重大风险，在营运资金分析时需要注意区分这种情况。对于这种市场竞争加剧导致的高营运资金现象，企业应根据其长期市场战略，调整营运资金结构。若企业对长期市场走势乐观，并且存货具有增值潜力，如矿业企业、房地产企业，则可以保持高营运资金政策，但是需要付出较高的资金成本；若存货属于快速贬值商品，如休闲服装、IT 产品、食品等，则应快速变现存货，增加货币资金的持有量，以备“过冬”之用。

具体而言，营运资金与风险的关系可以从两个方面把握：一是营运资金越高的企业短期偿债风险相应较小，这使企业在与供应商的合作关系中处于产业价值链的有利位置，并且可以利用这一优势与关键性资源供应商建立战略合作伙伴关系，充分利用供应商的资金，可见，营运资金规模对公司的产业链关系会产生影响；二是较高的营运资金可能是企业的销售不畅导致存货大量囤积引起的，或者公司管理层对市场未来预期并不看好，从而保留大量货币资金而不进行扩大投资，此时，较高的营运资金可能蕴藏着公司长期经营风险的增加。

二、案例资料

(一) 美的集团的基本情况

2013 年 9 月，美的集团换股吸收合并美的电器，在美的电器原有基础上注入小家电、电机及物流板块资产，实现集团整体上市，旗下拥有小天鹅股份有限公司、威灵控股有限公司两家子上市公司。美的集团是一家大型家电企业，主要产业链有空调产业、洗衣机产业、冰箱产业、微波炉产业和洗碗机产业，产品远销国内外。经营范围包括家用电器、电机、通信设备及其零配件的生产制造和销售，上述产品的技术咨询服务，自制模具、设备，酒店管理，销售电子产品及百货，企业和成员企业自产产品及相关技术的出口，生产、科研所需原辅材料、机械设备、仪器仪表、零配件及相关技术的进口。经过将近四十年的不断调整、发展与壮大，美的集团已成为以家电业为主的综合性现代化企业，是中国规模最大的家电生产基地和出口基地之一。

2014 年 3 月，美的集团实施智能家居＋智能制造“双智”战略：公司提出 MG smart 智慧家居战略，为推进智能家具领域的发展，美的集团积极与互联网领域电商开展战略合作，美的集团分别与小米、京东签订了战略合作协议，通过定向增发等方式拟在智能家居、移动互联网和电商渠道等方面有深度合作。2014 年，美的集团与安川电机成立合资公司，开辟工业和服务业机器人新领域，以“智能制造＋工业机器人”全面提升美的智能制造水平。美的集团为实现国际化发展规划，于 2016 年收购东芝家电股权，加速推进全球化战略。

自 2013 年美的集团整体上市以来，公司盈利能力稳步提升。2015 年，美的集团实现营业收入 1 384.41 亿元，同比下滑 2.28%；实现归属于母公司股东净利润 127.07 亿元，同比增长 20.99%。同时，公司的整体实力和行业竞争力明显增强，冰洗小家电增速乐观，产品结构优化，毛利率、净利率稳步提升，营运能力提升。在整体竞争力不断加强的同时，美的集团的品牌影响力也获得了全面提升。2015 年，美的集团进入福布斯全球企业 500 强，在 2015 年《财富》中国 500 强榜单中排名第 32 位，“美的”品牌价值 716.11 亿元，位居中国最有价值品牌第 6 位。

（二）美的集团的主要财务数据与指标

美的集团 2013—2015 年度报告期内公司资产与负债构成见表 1-1。

表 1-1　美的集团 2013—2015 年度报告期内公司资产与负债构成

项目	2015 年 12 月 31 日		2014 年 12 月 31 日		2013 年 12 月 31 日	
	金额(亿元)	比例(%)	金额(亿元)	比例(%)	金额(亿元)	比例(%)
货币资金	118.62	9.21	62.03	5.16	155.74	16.06
应收票据	128.89	10.00	170.97	14.21	141.51	14.60
应收账款	103.72	8.05	93.62	7.78	79.28	8.18
预付账款	9.89	0.77	14.14	1.18	24.32	2.51
其他应收款	11.01	0.85	11.81	0.98	10.25	1.06
存货	104.49	8.11	150.20	12.49	151.98	15.68
其他流动资产	338.28	26.26	265.94	22.11	4.63	0.48
流动资产合计	933.68	72.47	864.27	71.85	653.27	67.38
长期股权投资	28.88	2.24	9.52	0.79	17.56	1.81
固定资产净额	187.30	14.54	195.22	16.23	195.72	20.19

续表

项目	2015年12月31日		2014年12月31日		2013年12月31日	
	金额(亿元)	比例(%)	金额(亿元)	比例(%)	金额(亿元)	比例(%)
在建工程	9.55	0.74	6.62	0.55	6.13	0.63
非流动资产合计	354.74	27.53	338.65	28.15	316.19	32.62
资产总计	1 288.42	100.00	1 202.92	100.00	969.46	100.00
短期借款	39.21	3.04	60.71	5.05	88.72	9.15
应付票据	170.79	13.26	126.48	10.51	63.08	6.51
应付账款	174.49	13.54	201.37	16.74	175.08	18.06
预收账款	56.16	4.36	39.93	3.32	49.83	5.14
应交税费	16.07	1.25	32.80	2.73	10.28	1.06
其他流动负债	220.98	17.15	227.79	18.94	126.08	13.01
流动负债合计	720.04	55.89	731.43	60.80	566.47	58.43
负债合计	728.10	56.51	745.61	61.98	578.65	59.69
营运资金	213.64	16.58	7132.84	11.04	86.79	8.95

美的集团2014—2015年营业收入及利润构成分析见表1-2。

表1-2　美的集团2014—2015年营业收入及利润构成分析　　单位：亿元

项目	2015年	2014年
营业收入	1 384.41	1416.68
营业成本	1 026.63	1 056.70
营业税金及附加	9.11	8.10
销售费用	148.00	147.34
管理费用	74.42	74.98
财务费用	1.39	2.51
营业利润	149.17	134.51
净利润	136.25	116.46

美的集团2013—2015年现金流量构成见表1-3。

表1-3　美的集团2013—2015年现金流量构成　　单位：亿元

项目	2015年	2014年	2013年
经营活动产生的现金流量净额	267.64	247.89	100.54
投资活动产生的现金流量净额	−179.89	−288.62	−4.67
筹资活动产生的现金流量净额	−88.77	−74.10	−53.64

美的集团 2014—2015 年财务指标见表 1-4。

表 1-4 美的集团 2014—2015 年财务指标

项目	2015 年	2014 年	项目	2015 年	2014 年
每股收益(元)	2.99	2.49	净利润率(%)	9.84	8.22
每股净资产(元)	11.53	9.36	总资产报酬率(%)	10.94	10.72
净资产收益率(%)	29.06	29.49	存货周转率(次)	8.06	6.99
扣除后每股收益(元)	2.57	2.25	存货周转天数	44.66	51.47
流动比率(倍)	1.30	1.18	应收款项周转率(次)	5.31	5.41
速动比率(倍)	1.15	0.98	应收款项周转天数	67.80	66.54
资产负债率(%)	56.51	61.98	应付款项周转率(次)	2.67	3.22
			应付款项周转天数	134.83	111.80

注：应收款项周转率和应收款项周转天数的计算包含了应收账款、应收票据和预付账款，等于营业收入除以应收账款、应收票据和预付账款之和的年平均数；应付款项周转率和应付款项周转天数的计算包含了应付账款、应付票据和预收账款，等于营业成本除以应付账款、应付票据和预收账款之和的年平均数。

美的集团 2014—2015 年存货结构明细情况见表 1-5。

表 1-5 美的集团 2014—2015 年存货结构明细情况 单位：亿元

项目	2015 年年末账面余额			2014 年年末账面余额		
	金额	跌价准备	账面价值	金额	跌价准备	账面价值
原材料	16.49	0.15	16.34	24.54	0.18	24.35
委托加工材料	1.94	0.00	1.94	3.77	—	3.77
低值易耗品	0.00	—	0.00	0.01	—	0.01
在产品	5.04	0.01	5.04	3.92	—	3.92
库存商品	82.34	1.16	81.18	119.34	1.20	118.15
合计	105.81	1.32	104.49	151.58	1.38	150.20

三、案例分析

(一) 净现金需求问题分析

通过数据计算，美的集团 2013—2015 年的“净现金需求”总额分别为 109 亿元、61 亿元、−54 亿元，说明该公司通过补充现金来维持企业运营的需求逐步减少。该公司短期借款由 2013 年的 88.72 亿元降低到 2015 年的 39.21 亿元，从侧面反映出企业另行筹集以补充运营所需的现金量在大大降低。

若一家公司净现金需求为负数，则在财务战略上被称为实施 OPM(Other People's Money)战略。这种 OPM 战略指企业占用供应商的资金超过了公司在存货和应收账款上的资金，也就是善于利用供应商在货款结算上的商业信用政策，即用别人的钱经营自己的事业。企业采用 OPM 是一种高风险(易招致供应商挤兑)和低成本的经营策略。美的集团的净现金需求由正转负，应付款项周转期延长说明它正在向 OPM 战略转型。

(二) 营运资金速度(现金周期)分析

利用美的集团的历史资料，计算求得其现金周转期见表 1-6。

表 1-6　美的集团 2013—2015 年现金周转期　　单位：天

项目	2013 年	2014 年	2015 年
存货周转期	55	51	45
应收款项周转期	61	67	68
应付款项周转期	93	112	135
现金周期	24	6	−22

计算结果表明，美的集团现金周期在逐年缩短，从 2013 年的 24 天缩短至 2015 年的−22 天，表明其营运资金的使用效率在不断提高。对比分析美的集团 2015 年和 2013 年的现金周转结构可以发现，其现金周转期缩短有两部分原因：第一，存货周转期从 2013 年的 55 天缩短至 2015 年的 45 天，说明存货的周转速度加快；第二，应付账款的周转天数有所增长，由 93 天延长至 135 天，说明美的集团能够更好地利用商业信用政策，占用供应商货款补充自身运营所需。

美的集团之所以能够在短期内提高存货周转速度，进而提高现金周转速度，在很大程度上有赖于其高效的运营体系的建立和使用。美的集团“T＋3”新型产销模式逐步成型。“T＋3”模式以销定产，生产方式由原储备式生产转变为客户订单式生产，以减少中转等中间环节，从而提升制造力，压缩供货周期，在很大程度上解决了传统渠道的压货问题，加快了周转速度并提升了市场竞争力。同时，全新的运营系统、管理平台和技术平台的全面上线，为流程优化提供了技术基础。

美的集团积极利用商业信用政策延长应付账款周转期，得益于公司在同业中较高的品牌声誉。美的集团是国内唯一一家拥有全产业链、全产品线的家电生产企业，这一特点一方面使公司的产品组合更全面、更具竞争力，另一方面有助于公司在品牌效应、渠道议价上实现协同效应。这有助于提高公司对供应商资金的占用水平和使用效率，从而加快现金周转速度。

（三）营运资金的结构分析

我们采用结构分析的方法分析美的集团 2015 年的资产，发现本年度流动资产占总资产的 72.47%，其中应收项目(应收账款＋应收票据＋其他应收款)占总资产的 18.90%，占流动资产的 26.09%；存货占总资产的 8.11%，占流动资产的 11.19%。这正是美的集团去库存、优化产品结构和供货机制的体现。近年来，面对家电零售行业残酷的市场竞争，美的集团进行了战略转型升级。2015 年，美的集团去除过剩产能，压缩库存，并重点改革其空调业务。其存货由 2013 年的 151.98 亿元下降到了 2015 年的 104.49 亿元，下降了 31%。尽管 2015 年全年营业收入出现小幅下滑(2.28%)，但从应收项目分析，美的集团并没有通过过度放宽信用政策来促进销售。2015 年应收项目占流动资产的比重相比 2013 年下降了 9%。

应收项目的结构可以反映公司与销售渠道之间谈判力量的变化情况。从应收项目的结构来看，应收账款占比保持基本稳定，维持在 8%左右的水平。而应收票据的比重明显下降，从 2014 年的 14.21%下降至 2015 年的 10%。应收票据的明显减少表明美的集团在去库存的过程中，对销售渠道做了一定程度的让步，减少了票据结算的交易规模和比重。但是，从美的集团应收项目整体比重降低、预收款项占比小幅提高的态势可以看出，美的集团对下游销售渠道依然具有较强的谈判能力。

应付项目的结构可以反映公司与上游供应商之间谈判力量的变化情况。从美的集团 2015 年的财务数据来看，其流动负债中，应付账款和应付票据所占的比重最大，各占流动负债的 24%。应付账款在 2013—2015 年保持了较为稳定的水平，而应付票据则从 2013 年的 63.08 亿元上升到了 2015 年的 170.79 亿元，两年间增长了 171%。这表明美的集团对供应商的谈判能力减弱。从营运资金速度的分析中可以看出，美的集团利用商业信用融资的能力在逐步增强。

从存货的构成来看，原材料、库存商品的下降是存货减少的主要原因，而在产品则呈现出了较大幅度的增长。这一方面是源于原材料价格降低，另一方面则是美的集团去库存、改善周转效率成效显见。从前文存货周转速度的分析中可以看出，“T＋3 ”产销模式推动了公司流程再造，加快了存货周转速度；与此同时，美的集团的渠道拓宽也为存货周转提供了基础。在线下渠道，美的集团旗舰店在三、四线城市的覆盖率突破了 90%，并且继续强化与苏宁、国美等传统连锁渠道的合作；在线上渠道，美的集团与淘宝网和京东等平台的战略合作以及美的官方线上商城的运营，推动了美的集团网络零售业务的发展。2015 年，美的集团的全网零售额近 160 亿元。

其他流动资产占总资产的比重在 2015 年超过了 26%，占流动资产的比重超过了 36%，成为营运资金的重要组成部分。其他流动资产主要由套期工具和一年内到期的保本或非保本理财产品等金融资产组成。积极开展海外收购项目以推动国际化，落实“双智”战略进军机器人领域，将大量货币资金投资于短期金融资产用以保值并保持流动性，体现了美的集团近期积极扩张的战略。

（四）营运资金与经营现金流量的相关分析

美的集团经营活动现金流量从 2013 年的 100.54 亿元增长至 2015 年的 267.64 亿元，增长了 166%。这体现出美的集团强大的“造血功能”，其短期和长期的偿债能力都比较乐观。经营活动现金流量大幅增加的主要原因：一是企业通过去库存回笼资金；二是得益于公司产品结构的优化，高毛利率产品销量的提升。虽然受到去库存的影响，公司 2015 年的全年营业收入出现了小幅下滑(2.28%)，但是其净利润仍表现为 16.99%的高速增长，毛利率上涨了 0.46 个百分点，盈利能力较强。美的集团的去库存和产业结构调整，有助于其未来盈利能力的提升和良性发展。

（五）营运资金的经营绩效与风险分析

越来越多的企业极力推行“零资本运营”（企业流动资产减去流动负债后的余额为零）策略。这也就是对固化的“2 倍流动比率”经营理念的挑战。显然这种“流动资产与流动负债”的匹配要求具有极高的风险性，也就是说对物流、资金流、信息流的速度提出了极高的挑战和要求。“零资本运营”或 OPM 策略既是一个融资问题，也是一个用资问题；既是一个涉及公司盈利模式的战略方针问题，也是一个涉及需要“持续改进”执行能力的问题。

美的集团的流动比率在 1.1～1.3 倍之间，在传统意义上完全符合稳健财务要求。但通过关注美的集团负债的构成，我们发现，美的集团资产负债率在 56%～60%之间，有息负债率仅为 3%～5%，而负债绝大部分由无息负债(应付账款、应付票据、预收账款等)构成，为数不多的短期贷款在很大程度上也是由企业通过银行借款获得的应付票据保证金构成。由前文的分析可知，美的集团的现金周转速度较快，货币资金储备在 10%左右，相对充沛，因此，采用 OPM 策略，适当放宽流动比率有助于美的集团充分运用产业链关系，灵活处置企业富余营运资金。美的集团承担的有息负债少，富余的营运资金多用于套期保值等短期金融工具，因此，在财务费用的构成上，利息收入高于利息支出，不考虑汇兑损益的情况下，公司的财务费用为负。

面对近年来家电行业的激烈竞争，美的集团通过去库存、优化产品结构、改善供货机制，大大压缩了存货，提高了毛利率，缩短了现金周转期。充沛的营运资金也帮助公司在上下游合作中建立了良好的关系。应收款项占比降低和应付款项周转期缩短体现出公司很好地利用了供应商的资金维持自身的经营。因此，扩张的营运资金战略为企业的良性发展提供了保障和基础。

随着美的集团海外扩张的速度加快，海外并购合资进程加快。因此，减少币值波动导致的汇兑损益成为美的集团应该关注的问题。2015 年，由于人民币贬值，美的集团产生汇兑损失 3 亿元，随着集团的海外扩张，汇兑损益对于企业净利润的影响还会增大。美的集团在发展中更应注重合理利用期权等金融工具控制汇兑风险。

四、案例思考

1. 为什么营运资金管理是企业战略议题?
2. 什么是 OPM 策略?企业运用 OPM 战略如何控制风险?
3. 你认为不同的“净现金需求”规模安排如何考虑行业差异?

案例二
万科企业财务战略

一、背景知识

英国学者凯斯·沃德(Keith Ward)在《公司财务战略》一书中，对财务战略的定位是“为适应公司总体的竞争战略而筹集必要的资本，并在组织内有效地管理与运用这些资本的方略”。应该说，财务战略是在企业愿景和总体战略的引领下，以促进企业财务资源长期均衡有效地配置和流转为重点，以资本筹措与风险筹划为依托，以维持和提升公司核心竞争优势和盈利水平为目的的战略议题。从财务战略规划到最终的价值创造，中间势必经历了一个管理者对盈利模式的抉择阶段。盈利模式刻画了企业价值链增值环节上的关键成功因素——提供什么类型的产品，定位什么样的客户，投入哪些资源，将最终转化为企业长久的获利能力和持续发展能力。而任何一种有价值的盈利模式在其关键成功因素的运用和检验过程中，都将指向一系列财务实践路径上的价值驱动因素和财务战略决策。

在“互联网+”的大潮中，追逐轻资产模式已经成为越来越多中国企业的战略首选，它以尽可能少的财务资本投入和强有力的管控为基础，充分利用外部资源和内部竞争优势，整合和创造出独特的获利能力和企业价值。企业轻资产模式应隐含以下五大特征：第一，企业的设备、产品和厂房在企业资产中的比重较低，以 OEM 生产(定点生产)方式为主；第二，企业的融资主要是内源性融资，借款性负债比较少，主要靠利润支撑运营；第三，现金储备一般比较多，现金流比较充裕，企业潜在的现金资源较为丰富，财务结构弹性较强；第四，供应链管理系统比较高效，拥有相当数量的、固定的、精选的供应商；第五，企业一般不愿意采用现金分红的股利政策，股东基本上是靠股票升值获得溢价收益，实现投资回报。

传统重资产运营的企业既要忙于生产制造，又不能忽视营销和研发投入，规模的不断扩张意味着资本性开支持续增大，固定成本与财务开支居高不下，同时兼有较高的经营杠杆与财务杠杆。与之相比，轻资产模式是更具财务优势和吸引力的盈利模式，体现在以下四个方面。

(1)用较低的财务投入撬动更高的资本回报率。轻资产企业在生产方面的成本投入几乎为零，大量的投入用于以“微笑曲线”为主体的供应链管理等高附加值环节，给企业带来了更高的投资回报率。

(2)通过业务外包实现业务风险共担。由于合作伙伴分担了一部分产品价格风险，企业更有柔性，能更快速地应对市场变化。轻资产模式的终极目标是“用别人的钱做自己的事”。

(3)轻资产模式在财务结构上同时兼备较低的经营杠杆与财务杠杆，较好地保证了企业的财务弹性与风险防控能力。特别是对于房地产企业来说，由于土地价格不断上涨，且受到房价调控的影响，房地产企业的利润率不断走低，重资产模式时代的持续拿地和持续销售模式在扩大了企业规模的同时，也加重了企业对资金的依赖程度。

(4)由于总是保有特别充裕的现金流和较低的间接融资，轻资产企业具有很强的抗风险能力。

轻资产的杠杆性虽然赋予了企业更高的利润空间和更优质的现金流，但也对与之配套的财务战略提出了特殊要求。换句话说，由于资产“轻”，企业在规模、固定资产比重、风险控制等方面几乎没有优势，将会面临融资方式受限、管理失控、转型速度过快、企业风险增大等多种挑战。从财务战略角度来说，轻资产模式的企业必须对投融资及现金流策略、财务管理理念、运营战略、客户选择进行精心设计，在结合自身业务特点的基础上，探索出与轻资产相适应的财务实践路径。对这些财务路径的选择和把控，在很大程度上挑战着企业战略的推进能力，继而决定着轻资产模式的成败。

二、案例资料

万科企业股份有限公司(以下简称“万科”)成立于1984年5月，是国内首批公开上市的公司之一，主营业务为以珠江三角洲为核心的深圳区域、以长江三角洲为核心的上海区域、以环渤海为核心的北京区域和以中西部中心城市组成的成都区域为重点的商品住宅开发。万科A股于1991年1月在深圳证券交易所挂牌交易，目前控股股东为华润股份有限公司。

2013年，万科提出了“轻资产、重运营”的财务经营战略。也就在2013年，万科凭借1 709亿元的销售额再次坐上了国内房地产企业“老大”的宝座。可以说，万科在业绩最好的一年选择了转型，为公司未来的发展铺平了道路。

下面的分析数据均直接来自万科2012—2015年的年度财务报告，可以发现万科落地轻资产模式的战略要领包括以下五个方面。

(一) 越来越多现金留存与投资重点的转向

根据2014年万科年报，万科以现金流为核心加强运营控制，实现经营性现金净额417.2亿元，几乎是2013年现金净额的22倍；共持有货币资金627.2亿元，同比增长41.4%。企业资金实力进一步增强，自由现金留存大幅增长，充沛的资金为万科未来进行项目发展和新业务创新提供了有力支持。

2015年，万科在确保资金安全的前提下，全面展开有针对性的投资，尤其是对联营与合营企业的股权投资大幅增加(见表2-1)。与此同时，万科的全国住宅开发投资增速由2013年的19.4%大幅降至2015年的9.2%；住宅新开工面积由2013年的14.6亿米^{2}降至2015年的12.5亿米^2，为2010年以来最低。换句话说，万科迅速地降低了房地产开发力度，释放了大量现金流，用于品牌建设、供应链管理、客户关系等方面的投入，从现金及投资方向上全面践行了轻资产战略规划。

表 2-1 万科对联营与合营企业的股权投资金额 单位：亿元

项目	2015 年	2014 年	2013 年
对合营企业的投资	240.76	112.45	68.98
对联营企业的投资	94.28	79.89	36.33
合计	335.04	192.34	105.31

(二)“小股操盘”开发模式的逐步登场

万科在 2013 年的年报中首次创造性地提出了“小股操盘”的运营模式。根据万科的解释，“小股操盘”是万科合作开发模式的进一步深化，在合作项目中不控股，但项目仍然由万科团队操盘，仍然可以使用公司品牌和产品体系，共享公司的信用资源和采购资源。2014 年 9 月，万科以 16.51 亿元的价格出售旗下全资子公司万狮置业 90%的股权，并与买方订立合营公司协议，万科仍负责万狮置业旗下项目后续的开发与运营。借助买方凯雷集团的资本注入，万科将大部分投资收益让渡给凯雷，但同时也将资产经营的风险转嫁了出去。摆脱商业地产投资人和开发商资产包袱的万科，实际拥有着绝对的经营管理权，并将持续获得运营收益。通过输出管理和品牌的轻资产模式，万科的净资产收益率和回馈股东的能力提升了。

(三)以物业管理和互联网为平台，打造成为城市配套服务商

万科正在将盈利模式的核心转移到持有和运营物业上来，以物业管理为平台，为 300 多万社区用户提供持续的增值服务。年报显示，2015 年，万科物业持续推进信息化建设，探索物业管理新技术和新方法，减少中间监控环节和管理成本，提升住宅项目运营效率，保证了住宅物业毛利率稳步增长。同时，万科物业充分发掘资产服务经营模式，2015 年，资产服务利润同比增长 87%，对利润的贡献率达到了 22%，较上年提升了 6 个百分点。2015 年 9 月，万科在深圳的发布会上透露了“八爪鱼战略”的战略构想，即由八大板块打造一个闭合的万科商业生态系统，将轻资产模式渗透进住宅、商业、教育、养老等各个领域，并逐步降低住宅地产开发业务收入的占比。如表 2-2 所示，万科的物业管理收入正在逐年上升。

表 2-2 万科 2012—2015 年营业收入构成 单位：亿元

项目	2015 年	2014 年	2013 年	2012 年
房地产收入	1 902.13	1 435.30	1 327.88	1 015.80
物业管理收入	29.70	19.88	14.71	8.59
合计	1 931.83	1 455.18	1 342.59	1 024.39

(四)银行贷款比例锐减，加大依托房地产信托基金融资

根据 2013 年万科年报披露，公司“一年内到期的长期借款”中，银行贷款比例已由

90.1%锐减至 29%，而“金额前五名的一年内到期的长期借款”中，信托占据所有名额，相比 2012 年银行贷款占据四席位，信托仅占据一席，万科已减少对银行贷款的依赖，信托贷款比例上升。2014 年和 2015 年的银行贷款比例基本稳定在 50%左右。值得注意的是，2013 年万科的信托贷款利率为 6.16%～10.6%，较 2012 年的信托成本明显降低。

作为国内首家发起公募房地产信托投资基金(REIT)产品的房地产企业，万科与鹏华基金合作的“前海万科 REIT 封闭式混合型基金”于 2015 年 9 月正式上市交易。其标的是位于深圳前海的万科企业公馆项目。万科将与深圳前海管理局采用 BOT(建造、运营、移交)模式合作开发一个大型商业园区项目，项目由万科负责投资建造、运营并收取租金，期满 8 年后投资者获利退出。REIT 类金融产品的应用，能够帮助万科减少资源占用，盘活资金使用效率。

(五) 财务管控体系的重建与升级

为了在不损害利益相关者效用的前提下实践轻资产战略，持续输出高质量产品以赢得客户信赖，根据万科 2013 年年报，万科推进了“千亿计划”(工程师境外研修计划)的实施，推动了实测实量、交付评估、客户验房指引等措施的全面应用和改进，加强了对引进的工程技术、管理体系的应用，完善了对供应商的产品检测制度，以确保在经营规模扩大的同时，使万科的产品口碑持续提升。2016 年，万科在现有质量管理体系的基础上，开展了“天网行动”，实现了覆盖 42 家城市公司 78 类产品类别的质量抽检机制。

三、案例分析

过去的四年，万科经历了从传统重资产房地产企业向轻资产盈利模式的转型过程，同时也践行了万科自身独到的财务战略轨迹，上述五个要点就是这一轨迹的“万科”式特征。这些特征给其他企业以多维启示，而且这些启示的可复制性与企业是否从事房地产无关。

(一) 通过企业计划预算系统，掌控好投资与现金留存的交替节奏

轻资产模式下的企业投资需要以企业留存的现金净额为依托和参照，过重的投资负担占用过多的现金流，将会造成企业“船大不易掉头”，影响轻资产的转型进程。而把控这种现金留存与投资占用空间节奏的抓手无疑是企业的计划预算体系。在“万科”式的财务战略中，万科长期以来秉承量入为出的投资计划和“现金为王”的资金管理计划。这类轻资产企业的预算安排具备如下特点：

(1)安排财务资源预算时，在现金流充裕的年份，企业可以适当增加投资；在需要留存现金的年份，要尽量减少投资。

(2)实施轻资产预算时，为了减少各经营环节对财务资金的占用，预算规划必须着眼于

提高运营速度而非扩大经营规模，以提升企业的获利能力和抗风险实力。

(3)立足于现金流，轻资产战略下的预算目标必须持续改善经营现金流，紧缩股东分红预算，改进融资现金流结构，严控投资现金流出预算。

图 2-1 显示了万科 2005—2015 年营业收入、营业利润、净利润、经营活动现金流入、经营活动现金净流量和自由现金流的基本态势，可以明显看出其资金配置的计划和优势：

(1)万科的营业收入与经营活动现金流入，经营活动现金净流量与自由现金流等指标，长期显示出了很高的吻合度，这表明万科营业收入的变现能力较强，盈利能力稳定提升。收入的现金流比重较高，投资资本支出多源于经营性现金，这些都是稳健经营的标准。

(2)万科在营业收入增长较快的年份也会同时增加现金支出，经营活动现金净流量呈现负值，但在营业收入增速较缓的年份会相对缩减土地购置与土地储备，使得其经营活动现金净流量恢复正值，即万科会根据收入的多少来安排相应的土地购置规模与节奏，大体上一直奉行量入为出的投资配置策略和现金净额正负交替、风险张弛有度的动态财务规划，保证了现金流的充足和稳定。

尤其是 2014 年，万科正式推行轻资产战略，“收入、利润指标”与“净现金指标”呈现的巨大“喇叭口”出现了大幅缩窄。如前所述，万科在现金流量控制上采取了更为保守稳健的管理策略，预留了充足的资金，支撑了两年间大幅增长的对联营与合营企业的股权投资，实现了从住宅开发商向输出品牌和物业的城市配套服务商的战略性转型。

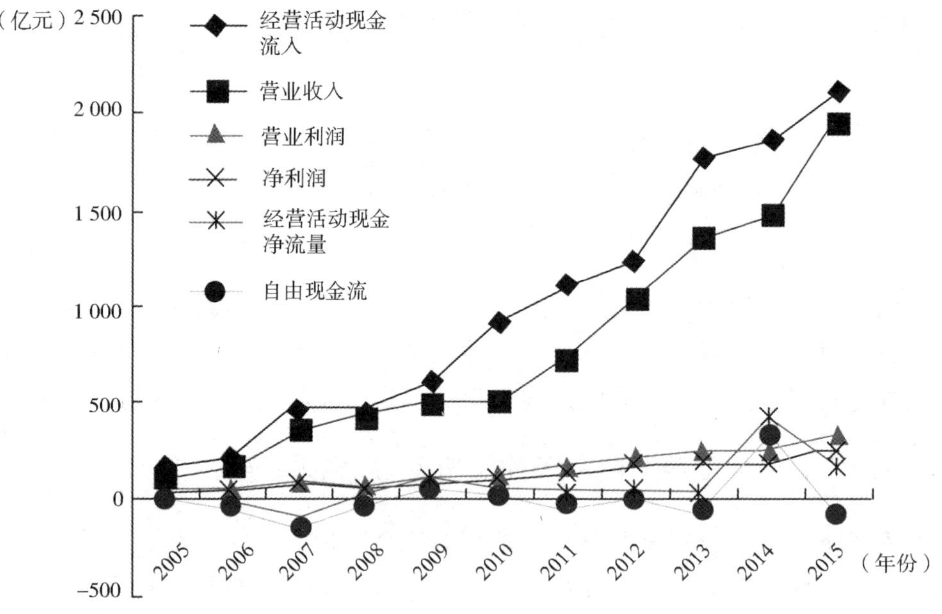

图 2-1　万科现金与投资

（二）塑造与轻资产相适应的管理理念和管控体系

在轻资产模式下，企业更多的是选择合作开发与共同经营等方式输出自身的软实力，因此企业财务管理的视角也应越来越展现企业战略，表达商业模式，嵌入经营业务全过程，强调品牌、信息沟通、人力资源等非财务资源的开发与配置。如前文提到的“小股操盘”模式，作为万科轻资产实践的创新关键和主要运作方式，通过共享万科品牌、管理模式和信用资源，不仅放大了万科的收益，而且极大地提升了资金的利用效率。在该模式下，万科虽然在单个项目中的权益比例较低，但由于每个项目的投入资金较少，万科操盘的项目总数会相应增加，经营规模将会迅速扩大。且万科管理层表示，具体收益的分配可由合作双方事先约定，万科一方面可收取项目管理费；另一方面可参与项目利润分成，获取投资回报，并有机会因房价上涨获得超额利润。

此外，不同的管理理念决定了不同的管理方针、经营行为与管控体系，可以说，在传统的重资产盈利模式下，财务管理的重心是股东与债权人，也即财务出资人。股东财务投资规模是企业实力与能力的第一要件，实现股东财富最大化是企业经营管理的主旨目标。而新型的轻资产模式财务管理的重心应该是众多的利益相关者，因为轻资产模式的关键成功因素并非财务资本。着眼于股东、经营者、员工、供应商、合作伙伴、债权人关系，谋求利益相关者价值最大化是轻资产模式的主旨目标。具体来说，万科采取了如下措施以推动各类利益相关者财务关系的协调运作：

(1)2014 年，万科基于经济利润奖金推出了事业合伙人持股计划和项目跟投制度，万科骨干团队跟随股东成为公司的投资者。万科的管理体系逐渐趋向于去金字塔化和扁平化，同时引入了更高的杠杆效应，事业合伙人将承担比股东更大的投资风险。事业合伙人持股计划在经理人与股东之间共创、共享利益关系的基础上加入了共担的概念，使得管理层与股东的利益高度一致，管理层在投资上更趋于谨慎和长远考虑，注重效率的提升和持续不断的创新。

(2)为了提高财务、产品质量、客户服务、品牌营销等的综合效益，万科坚持慎重选择产品、物流等合作伙伴与代理商，“小股操盘”模式的关键就是保证楼盘质量按照万科的水准输出。换句话说，在选择“小股操盘”合作方的过程中，内部的控制要求极其严格，万科的挑选原则是对方要具有“很好的价值观和国际声誉，具备运营管理经验”。在万科看来，“小股操盘”不仅是一次简单的商业合作，其更希望能在合作中产生价值增值，为公司带来成长。此外，万科团队自身的人才储备也有很大一部分来自凯德、万达、中粮等专业地产商的优秀管理人员。

(三) 实施与轻资产模式相匹配的企业融资战略与方式创新

从实现路径来说，企业推进轻资产模式的一个重要方面就是实施与之匹配的融资策略。具体包括以下四个方面：

(1)大幅度减少银行贷款、债券融资等有息负债，加大应付款等贸易融资、无息负债和供应链融资的规模。如前文所述，万科已于 2013 年大幅降低了银行贷款的比例，同时成本更低且对抵、质押物要求更灵活的信托贷款相应增加，以配合轻资产转型。

(2)对于现有流动资产，尤其是存货和应收账款，通过资产证券化、保理等方式，强化资产的变现能力，保持现有资产较强的流动性。

(3)进行融资方式创新。万科在突破单一银行、债权融资渠道后，不断寻求融资工具的创新。如前文所述，通过与鹏华前海的合作，万科推出了国内首个公募 REIT 产品，成为实现房地产投资大众化和融资社会化的重要途径；此外，万科在工程款支付环节中还增加了包括供应链融资支付方式在内的多种手段。

(4)实施轻资产模式的企业为了不增加总资产“重量”，尽量避免外购与自建方式，而主要采取租赁方式。此外，企业对固定资产等实施“售后回租”等方式，可以快速实现重资产向轻资产模式的转换。

(四)轻资产带来的业务模式转型需要相应的会计信息披露政策的变革

企业财务会计的信息越来越丰富。由于企业盈利模式的转型，资源配置重心的转移，企业的盈利结构也必然发生改变，企业的经常性损益与非经常性损益的确认、计量与报告也必须有别于重资产时期。随着万科从专业化房地产开发商向持有和输出品牌及物业的城市配套服务商的战略转型，万科的主营业务收入占比和对投资收益的理解都将因此改变。

万科 2014 年报显示，万科实现的净利润为 157.5 亿元，其中公司实现的投资收益为 41.59 亿元，较 2013 年大幅增长了 313.78%。公司的投资收益主要来源于联营、合营公司实现的万科权益利润，以及以股权转让方式进行项目合作而实现的收益。公司虽然出让了部分开发项目或商用物业股权，或在部分联营、合营项目中仅占较低的股权比例，但一般情况下，此类项目或物业的经营管理仍由公司负责，公司因此可收取一定的管理费或要求获得高于股权比例的超额分配权。在年报中，万科从 2013 年起就在公司经营和财务状况分析中指出，企业实现的投资收益不同于一般意义上的投资收益，此“类投资收益属于经常性收益，并非一次性所得”。按照此逻辑，万科在 2014 年实现的 41.59 亿元投资收益的现金流，在现金流量表中不应该列示在“投资性现金流”而应该列示在“经营性现金流”中。因此，不应按照常规的报表分析思路来审视如万科这样的轻资产企业，应在利润和现金流中考虑到其对联营、合营公司的投资所得。

四、案例思考

1. 你认为财务战略与盈利模式是什么关系？

2. 通过案例，你认为轻资产模式的潜在风险是什么？

3. 如果其他房地产企业打算复制万科的轻资产模式，你认为应该注意哪些问题才能成功。

案例三
中国远洋财务困境分析

一、背景知识

财务困境是企业经营发展过程中可能会遇到的情况，严重的财务困境甚至会影响企业的可持续经营。具体来说，财务困境是指企业无法偿还到期债务或者公司盈利能力持续下降甚至出现亏损的情况。

现有的国内外研究发现财务困境发生主要有以下三个原因：

(1)企业经营管理不善、资本结构不合理，导致企业现金流量难以维持日常经营要求、资金无法偿还企业债务。

(2)公司治理结构的特定缺陷(所有权结构、董事会对于管理层的约束程度)对公司运营和资本结构决策产生影响，从而间接导致财务困境的发生。

(3)产权因素透过生产经营和治理结构影响财务困境的发生。

为了应对业绩下滑，陷入财务困境的公司会在管理、运营、资产、战略、财务和组织等方面进行重构。因此，可以从公司治理重组、战略和运营重组、资产重组和财务重组四个维度来归纳总结财务困境企业的应对措施。

(一) 公司治理重组

公司治理重组的核心就是管理层的变更。根据组织转变理论，困境公司往往会进行变革，常见的是更换管理层。公司原董事会成员会大量去职，更多具有专业技能的人士，如投资银行家、重组专家会进入董事会。而被解职之后的管理层至少 3 年内没有被其他上市公司聘请，这些管理人员因公司陷入财务困境而遭受了较大的个人损失。

(二) 战略和运营重组

战略和运营重组的主要目的是在短期内获得现金流，并逐渐改善公司业绩，提升企业价值。常见的有以下三个途径：

(1)通过已有产品降价和增加营销费用来提高销售收入。

(2)通过减少营运资产(包括固定资产和流动资产)来提高资产的使用效率。

(3)加强对企业成本的控制。

从长期来看，企业需要通过产品和市场定位变化、多元化等来实现危机后的业绩提升。

(三) 资产重组

资产重组包括业务板块、子公司的剥离或者增加新的投资。当公司财务状况不佳时，资产的剥离是非常必要的，但有时新的资本投入，例如使用电脑控制的生产设备，可以带来生产效率的提高。

（四）财务重组

财务重组包括出售企业、债转股、清算或者债务重组等。通常，积极投资者参与的控制权交易能够提高生产效率，从而为股东带来价值。而在一些债务重组中，因为股东的代理人——经理依然掌握着公司的控制权，以及提出重组计划的权利，所以债权人会损失一些权利。债权人为了减少自身破产损失，不得不接受自身利益的一定损害。也有研究发现，具有更多无形资产、银行负债较多、债权人数量较少的公司更有可能进行重组债务，并且证券市场能够识别那些能够重组成功的公司。

在中国，经过资产置换、主业变更的重整企业重整后的业绩持续性较好，但仅通过财政补贴、债务和解方式进行财务重整，企业的业绩增长难以持续。陷入财务困境的企业的业绩和当地政府的行政质量、企业的产权结构相关。企业的所在地政府行政质量越高，企业业绩越好；相对于国有企业，民营企业应对财务困境时经营调整的速度更快，企业业绩表现更好。

财务困境发生的原因、解决措施、成本及效果的流程图见图 3-1。

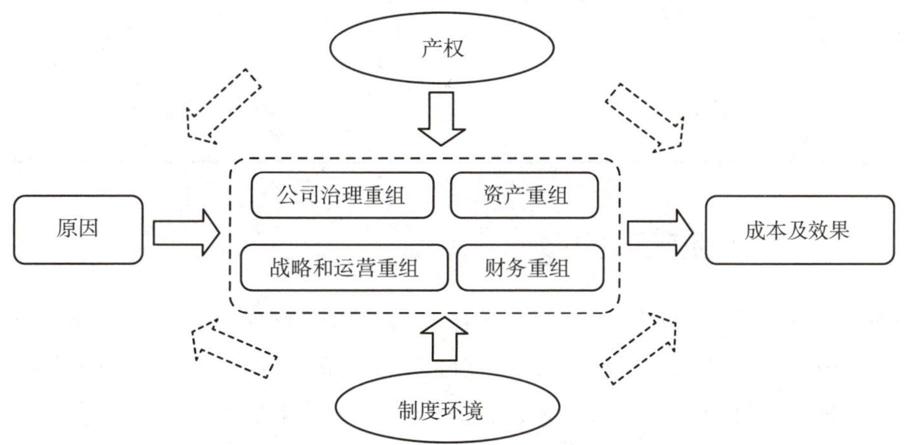

图 3-1　财务困境发生的原因、解决措施、成本及效果

二、案例资料

中国远洋控股股份有限公司（以下简称“中国远洋”）于 2005 年 3 月 3 日注册成立，2005 年 6 月 30 日在香港联合交易所主板上市，2007 年 6 月 26 日在上海证券交易所上市。中国远洋是中国远洋运输（集团）总公司（以下简称“中远集团”）的资本平台。中国远洋目前拥有中远集装箱运输有限公司（以下简称“中远集运”）100％的股权、中远散货运输（集团）有限公司（以下简称“中散集团”）100％的股权。中国远洋是以航运为核心的运输企业，通过所属子公司组建了航运供应链。中国远洋通过中远集运经营集装箱运输业务，通过中散集团经营干散货航

运业务，通过中远太平洋有限公司(以下简称“中远太平洋”)经营码头业务，通过中远太平洋下属的佛罗伦货箱控股有限公司(以下简称“佛罗伦”)经营集装箱租赁业务。根据《中远集团2020年发展战略》，中国远洋将现有业务划分为集装箱全球整合服务集群和干散货全球整合服务集群，同时更加注重业务集群内部各公司的协同作用，力求在以客户为中心的战略愿景引领下，在盈利能力、抗周期性、全球化和规模增长四个战略维度达到行业领先水平。中国远洋2008—2015年各业务板块收入占比见表3-1。

表3-1　中国远洋2008—2015年各业务板块收入占比　　单位:%

年份	集装箱运输	干散货运输	物流	码头	集装箱租赁	其他
2008	33.66	61.69	2.49	0.56	1.60	0.00
2009	42.00	48.23	5.41	1.53	2.80	0.03
2010	50.62	40.19	5.37	1.70	2.10	0.02
2011	51.93	33.28	9.11	3.11	2.55	0.02
2012	58.86	21.95	12.65	3.59	2.87	0.07
2013	67.32	22.27	2.46	4.56	3.38	0.00
2014	72.66	19.11	0.00	4.92	3.31	0.00
2015	76.06	15.32	0.00	5.27	3.34	0.00

(一) 中国远洋陷入财务困境表现

中国远洋于2011—2012年陷入财务困境，对其原因分析如下：

第一，行业因素。从2008年中期开始，伴随着金融危机的蔓延，海运市场开始持续低迷，航运业的重要指数——波罗的海航运指数(BDI)在2008年5月20日达到11 771点，随后持续下跌至2008年12月5日的663点，之后至2013年起伏不定，但是均未超过5000点，2011年之后则一直在2 500点之下。运输行业的整体不景气对中国远洋的利润产生了直接影响。

通过分析中国远洋2008—2015年的财务报表发现，中国远洋2009年、2011年、2012年的净资产收益率均为负值，而公司的毛利率仅在2008年和2010年大于0，在剩下的6年当中均小于0(见表3-2)，可见公司的经常性业务已无法为其带来稳定的利润，尤其是在2012年以后净利润更多的是依赖企业的非经常性业务。

表3-2　中国远洋2008—2015年的毛利率和ROE　　单位:%

项目	2008年	2009年	2010年	2011年	2012年	2013年	2014年	2015年
毛利率	19.28	−14.14	9.96	−13.31	−10.78	−8.92	−3.29	−7.40
ROE	19.51	−12.62	12.85	−17.62	−19.52	6.84	3.61	3.99

注：ROE为股东投入的资金所产生的利润率。

但是，中国远洋的巨额亏损并不完全是行业不景气导致的，缺少除航运以外的其他非周期性主业也是原因之一。中国远洋的主要竞争对手丹麦马士基航运有限公司(以下简称“马士基航运”)2011 年的净利润为 180 亿丹麦克朗(约合 195 亿元)，2012 年的净利润为 234 亿丹麦克朗(约合 250 亿元)，其净利润的增长就是凭借公司多元化的业务。中国远洋与马士基航运的业务范围对比见表 3-3。

表 3-3　中国远洋与马士基航运的业务范围对比

	中国远洋	马士基航运
业务范围	干散货航运业务 集装箱航运业务 集装箱租赁业务 物流业务 码头管理	集装箱运输及相关业务 石油开采业务 石油运输和石油勘探及有关业务 零售(丹麦超市公司) 造船业务 海上搜救、拖船、轮渡、货运业务、高品质塑料产品的生产业务

通过表 3-3 的对比可以发现，马士基航运的业务范围更广。而中国远洋的业务总体来说以干散货航运和集装箱航运为主，干散货运输和集装箱运输同属贸易下游的运输环节，受经济波动的影响较大。金融危机前，世界经济发展良好，中国远洋干散货业务的收入和利润增长迅速。但当整体经济环境不好时，干散货业务的快速下滑成为拖累中国远洋业绩的罪魁祸首。以 2012 年为例，中国远洋 2012 年分行业的收入、成本分析见表 3-4。

表 3-4　中国远洋 2012 年分行业的收入、成本分析　　单位：万元

项目	集装箱航运	干散货航运	物流	码头	集装箱租赁
收入	43 168 523.31	16 097 808.60	9 275 402.70	2 631 495.13	2 107 002.86
成本	42 924 770.62	20 594 063.02	7 470 178.97	1 698 082.92	991 336.57
毛利	243 752.69	−4 496 254.42	1 805 223.73	933 412.21	1 115 666.29

2012 年，波罗的海指数平均值仅为 920 点，较 2011 年的 1549 点下降了 40.6%；同时，中国远洋的运力规模由 2011 年年底的 374 艘降至 332 艘。受运价进一步下跌及运力减少影响，干散货航运及相关业务收入同比明显下降。尽管其他四项业务均带来了不错的毛利，但仅干散货航运一项业务就使得公司整体的毛利亏损达 39.8 亿元。

此外，中国远洋在高价位时盲目造船、租船也是导致其在金融危机后发生亏损的重要原因。2003—2008 年是航运业发展的高速时期，造船价、租船价和运价一起上涨。中国远洋发展战略的主导思路是“拥有和控制并举”，不仅要造船，而且要大量租船，扩大船队的规模，以此来形成中国远洋全球物流经营的竞争优势。2008—2015 年，中国远洋集装箱运力持续提升，2015 年集装箱运力相比 2008 年增长了 72.8%；干散货运力先升后降，2010 年干散货运力比 2008 年增长了 12.2%，2011—2015 年则有所回落(见图 3-2)。

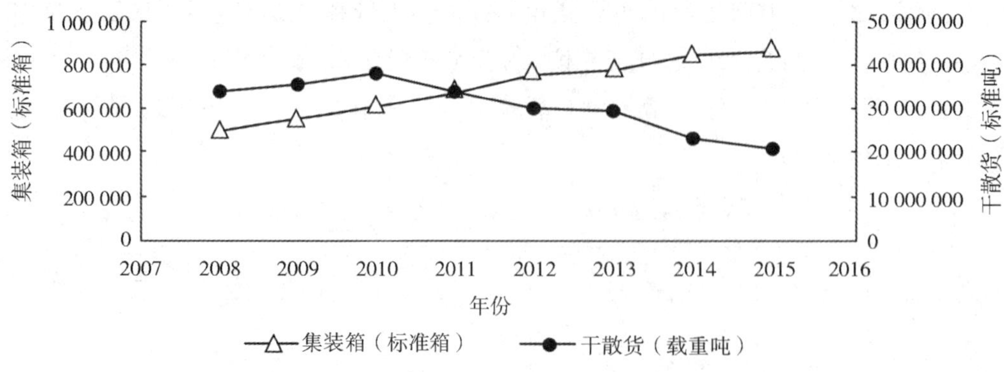

图 3-2　中国远洋 2008—2015 年运力变化趋势

中国远洋运力扩张所带来的相关费用成为企业的沉重负担，主要表现为营业成本、固定资产折旧和营业外支出的居高不下，见表 3-5 和图 3-3。

从图 3-3 中可以发现，中国远洋的营业成本在 2009 年有所下降，随后的 3 年内不断提高，从 2013 年起逐步下降到 2009 年的水平。2008—2015 年，每年的固定资产折旧数额均超过了 32 亿元。营业外支出方面，中国远洋于 2008 年计提了一笔 52 亿元的亏损合同预计负债，因此 2008 年其营业外支出总额达到了近 60 亿元；2009 年和 2010 年营业外支出分别约为 16.8 亿元和 12.3 亿元；2011 年和 2012 年，营业外支出大幅增加，分别达到约 20 亿元和 25 亿元；2013 年起，营业外支出逐步减少，2015 年降至 4.4 亿元左右。

在内外部原因的共同作用下，中国远洋 2011 年亏损 88 亿元，2012 年继续亏损 81 亿元，受到了 * ST(退市风险警示)处理。

表 3-5　中国远洋 2008—2015 年营业成本、固定资产折旧和营业外支出　　单位：万元

项目	2008 年	2009 年	2010 年	2011 年	2012 年	2013 年	2014 年	2015 年
营业成本	9 279 730	6 361 610	7 255 600	7 807 830	7 982 330	6 745 870	6 649 090	6 174 550
固定资产折旧	4 152 650	4 304 800	4 384 210	4 529 530	4 627 750	4 128 140	3 222 560	3 317 420
营业外支出	559 290	168 519	122 932	198 635	256 876	130 831	151 654	44 845.50

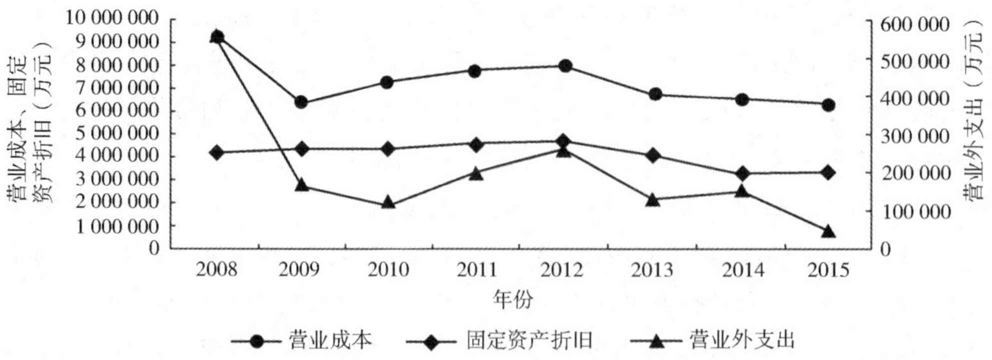

图 3-3　中国远洋 2008—2015 年营业成本、固定资产折旧、营业外支出变化趋势

（二）中国远洋财务困境应对

1. 公司治理重组

2013 年 7 月 16 日，中国远洋召开第三届董事会第十八次会议，同意执掌中国远洋集团 15 年的魏家福辞任公司董事长、非执行董事，同意马泽华任公司董事长、非执行董事，同时由李云鹏任本公司副董事长、执行董事。

2. 战略和运营重组

中国远洋对干散货运输业务实行了收缩战略，从 2011 年开始，干散货运力连续两年出现下降。中国远洋在 2013 年中期业绩发布会上表示，2013 年下半年还将分别淘汰 9 艘船和退租 12 艘船，干散货的船队规模有望进一步缩减。另外，公司在 2012 年年报中描述其战略为“科学控制船队规模，不断优化运力结构，实现航运业务健康持续发展”，还提出“要以中远太平洋为发展码头业务平台，不断完善以国内码头为主的中国远洋全球码头经营网络，提升中国远洋码头产业化水平”。此外，中国远洋也希望寻求政府帮助。2012 年 9 月，中国远洋董事长魏家福向媒体坦承写了多封信件给国务院敦促救市。

3. 资产重组

中国远洋采取了关联交易的方式，向其母公司中远集团出售资产。2013 年 3 月，中国远洋向中远集团出售中国远洋物流有限公司，转让价格为 67 亿元，取得投资收益 18.46 亿元。2013 年 5 月，中国远洋向母公司控股的中远(香港)集团出售中国远洋集装箱工业，转让价格为 75 亿元，取得投资收益 29.60 亿元。2013 年 9 月，中国远洋又向中远(香港)集团的境外全资子公司裕航投资管理有限公司转让青岛远洋资产管理公司 81%的股权与上海天宏力资产管理有限公司 81%的股权，资产评估对价分别为 20.57 亿元和 16.75 亿元。

4. 财务重组

中国远洋通过向银行借款和发行债券的方式缓解资金困境。中国远洋 2012 年新增了 198 亿元的长期负债，并且发行了 62.8 亿元利率为 4%的 10 年期的债券。

中国远洋的应对措施取得了一定的成效。从 2012 年开始，公司的营业成本逐年下降，至 2015 年由 798 亿元降至 617 亿元，降幅达 22.6%；2015 年，营业外支出为 4.4 亿元，比 2012 年同期下降 21.2 亿元，降幅达 85.5%；中国远洋自 2013 年起，净利润扭亏为盈，2013—2015 年公司净利润分别为 28.8 亿元、15.5 亿元、17.9 亿元。

三、案例分析

在本部分，我们从财务困境理论的角度对中国远洋的案例进行深度的分析。

（一）企业陷入财务困境的原因

中国远洋陷入财务困境既有外部行业和环境因素，也有企业内部经营管理、产权和公司治理结构因素。

在外部因素方面，2008年全球金融危机导致全球经济放缓，对于全行业产生了负面影响，受波罗的海指数下跌的冲击，中国远洋所处的运输行业利润率持续低迷。

在经营管理方面，中国远洋错误地估计了行业情况，大量造船、租船，从而出现了产能扩张迅速、产品供过于求的情况，直接导致了公司陷入财务困境。

在公司治理结构方面，中国远洋属于央企，对于国有产权来说，由于预算软约束的问题，资本市场纪律、财务困境威胁等变得不再重要，从而导致了管理者懈怠、浪费等代理成本，最终降低了企业效率。而实际情况也证实了这一点：一方面，中国远洋过度扩张出现了巨额亏损，体现出国有企业公司治理对企业投资决策的约束性不强；另一方面，中国远洋在巨额亏损下依然能够获得银行贷款和进行债券融资，证明了预算软约束对企业财务困境的影响。

（二）财务困境应对措施

根据前文提到的，陷入财务困境的公司会采取管理、运营、资产、战略、财务和组织方面的重构来应对业绩下滑。中国远洋就是采用了公司治理重组、战略和运营重组、资产重组和财务重组四种应对措施。

在公司治理重组方面，根据组织转变理论研究发现，困境公司往往会进行变革，常见的是更换管理层。中国远洋也确实更换了董事长，但更换的理由不是业绩下滑，而是工作年限到期，这体现出了政府干预的特点。

在战略和运营重组方面，中国远洋虽然也进行了运营方面的调整，但是并未进行大刀阔斧的改革和战略转变。与此同时，由于处于垄断行业且存在政府的隐性担保，公司对于财务风险的抵抗能力较强，上、下游供应商和消费者等利益相关者也对中国远洋保持了信心。

在资产重组方面，资产重组包括资产剥离和新的投资。当公司财务状况不佳时，资产的剥离是非常必要的。通过案例分析发现，中国远洋的确采取了大额的关联交易和剥离资产的方式来减少2013年的亏损。而这种资产剥离业务对于中国远洋的业绩影响可谓立竿见影，效果明显，是中国远洋应对财务困境的主要措施。

在财务重组方面，根据可靠性的概念，在债权人—股东的代理关系中，如果公司的可靠性下降到一个最低水平之下，债权人就会撤销对公司的财务支持，公司就会有更高的破产概率。中国远洋具有政府背景，能够体现出较强的可持续经营信号，从而提高了其“可靠性”，获得了融资支持。

（三）财务困境中的机会

虽然财务困境危机存在成本，但是财务困境也会给企业带来收益和机会。对于中国远洋来说，财务困境迫使企业管理者反思自身的问题和战略失误，有助于降低企业的代理成本，从而提高企业价值。

中国远洋自2009年开始不断缩减运力、推广更加精细的管理系统、优化船速以减少燃油消耗、努力降低管理费用，这些举措虽然短时间内不能使中国远洋扭亏为盈，但是能够提升中国远洋的管理经营水平和长期竞争力。

（四）案例分析总结

分析发现，企业应对财务困境通常会采用公司治理重组、战略和运营重组、资产重组和财务重组四种措施，国有企业会更多地采用非市场化手段来应对财务困境，应对财务困境的成本较低，进行的战略调整幅度也较小。同时，企业因财务困境进行的战略调整有利于缓解企业的代理成本，提升企业价值。

四、案例思考

1. 在宏观经济新常态的背景下，企业如何应对可能发生的财务困境？
2. 投资者应如何理性看待财务困境企业做出的正确决策？

案例四
国泰君安首次公开发行并上市

一、背景知识

（一）IPO 概述

首次公开发行股票（Initial Public of Offering，IPO）是指公司通过证券交易所首次公开向社会公众投资者发行股票，以筹集权益资金的过程。IPO 是公司第一次将其股票在公开市场上向社会公众销售，IPO 之后公司股票可以实现在证券交易所挂牌交易。

首先，IPO 是一种公开筹集权益资本的方式，通过向社会公众公开发行股份，筹集大量权益资本，可以迅速扩大公司的规模，解决公司发展的资金瓶颈。其次，IPO 将促进公司管理平台的升级。公司 IPO 上市以后，公司管理将从原来的产业平台进一步发展到资本平台，从原来的只需关注产业、市场变化发展到更要关注资本市场、社会公众投资者利益。公司管理层的关注导向将发生重要转变，对企业管理水平的上升提出更高的要求。此外，在 IPO 过程中，公司的历史沿革、规范运作、治理结构等方面都需要进行清晰的梳理和规范，从而有助于促进公司在规范管理方面实现重要跨越。最后，IPO 过程也是风险投资者和企业投资者的重要退出机制，市后产生的财富效应对风险投资者、企业创业者而言都具有巨大的吸引力。因此，对公司的长远发展而言，IPO 是一项重要的里程碑式事件。

（二）中国证监会《首次公开发行股票并上市管理办法》对公司 IPO 的政策要求

1. 主板市场的上市要求

目前，我国 IPO 上市采用保荐制度，即由保荐人（通常为具有保荐人资格的证券公司）负责拟上市公司的筛选，并向证券监督管理机构推荐，证券监督管理机构根据拟发行人的条件予以核准或不予核准。根据《首次公开发行股票并上市管理办法》的规定，发行人应具备以下条件。

（1）主体资格。发行人应当是依法设立且合法存续的股份有限公司。发行人自股份有限公司成立后，持续经营时间应当在三年以上，但经国务院批准的除外。发行人的注册资本已足额缴纳。发起人或者股东用作出资的资产的财产权转移手续已办理完毕，发行人的主要资产不存在重大权属纠纷。发行人最近三年内主营业务和董事、高级管理人员没有发生重大变化，实际控制人没有发生变更。发行人的股权清晰，控股股东和受控股股东、实际控制人支配的股东持有的发行人股份不存在重大权属纠纷。

（2）独立性要求。发行人的独立性要求是为了确保上市公司与其控股公司在业务、资产、人员、财务、机构等方面保持独立，以保护中小股东利益。

（3）规范运作。发行人运行应当规范，应当建立完善的公司治理、内部控制制度等，以确保上市公司的有效运营和财产安全。

(4)财务要求。最近三个会计年度净利润均为正数且累计超过3 000万元；最近三个会计年度经营活动产生的现金流量净额累计超过5 000万元，或者最近三个会计年度营业收入累计超过3亿元；发行前股本总额不少于3 000万元；最近一期末无形资产(扣除土地使用权、水面养殖权和采矿权等)占净资产的比例不高于20%；最近一期末不存在未弥补亏损。

2. 创业板市场的特殊要求

2009年10月23日，深圳证券交易所正式启动创业板开板仪式，首批28家创业板公司于10月30日在深圳证券交易所挂牌上市，标志着我国的创业板市场正式成立并开市交易。

创业板定位于服务成长型创业企业，重点支持具有自主创新能力的企业。针对创业型公司自主创新能力强、业务模式新、规模较小、业绩不确定性大、经营风险高等特点，创业板企业的上市条件有所降低。根据《首次公开发行股票并在创业板上市管理暂行办法》，创业板市场的发行人条件见表4-1。

表4-1　创业板与主板市场的发行条件比较

条件	创业板	主板与中小企业板
主体资格	依法设立且持续经营三年以上的股份有限公司	依法设立且持续经营三年以上的股份有限公司
股本要求	发行后的股本总额不少于3 000万元	发行前股本总额不少于3 000万元，发行后股本总额不少于5 000万元
财务要求	最近两年连续盈利，最近两年净利润累计不少于1 000万元，且持续增长；或者最近一年盈利，且净利润不少于500万元，最近一年营业收入不少于5 000万元，最近两年营业收入增长率均不低于30%；净利润以扣除非经常性损益前后孰低者为计算依据	最近三个会计年度净利润均为正数且累计超过3 000万元，净利润以扣除非经常性损益前后较低者为计算依据；最近三个会计年度经营活动产生的现金流量净额累计超过5 000万元，或者最近三个会计年度营业收入累计超过3亿元；最近一期不存在未弥补亏损
资产要求	最近一期末净资产不少于2 000万元	最近一期末无形资产(扣除土地使用权、水面养殖权和采矿权等后)占净资产的比例不高于20%
主营业务要求	发行人应当主营一种业务，且最近两年内未发生变更	最近三年内主营业务没有发生重大变化
董事、管理层和实际控制人	发行人最近两年内主营业务和董事、高级管理人员均未发生重大变化，实际控制人未发生变更	发行人最近三年内董事、高级管理人员没有发生重大变化，实际控制未发生变更
募投项目	发行人募集资金应当用于主营业务，并有明确的用途	募集资金应当有明确的使用方向，原则上应当用于主营业务

(三) IPO的主要程序

从发行人的角度，主板市场与创业板市场的IPO程序基本相同，主要包括以下七个阶段。

1. 明确 IPO 目标

企业 IPO 上市的第一步是从投资人或管理层形成上市意向开始的，通过对企业基本情况的判断，并通过与财务顾问或证券公司初步咨询，分析公开发行并上市的可行性，进一步在投资人与管理层之间达成共识，明确 IPO 上市目标。

2. 确定 IPO 中介机构

明确上市目标之后，需要聘请专业的中介机构，包括证券公司、律师、会计师事务所以及资产评估机构形成上市专业团队。各中介机构从不同角度对发行人进行初步的尽职调查，然后按照双向选择的原则，确定合作关系。

3. 改制与重组

明确上市中介机构以后，由企业与各中介机构协商制订企业改制方案。通过改制与重组过程，企业改组为股份有限公司形式，为规范运作和发行上市打下良好基础。

4. 上市辅导

股份制改组完成以后，需要由保荐机构(通常为证券公司)对发行人的董事、监事、高级管理人员以及 5%以上的持股股东和实际控制人(或其法定代表人)进行上市辅导。通过辅导程序，帮助拟发行人的管理层掌握发行上市、规范运作等方面的有关法律法规和规则，知悉信息披露和履行承诺等方面的责任和义务，并协助其建立规范的组织制度与运行机制。

5. 制作与提交 IPO 申报材料

我国目前的 IPO 发行制度采用保荐人制度，即企业的发行上市必须经具有保荐业务资格的保荐人推荐，保荐人的主要职责是将符合条件的企业推荐上市，并对申请人适合上市、上市文件的准确完整以及董事知悉自身责任义务等承担保证责任。

6. 证监会核准发行申请

证监会根据发行人的申请材料，由相关职能部门对发行人的申请文件进行初审，并由发行审核委员会审核，证监会根据发行审核委员会的审核结果做出予以核准或不予核准的决定，并出具相关文件。股票发行申请未获核准的，自证监会做出不予核准决定之日起 6 个月后，发行人可再次提出股票发行申请。

7. 公开发行与上市

发行人自证监会核准之日起 6 个月内，应当由承销商组织公开发行股票。经过公开发布招股意向书等发行文件，进行初步询价与路演推介，根据初步询价和累计投标询价(中小企业板和创业板公司可不经过累计投标询价)的结果确定最终的发行价格和发行数量。经过网下机构投资者配售和网上公开发行募集资金，实现公开发行股份、募集资金到位。

公开发行完成之后，发行人向证券交易所提出上市申请，由证券交易所核准同意后，发行人股票在证券交易所挂牌上市。

(四) IPO 中的主要财务议题

1. 股份制改制

股份制改制的目的是通过设立股份有限公司为公开发行股份做好企业组织形式上的准备。按照改制过程中的资产剥离情况，又可以进一步分为整体改制、部分改制和合并改制。改制形式的选择主要考虑保证上市主体经营的独立性和可持续的盈利能力。股份制公司成立的主要方式包括三类：第一类是以发起设立的方式设立股份有限公司；第二类是有限责任公司以整体变更的形式变更为股份有限公司，整体变更过程中对原有限责任公司的账面净资产按照一定的折股比例折算为股份公司的股本，整体变更过程中的账面资产不需要按照资产评估结果做账面调整，否则无法连续计算持续经营年度；第三类是以公开募集设立的方式设立股份有限公司，这种方式是以原公司的投资人作为发起人，通过公开发行募集资金的方式设立股份有限公司，如兰花科创。目前，第一类和第二类方式是我国企业股份制改组的主要形式。

股份制改组从形式上最终表现为股份公司成立并办理工商登记。其实质是通过股份制改组确定明晰的法人财产权，建立符合上市公司要求的、规范的公司治理结构与运行架构。改制过程中主要遵循以下原则：①突出公司主营业务，形成核心竞争力和持续发展的能力；②按照《中华人民共和国公司法》《上市公司治理准则》的要求建立合理的治理结构、规范运作；③有效避免同业竞争，减少和规范关联交易。

2. 持续经营能力

是否具有可持续的经营能力和盈利能力是公司 IPO 成功与否的核心问题。是否具有持续盈利能力，主要从公司的商业模式、市场地位以及核心竞争力方面进行综合判断。新颖的商业模式往往能够吸引投资人，但更重要的是商业模式背后企业的市场开拓与保持能力。从财务的角度看，发行人在发行前的盈利能力是否出现较大的波动，以及发行人对客户和供应商的依赖程度都会影响投资人对公司持续经营能力的判断。

3. 发行规模

发行规模取决于公司对资金的需求程度以及 IPO 后股权的稀释程度，按照《中华人民共和国证券法》的规定，公司公开发行的股份要求达到公司股份总数的 25％以上；公司股本总额超过 4 亿元的，公开发行股份的比例为 10％以上。目前，我国 IPO 市场的惯例是采用“贴地板”式的发行，股本总额不超过 4 亿元的，即按 25％的最低发行规模。由于我国 IPO 市场目前还不允许使用存量股发行，对发行规模的限制导致在发行市盈率较高时，中小企业募集的资金可能会远远超过其实际需要量，造成超募资金的闲置，为此，适当考虑在发行制度中引入存量股发行方式可以避免这种超募资金闲置的问题。

4. 发行定价

IPO 发行价格主要取决于 IPO 定价机制（或称发售机制）。目前，全球范围内主要使用四种 IPO 定价机制，分别为固定价格机制、拍卖机制、累计投标定价机制和混合定价机制。其中，累计投标定价机制最为常用，以美国、英国为代表的主要境外成熟市场大多采用该种方式对新股进行定价；固定价格机制主要应用于新兴市场国家，如马来西亚、泰国等；拍卖机制则主要运用于日本、法国、中国台湾地区等。

2014 年 3 月 21 日，证监会发布了最新的《证券发行与承销管理办法》，其中规定首次公开发行股票，可以通过向网下投资者询价的方式确定股票发行价格，也可以通过发行人与主承销商自主协商直接定价等其他合法可行的方式确定股票发行价格。发行人和主承销商应当在招股意向书（或招股说明书，下同）和发行公告中披露本次发行股票的定价方式。上市公司发行证券的定价，应当符合中国证券监督管理委员会关于上市公司证券发行的有关规定。

5. 募集资金原则

募集资金投向 IPO 的募集资金原则上是用于公司的主营业务，公司的募投项目可以用于扩产、新产品开发、销售渠道建设或收购，募投项目的规划要综合考虑国家的产业政策、公司所处行业的市场容量、目前的设备利用率以及公司的市场开拓能力。如果公司现有的设备利用率并不高或者项目规划规模过大，扩产项目将可能导致投资过度，造成资源浪费。

二、案例资料

国泰君安证券股份有限公司（以下简称“国泰君安”）是在国泰证券有限公司和君安证券有限公司合并的基础上发起设立的股份有限公司，是国内历史最悠久、综合实力最强的证券公司之一。截至 2014 年 12 月 31 日，公司直接拥有 6 家境内子公司和 1 家境外子公司，在 29 个省（自治区、直辖市）设有 30 家分公司和 232 家证券营业部；公司全资子公司国泰君安期货有限公司在全国设有 12 家期货营业部；公司控股子公司上海证券有限责任公司在全国设有 1 家分公司和 56 家证券营业部，其全资子公司海证期货有限公司在全国设有 4 家期货营业部。2008—2014 年，公司连续 7 年在证券公司分类评价中被评为 A 类 AA 级，为目前证券公司获得的最高评级。

1999 年 8 月，经中国证监会批准，国泰证券和君安证券合并，国泰证券和君安证券的股东及其他投资者共同发起设立国泰君安，注册资本为 37.2718 亿元。2001 年 8 月，经中国证监会批准，国泰君安采取派生分立的方式分立而成两个具有独立法人资格的公司，国泰君安作为存续公司拥有及承担与证券业务有关的资产、业务及与该等资产和业务相关的负债，公司注册资本变更为 37 亿元。2005 年 12 月，经中国证监会批准，中央汇金投资有限责任公司以现金 10 亿元认购国泰君安新增股份 10 亿股，公司注册资本变更为 47 亿元。2012 年 2 月，经中国证券监督管理委员会上海监督局核准，公司增资股份 14 亿股，注册资本变更为 61 亿元。

公司的经营范围：证券经纪；证券自营；证券承销与保荐；证券投资咨询；与证券交易、证券投资活动有关的财务顾问；融资融券业务；证券投资基金代销；代销金融产品业务；为期货公司提供中间介绍业务；股票期权做市业务；中国证监会批准的其他业务。同时，公司通过全资子公司上海国泰君安证券资产管理有限公司、国泰君安期货有限公司、国泰君安创新投资有限公司以及控股子公司国联安基金管理有限公司分别从事资产管理、期货、直接投资和基金管理等业务；通过全资子公司国泰君安金融控股有限公司所控股的国泰君安国际及其子公司在香港从事经有关机关批准的与证券相关的持牌业务；公司控股子公司上海证券及其下属子公司从事经中国证监会批准的证券业务。

2015 年 6 月，经中国证券监督管理委员会《关于核准国泰君安［股评］证券股份有限公司首次公开发行股票的批变》（证监许可〔2015〕1187 号）批准，国泰君安向社会首次公开发行人民币股（A 股）152 500 万股，并于 2015 年 6 月 26 日在上海证券交易所挂牌上市。发行后国泰君安总股本为 762 500 万股，本次发行的股份占其发行后总股本的 20%。国泰君安本次 A 股发行前后的股权结构见表 4-2。

表 4-2　国泰君安 IPO 前后的股权结构

股东名称	本次 A 股发行前		本次 A 股发行后	
	持股数（股）	所占比例（%）	持股数（股）	所占比例（%）
国有股	4 880 346 453	80.01	4 729 241 779	62.02
社会法人股	1 219 653 547	19.99	1 219 653 547	16.00
全国社会保障基金理事会	0	0	151 104 674	1.98
社会公众股	0	0	1 525 000 000	20.00
总计	6 100 000 000	100	7 625 000 000	100

根据《境内证券市场转持部分国有股充实全国社会保障基金实施办法》（财企〔2009〕94 号）、《关于国泰君安证券股份有限公司国有股权管理方案变更有关问题的函》（沪国资委产权〔2013〕111 号）及《关于国泰君安证券股份有限公司部分国有股转持有关问题的函》（沪国资委产权〔2013〕122 号），国泰君安 68 家国有股东均需履行国有股转持义务，所转持股份的禁售义务由全国社会保障基金理事会承继。

本次 A 股发行前后、上市之前前十大股东持股情况见表 4-3。

表 4-3　国泰君安的前十大股东持股情况

序号	股东名称	本次发行前		本次发行及国有股转持后	
		持股数量（股）	持股比例（%）	持股数量（股）	持股比例（%）
1	上海国有资产经营有限公司	2 012 346 441	32.99	1 949 347 453	25.57
2	上海国际集团有限公司	721 142 444	11.82	698 608 342	9.16
3	深圳市投资控股有限公司	644 201 819	10.56	624 071 941	8.18

续表

序号	股东名称	本次发行前		本次发行及国有股转持后	
		持股数量（股）	持股比例（%）	持股数量（股）	持股比例（%）
4	上海城投（集团）有限公司	260 635 387	4.27	252 491 109	3.31
5	深圳能源集团股份有限公司	154 455 909	2.53	154 455 909	2.03
6	大众交通（集团）股份有限公司	154 455 909	2.53	154 455 909	2.03
7	上海金融发展投资基金（有限合伙）	150 000 000	2.46	150 000 000	1.97
8	中国第一汽车集团公司	119 124 915	1.95	115 402 526	1.51
9	杭州市金融投资集团有限公司	95 300 608	1.56	92 322 675	1.21
10	安徽华茂纺织股份有限公司	95 299 933	1.56	95 299 933	1.25

(一) 本次发行概况

（1）本次发行股数：15.25 亿股。

（2）每股面值：人民币 1.00 元。

（3）每股发行价格：人民币 19.71 元。

（4）每股净资产：人民币 940 元（按本次发行后净资产除以本次发行后总股本计算，其中，本次发行后的净资产为 2014 年 12 月 31 日经审计归属于母公司的股东所有者权益和本次发行募集资金净额之和）。

（5）每股收益：人民币 0.86 元（按 2014 年度经审计的扣除非经常性损益前后孰低的归属于母公司股东的净利润除以本次发行后总股本计算）。

（6）发行后市盈率：22.99 倍（按发行价格除以发行后每股收益计算）。

（7）发行后市净率：2.10 倍（按发行价格除以发行后每股净资产计算）。

（8）募集资金总额：人民币 3 005 775 万元。

（9）每股发行费用：人民币 0.26 元。

（10）募集资金净额：人民币 2 966 352.85 万元。

（11）发行方式：本次发行采用网下向询价对象询价配售与网上按资金申购发行相结合的方式进行。网下初始发行数量为 106 750 万股，占本次发行数量的 70%；网上初始发行数量为 45 750 万股，占本次发行数量的 30%。

(二) 同业竞争及关联交易情况

1. 同业竞争

公司主要从事经中国证监会批准的证券经纪、证券自营、证券承销与保荐等证券及相关持牌业务，并按照有关法律法规和监管规定开展相关经营活动。公司控股股东北京市国有资产经营有限责任公司（以下简称“国资公司”）及实际控制人上海国际集团有限公司（以下简称“国际集团”）除控股公司外，未控股其他证券公司。公司控股股东、实际控制人及其控制的其他企业与公司不存在实质性同业竞争。

国际集团间接控制的上投摩根基金管理有限公司虽然经营与本公司子公司国联安基金管理有限公司相同的业务，但与本公司不存在实质性同业竞争。国资公司控制的上海国鑫投资发展有限公司、上海正海国鑫投资中心（有限合伙）虽然经营与本公司子公司国泰君安创投公司相似的业务，但不存在实质性同业竞争。国资公司、国际集团及其控制的部分其他企业虽涉及经营与本公司相似的业务，但与本公司不存在实质性同业竞争。

截至招股说明书签署日，控股股东国资公司、公司实际控制人国际集团已与公司签订了《避免同业竞争协议》，明确规定了同业竞争协议范围、限制期间、避免未来出现同业竞争情况的承诺和保证以及履行承诺的约束措施。

由此可认为，本公司控股股东国资公司、实际控制人国际集团目前所从事的业务与国泰君安不存在同业竞争，并且能有效避免未来可能发生的同业竞争。

2. 关联交易

经常性关联交易涉及向投资管理公司承租房屋、向关联方提供代理买卖证券服务、向关联方出租证券交易席位、接受关联方提供的代理买卖证券服务、公司与关联方之间的银行间市场交易、向关联方转让信用资产收益权、向关联方提供定向资产管理服务等。

偶发性关联交易主要涉及投资公司为本公司提供股权托管服务、公司子公司国泰君安创投公司为投资管理公司提供投资管理顾问服务、公司与国资公司终止资产回转、公司受让国际集团持有的上海证券51%的股权、公司控股子公司上海证券向国际集团借入次级债、公司控股子公司上海证券为国际集团提供法人股的股权托管服务、购买并持有上海国际信托有限公司管理的信托计划产品、关联方认购公司发行的债券、公司向关联方提供股票及债券承销服务等。

报告期内公司关联交易遵循公平、公正和诚实信用的原则。其中，公司与国际集团签署协议受让其持有的上海证券51%的股权，并按协议约定支付了30%的股权转让价款，目的是提高公司的综合竞争力，落实中国证监会关于“一参一控”的监管要求，解决公司与实际控制人之间的同业竞争；报告期内，公司发生的其他关联交易占公司当期营业收入及营业支出的比重较低，未对公司的财务状况及经营成果产生重大影响。

公司自成立以来的关联交易均严格执行了《公司章程》及《关联交易管理制度》等的相关规定，独立董事对关联交易审议程序的合法性及交易价格的公允性发表了无保留意见。

（三）募集资金方向及用途

此次募集资金在扣除发行费用后，将全部用于补充公司资本金，增加营运资金，发展主营业务。主要用于推动传统经纪业务向综合理财服务转型、提升投行业务承销能力、扩大资产管理业务规模、适度增加证券投资业务规模以及增加对融资融券等创新业务、研究业务和信息技术建设的投入。

三、案例分析

（一）投资风险分析

案例资料显示，国泰君安在治理结构、证券市场以及证券业竞争环境等方面存在较大风险。

1. 公司治理结构风险

截至招股说明书签署日，国资公司持有公司 32.99%的股份，为公司的控股股东；国际集团直接、间接持有公司 46.74%的股份，为公司的实际控制人。如果国资公司及国际集团利用其相对控股地位，通过董事会、股东大会对公司的人事任免、经营决策等施加重大影响，可能会损害公司及其他股东的利益，使公司面临大股东控制的风险。

2. 证券市场风险

证券公司主要经营与股票、债券、期货、金融衍生品等证券相关的经纪、交易投资、发行承销、信用交易和资产管理等业务。证券公司的经营状况与证券市场的长期趋势及短期波动都有着很强的相关性，而证券市场的表现，受宏观经济周期、宏观经济政策、市场发展程度、国际经济形势和境外金融市场波动以及投资者行为等诸多因素的影响，存在较强的周期性、波动性。证券市场的波动会对证券公司的经纪业务、投资银行业务、交易投资业务、信用交易业务、资产管理业务、基金管理业务以及其他业务的经营和收益产生直接影响，并且这种影响还可能产生叠加效应，从而放大证券公司的经营风险。

目前，我国证券市场仍处于发展的初级阶段，市场结构、投资者结构、上市公司结构等都有待进一步优化，相关的基础性制度也有待进一步完善，证券市场的周期性和波动性仍表现得较为明显；而我国证券公司业务范围有待拓宽、业务模式较为单一，受证券市场特别是股票市场波动的影响程度仍然较高，行业的周期性和波动性特征仍未有根本改观。未来，证券业经营业绩仍将存在随证券市场波动而波动的风险。

3. 证券业竞争环境变化风险

近年来，我国证券业正在加快业务产品创新和经营模式转型。与此同时，行业管制的逐步放松、对外开放的不断推进、金融综合经营趋势的演变和互联网金融的快速发展等诸多因素，也正在推动证券业的竞争环境发生明显变化。放松管制使证券行业的规模化、差异化和专业化竞争日趋激烈；未来，我国将逐步扩大对证券业的对外开放力度，国际投资银行将更多地进入国内证券市场，同时将不断增加对国内市场的投入，扩大在国内市场的经营范围，国内证券公司将在专业人才、市场拓展和金融创新等方面面临国际投资银行更为激烈的竞争；在客户金融服务需求日益综合化的背景下，商业银行、基金管理公司、信托公司、保险公司等金融机构凭借其客户资源、网络渠道、资本实力等优势，不断向资产管理、理财服务、投资银行等证券公司的传统业务领域渗透；此外，部分互联网公司以其海量的客户基础及互联网服务优势介入金融领域，不断创新互联网金融服务模式，为客户提供产品销售和小额融资等金融服务，从而对传统的证券投资理财方式产生了较大的冲击和替代效应。如果公司不能有效地应对行业竞争环境的变化，公司的市场份额就可能会受到其他市场参与者的挤压，从而会给公司的经营带来较大的风险。

（二）同业竞争与关联交易的分析

控股公司与上市公司不存在同业竞争将有利于上市公司经营的独立和其他股东利益的保护。根据案例资料，公司控股股东国资公司、实际控制人国际集团除控股本公司外，未控股其他证券公司。另外，第一，虽然国际集团通过上海国际信托间接控制的上投摩根与公司控股子公司国联安基金公司均从事经中国证监会批准的基金管理等业务，但是上投摩根和国联安基金公司均具有独立的法人资格，资产完整，人员、业务和技术独立，并按照监管要求建立了完善的公司治理结构和健全的内部控制制度，以保护基金持有人利益为宗旨，相互独立做出经营决策、主要面对公开市场开展基金管理业务。并且根据上海浦东发展银行股份有限公司公告，国际集团已于 2014 年 7 月 7 日与上海浦东发展银行股份有限公司签署了备忘录，拟转让上海国际信托的控股权。目前，该项股权转让事宜已报送有关监管部门，正在履行审批程序。第二，国资公司控制的上海国鑫投资发展有限公司、上海正海国鑫投资中心（有限合伙）分别从事投资及管理、创业投资等业务，与本公司子公司国泰君安创投公司从事的直接投资业务存在相似性，均涉及直接股权投资。但是，股权投资业务具有普遍性，已成为市场经济体制下商业运行的惯常方式。同时，国泰君安创投公司已建立了相应的信息隔离墙制度或保密制度和较为完善的公司治理结构，上海国鑫投资发展有限公司、上海正海国鑫投资中心（有限合伙）也制定了相应的保密措施，信息隔离墙制度或保密制度以及较为完善的公司治理结构的建立可以有效地减少双方在开展业务时所产生的利益冲突。国资公司、国际集团及其控制的部分其他企业虽然涉及资本运作、资产收购、资产管理、信托等与公司相似的业务，但均不从事经中国证监会批准的证券及相关持牌业务。而且，该等相似业务与公司相关业务在业务性质、监管体制上有较大差异，双方也均建立了较为完善、相对独立的治理结构和业务运行体系，以及防范和避免利益冲突的信息隔离制度。截至招股说明书签署日，公司控股股东国资公司、实际控制人国际集团已与公司签订了《避免同业竞争协议》，明确规定了同业竞争协议范围、限制期间、避免未来出现同业竞争情况的承诺和保证以及履行承诺的约束措施。因此，公司控股股东、实际控制人及其控制的其他企业与本公司不存在实质性同业竞争。

（三）募集资金的运用分析

在中国证监会采取以净资本为核心的风险监管体制下，净资本规模成为决定证券公司市场竞争力的重要因素。随着大型证券公司不断通过境内外上市或再融资等方式扩充资本金规模，国泰君安净资本规模与业内排名领先的证券公司的差距不断加大。在第四届董事会第二次会议审议通过的《2013—2015年发展战略规划纲要》中，公司董事会提出了至2015年年末公司净资本要达到500亿元的发展目标，并将公开发行股票并上市作为实现这一目标的主要途径。

本次公开发行募集的资金，在扣除发行费用后全部用于补充资本金，增加营运资金，发展主营业务。具体用途如下：第一，推动传统经纪业务向综合理财服务转型。公司将大力推动综合理财服务创新，不断拓宽和延伸经纪业务的业务和服务范围，致力于为客户提供全产品、全业务、全方位的服务，逐步实现传统经纪业务向综合理财和财富管理转型，同时调整和增设证券营业网点，拓宽业务覆盖面，提高服务能力和市场占有率，全面提升经纪业务的行业地位和市场竞争力。第二，提升投行业务的承销能力。更强的资本实力，将为投资银行业务发展提供更大的支持，提升投行业务的综合实力。第三，扩大资产管理业务规模。公司将加大对资产管理业务的投入，开发更多产品，扩大资产管理规模，并以自有资金适当参与资产管理产品，使资产管理业务成为公司重要的利润增长点。第四，适度扩大证券交易投资业务规模。在风险可控的前提下，公司将根据证券市场情况适度扩大证券投资业务规模，积极改善投资结构，扩大低风险和创新业务的投资规模，重点发展固定收益投资和资本中介业务，继续发挥公司的专业研究和管理优势。第五，加大对创新业务的投入。公司将进一步加大创新业务的投入，扩大融资融券和质押回购业务规模，通过增加创新业务收入进一步改善公司的业务收入结构。第六，加大研究业务投入。公司在加强对发展各项业务提供基础支持的同时，将不断地提高公司研究能力和研究品牌的市场影响力。第七，增加对信息技术建设的投入。公司将科学合理、适时有序地增加对信息技术投入，发挥IT技术对创新商业模式的引领作用，以技术创新驱动业务创新、管理创新，以信息技术进步推动金融技术进步，为公司业务发展和风险控制提供更好的技术支持和安全保障。

证券行业是典型的资本密集型行业，净资本已经成为决定证券公司市场地位和发展潜力的重要因素。近年来，公司不断加大对创新业务的拓展力度，创新业务发展整体上处于行业领先水平，但创新业务的进一步发展受到了资本规模的较大制约。另外，一些大型证券公司通过资本市场进行融资，不仅增强了自身的资本实力，也巩固和提升了市场地位。在日益激烈的市场竞争中，净资本规模偏低直接影响了公司业务经营规模的扩大及创新业务布局和盈利水平的提升，在较大程度上制约了公司的发展，因此，公司亟须通过股票融资来进一步增强自身的资本实力，进一步扩大业务规模，加快业务发展并优化收入结构，以应对激烈的市场竞争，并在新的竞争格局中巩固和提升公司在行业中的竞争优势和地位。

（四）股票发行价格的确定

IPO发行价格是新股发行过程中关键的决策之一。发行价格决定了企业的融资额和发行风险，关系到发行人、投资者、承销商等多方利益，甚至还会影响到股票发行后二级市场的平稳性。

IPO发行价格主要取决于IPO定价机制。目前，全球范围内主要使用固定价格机制、拍卖机制、累计投标定价机制和混合定价机制四种IPO定价机制。其中，累计投标定价机制最为常用，主要应用于以美国、英国为代表的主要境外成熟市场；固定价格机制主要应用于马来西亚、泰国等新兴市场国家；拍卖机制则主要运用于日本、法国、中国台湾地区等。

固定价格机制是由承销商与发行人在发行前根据一定的标准确定一个固定的发行价格，由投资者根据该固定的发行价格进行认购。固定价格又分为允许配售与不允许配售两种方式。其中，前者是指在股票定价时，承销商拥有自由分配股票的权利，即承销商可以对一些机构投资者实行配售；后者是指不实行配售，针对全体投资者的公开发行。

拍卖机制是指发行价格由投资者以投标的形式竞价得出。拍卖机制能够吸引更广泛的投资者群体，普通投资者与承销商的优质客户处于完全平等的地位，并且采取公允、透明的配售机制，减少了承销商与少数投资者控制公司股票配售的情况发生。但拍卖机制存在两个突出的问题：一是赢者诅咒。知情投资者只会给予合理的报价，并且会在股票报价过高的情况下退出拍卖，而处于信息劣势的投资者却对定价合理与定价过高无区别能力，为了获取股票，报价往往过高，导致拍卖股票全部被非知情投资者购买。二是“搭便车”行为。为了获得新股上市的超额收益，在均一价格拍卖中，投机者往往报出高价以保证最终能够以发行价格获得股份，如果拍卖参与者中投机者比例较高，最终 IPO 定价将偏高。

累计投标定价机制是指承销商先向潜在的购买者推介股票，然后根据投资者的询价结果制定发行价格的定价机制。具体程序：承销商和发行人首先通过路演、询价的形式，向投资者（通常为机构投资者）收集对股票的需求订单和定价信息；然后由承销商根据收集的询价信息建立一个询价记录，以记录新股发行的所有相关信息（包括每一个提交的报价以及对应的报价机构投资者名称及申购数量），这样承销商可以掌握股票的需求情况及销售前景，使其能够根据市场需求对发行价格进行调整，形成最终的发行价格；最后再根据询价记录的信息自主确定对投资者的股票发售与分配。在累计投标方式下，投资者可以通过路演、与管理层交流、阅读招股意向书和研究报告等形式对发行人进行比较充分的了解，从而降低发行人与投资者之间的信息不对称程度；同时，承销商可以充分了解投资者对新股的需求程度，从而根据市场需求确定发行价格。在累计投标机制下，承销商在发行新股时利用自由分配股份的权利，可以向经常性投资者适当倾斜，使得经常性投资者获得比偶然性投资者更多的新股份额，这样经常性投资者就更愿意报出其真实的需求信息。因为如果他们提供的信息经常有误，就可能失去经常性投资者的待遇。

混合定价机制是指将上述三种基本定价机制结合起来的一种定价机制，如累计投标 /固定价格、累计订单询价 /拍卖、拍卖 /固定价格等。其中，累计投标 /固定价格混合机制使用最为广泛，即在一次 IPO 过程中分别对不同的份额采用累计投标和固定价格两种方式，一般采用累计订单询价机制向境内外机构投资者配售一部分股票，另一部分额度则用固定价格发售给本地中小投资者。

2014 年 3 月 21 日，中国证监会发布了最新的《证券发行与承销管理办法》，其中规定首次公开发行股票，可以通过向网下投资者询价的方式确定股票发行价格，也可以通过发行人与主承销商自主协商直接定价等其他合法、可行的方式确定股票发行价格。发行人和主承销商应当在招股意向书（或招股说明书，下同）和发行公告中披露本次发行股票的定价方式。

上市公司发行证券的定价，应当符合中国证监会关于上市公司证券发行的有关规定。

选择询价方式的，发行人及其主承销商应当在刊登首次公开发行股票招股意向书和发行公告后，向询价对象进行推介和询价，并通过互联网向公众投资者进行推介。询价分为初步询价和累计投标询价。发行人及其主承销商应当通过初步询价确定发行价格区间，在发行价格区间内通过累计投标询价确定发行价格。首次发行的股票在中小企业板上市的，发行人及其主承销商可以根据初步询价结果确定发行价格，不再进行累计投标询价。在询价制度的实施过程中，尽管证监会对发行市盈率等指标仍有一定的窗口指导，但市场化的询价机制已经成为我国 IPO 发行的主导机制。新股询价机制有效地提高了发行定价的合理性，投资者可以更多地从公司的基本面和未来的发展出发进行价值判断，报价将有利于制定更为合理的发行价格。

国泰君安初步询价的报价区间为 19.50～20.31 元/股，发行人和联席主承销商综合考虑后最终确认定价为 19.71 元/股。从国泰君安的发行定价来看，最终定价处在报价区间的中间水平，由于 IPO 的时间窗口选择在市场活跃期，询价机构和市场投资人的热情还是相当高的，网上发行的中签率为 1.5742%，网下配售的中签率为 0.8929%。此次 IPO 成功融资超过 300 亿元，成为五年来两市最大 IPO。但是在成功 IPO 后，经历了股市暴跌，国泰君安的股票价格从 2015 年 6 月 26 日上市首日涨到 28.38 元，到 2015 年 8 月 25 日跌至每股 18.76 元，两个月的时间即跌破发行价格，同期市场 A 股指数也下跌了 29%。可见，IPO 中的发行定价不仅可以体现投资人对公司预期的判断，同时会受到发行期市场投资者情绪的影响。另外可以看到，宏观经济周期、股票市场波动对证券公司的影响是巨大的。

四、案例思考

1. 从本案例出发，评价 IPO 的股票定价应该考虑哪些因素？
2. 国泰君安收购上海证券 51%的股权的目的是什么？

案例五
佛慈制药 IPO 筹资成本分析

一、背景知识

（一）IPO 筹资成本

企业 IPO 筹资成本是指企业通过首次公开发行筹集资金所付出的代价。筹资成本分为直接筹资成本和间接筹资成本。直接筹资成本是指企业在首次公开发行时所付出的实际货币资金，主要包括承销和保荐的费用、律师费、审计及验资费、上网发行费、信息披露费等；间接融资成本主要包括代理成本、信息不对称成本、制度性寻租成本、机会成本、股权稀释成本等，它没有合理的计量方法，故而不能确定其金额。

（二）IPO 筹资成本影响因素

根据上市公司 IPO 筹资成本构成，企业 IPO 筹资成本会受到中介机构声誉、发行状况、企业质量、企业知名度、与利益相关者关系等各方面的影响。它们之间相互联系，共同影响企业 IPO 筹资成本。

上市中介机构声誉主要包括承销机构、保荐机构、会计师事务所、资产评估所和律师事务所的声誉，这些机构通过以往服务活动中的良好表现获得外界肯定，积累形成了一种形象地位。一般来说，高声誉的中介机构拥有较高的专业水平和人才优势，也能更好地完成信息处理与传递，可以缓解 IPO 企业与投资者之间的信息不对称问题，减少投资者的信息整理成本，从而降低融资成本。

发行状况主要体现在发行数量、发行价格和超募程度上。发行数量增大，企业因发行所承担的费用率将逐渐降低，即每股发行费用降低。IPO 价格的高低直接关系其通过 IPO 所能募集到的资金数额。若 IPO 发行价格较低，则发行将会比较顺利，但公司会募集到较少资金。若价格过高，抑制投资者认购热情，则会有发行失败的风险。超募程度是指发行人实际募集资金超过投资项目计划募集资金的现象，对超募资金部分承销费用则按比例 6%～15% 收取。因此，超募资金越多，发行人承担的承销发行费用越大。

企业质量是企业规模、财务状况、经营成果、发展前景等方面的综合衡量，在企业 IPO 时通常用会计信息体现，如非经常性损益、市盈率和毛利率等指标。企业质量良好可以向投资者传递出可购买此股票的信号，减少发行企业采用其他方式向投资者传递消息所产生的成本，且在中介机构面前的议价能力增强，从而降低筹资成本。

企业知名度对发行人而言具有两面性：企业知名度越高，越受到社会的关注，从而降低了中介机构的宣传成本，减少间接筹资成本；但同时，因企业知名度高，一旦出现负面消息，就会被迅速且放大化的传播，企业必须借助更多的平台做更多正面宣传才能消除其负面影响，进一步增加企业额外的筹资成本。

（三）MM 理论

1958 年，Modigliani 和 Miller 提出 MM 理论，认为在不考虑税收的情况下，无论企业是否负债以及负债多少，加权平均资本成本都将保持不变，即资金成本与资本结构无关，所以企业的价值也与资本结构无关。然而企业所得税是现实存在的，假设与实际情况存在着较大差距，于是 Modigliani 和 Miller 又进一步分析了所得税对资本结构的影响，于 1963 年提出了修正的 MM 理论即资本结构有关论，也就是存在所得税的情况下，债务所产生利息可以在税前扣除，从而形成债务利息的抵税收益，所以负债可以通过降低加权平均资本成本来增加企业价值。因此，企业不断增加债务筹资比例，就可以持续降低加权平均资本成本。负债越多，资本成本就越低，公司价值也就越高。理论上，当全部融资来源于负债时，资金成本最低，企业价值最大，资本结构达到最优。

（四）筹资优序理论

Myers 和 Majuf 在 1984 年提出了筹资优序理论，他们认为当股票价格高估时，企业管理者会利用其内部信息发行新股。投资者会意识到信息不对称的问题，因此当企业宣布发行股票时，投资者会调低对现有股票和新发股票的估价，导致股票价格下降、企业市场价值降低。内源融资主要来源于企业内部自然形成的现金流，它等于净利润加上折旧减去股利。由于内源融资不需要与投资者签订契约，也无预支付各种费用，所受限制少，因而是首选融资方式，其次是低风险债券(其信息不对称的成本可以忽略)，再次是高风险债券，最后在不得已的情况下才发行股票。

（五）核准制向注册制过渡阶段

2019 年，上海证券交易所新设立的科创板实行注册制，由上交所担任审核部门。我国注册制与核准制 IPO 流程存在诸多不同，我国科创板首次公开募股的全部流程都由网上电子操作完成，从申报材料开始的审核环节均在上海证券交易所网站的审核系统办理；在正式申报材料提交之前，上交所增加了预沟通环节为企业及保荐机构解惑；在提交申请文件正式进入审核流程后，注册制下 IPO 审核流程主要分为受理、审核、上市委会议、报送证监会、证监会注册、发行上市等主要环节。

二、案例资料

（一）公司概况

兰州佛慈制药股份有限公司是一家具有 89 年制药历史的市属国有控股上市公司和“中华老字号”企业，1929 年创建于上海，1956 年西迁兰州，2011 年以兰州佛慈制药厂作为主发起人，联合兰州医药(集团)有限公司、兰州大得利生物化学制药(厂)有限公司等六家公司，共同发起设立兰州佛慈制药股份有限公司(以下简称“佛慈制药”)，在深交所首发上市，股票代码“002644”。

目前，佛慈制药已发展成为集中药材种植与加工、天然药物与保健品研发、中药现代剂型及保健食品生产销售为一体的西北地区中医药行业的骨干企业。公司拥有 4 个生产基地、2 个在建的医药产业园和 3 家全资子公司。现有员工约 1 500 人。拥有 25 条生产线，全部通过国家 GMP 认证，本部生产线还通过澳大利亚 TGA 组织、日本厚生省和乌克兰产品认证局的认证。现有药品生产批准文号 467 个，拥有 10 个独家产品，9 项发明专利，产品多次被评为“甘肃名牌产品”，出口美国、加拿大、澳大利亚、日本等 28 个国家，产品国外认证数、海外商标注册数、出口覆盖面、出口品种数长期位居同行业前列，多年来名列中国中成药出口企业十强，被商务部、国家中医药管理局评定为国家首批中医药服务贸易先行先试骨干企业。现有甘肃省现代中药制剂工程技术研究中心、甘肃省中药质量控制技术工程实验室和省级企业技术中心 3 个重点研发平台，为甘肃省高新技术企业。

（二）佛慈制药上市历程

截至 2011 年 10 月 24 日证监会发审委通过佛慈制药的 IPO 申请之前，1993—2010 年，佛慈制药已经历了 4 次上市失败。如此艰难曲折的上市经历，在我国 A 股历史上尚属首次，因而佛慈制药也被称为“最执意的 IPO 样本”。

第一次上市，在 1993 年 A 股市场起步不久时，佛慈制药就曾提出过初步改制方案。但作为一家出口企业，佛慈制药终在股份制改制后上市是直接引进外资，还是合资嫁接的两难选择中放弃上市，最终选择了通过中外合营的方式以取得中成药产品的外贸出口权。一次能够上市的机会佛慈制药主动放弃了。

第二次上市，兰州市政府按照规定，在全市工商企业中筛选出数家企业准备推荐上市，佛慈制药也名列其中。但与当时准备推荐上市的企业相比，无论是企业规模还是发行规模，佛慈制药均不具竞争优势。第二次上市梦想在全省筛选中破灭。

第三次上市，随着《中华人民共和国证券法》的施行，2000 年佛慈制药重新着手启动股份制改造，兰州市政府方面却提出以资产置换“借壳”上市的方案。兰州市政府为佛慈制药提出了通过与兰州民百（集团）股份有限公司实施资产置换而实现间接上市的方案。兰州市政府希望保全兰州民百的同时满足佛慈制药上市的目的，但因行业跨度过大，佛慈制药面对兰州民百业绩下滑也无能为力，佛慈制药第三次上市失败。

第四次上市，随着2007年的资本市场股权分置改革的基本完成、股权激励制度和管理层持股制度的推出、人民币的持续升值、市场融资功能的恢复异常活跃，上市融资为众多企业提供了发展壮大的渠道。面对良好的资本市场环境，佛慈制药再次启动IPO，并于当年年底完成大规模的内部资产重组整合工作。佛慈制药于2008年7月正式向中国证监会提出上市申请并且获得了受理，其间金融危机和国内IPO市场的暂停导致佛慈上市陷入停顿，直至2010年3月发审会因突击解决关联交易未通过审批，第四次上市无果。

直至2011年10月24日，经中国证监会文书核准，公司上市申请终获通过。此次公开发行中，确定发行数量为2 020万股，并于2011年12月5日刊登招股意向书。发行采用网下向股票配售对象询价配售发行与网上向社会公众投资者定价发行相结合的方式，其中网下配售390万股，网上定价发行1 630万股。经深圳证券交易所《关于兰州佛慈制药股份有限公司人民币普通股股票上市的通知》同意，该公司发行的人民币普通股股票在深圳证券交易所上市，股票简称“佛慈制药”，本次公开发行中网上定价发行的1 630万股股票于2011年12月22日起上市交易。

（三）IPO发行概况

（1）本次发行的股数为2 020万股，占总股本的25.01%。

（2）每股面值：1.00元。

（3）每股发行价格：16.00元。

（4）每股净资产为7.81元。

（5）发行后每股收益：0.34元。

（6）发行后市盈率：46.92倍。

（7）发行后市净率：2.06倍。

（8）募集资金净额：289 560 670.00元。

（9）每股发行费用：1.67元。

（10）发行方式：本次发行采用网下向询价对象配售和网上向社会公众投资者定价发行相结合的方式。网下向询价对象配售数量为390万股，占本次发行总量的19.31%；网上定价发行数量为1 630万股，占本次发行总量的80.69%。

（11）资金用途：本次公开发行募集资金将全部投入“扩大浓缩丸生产规模技术改造一期项目”，项目总投资额为24 540.62万元，其中固定资产投资23 637.62万元，铺底流动资金903.00万元。该项目已在甘肃省发改委登记备案。发行人已于2010年5月启动了募投项目建设，截至2011年6月30日已投入资金2 960.88万元，募集资金到位后，先期投入资金将予以置换。

（四）佛慈制药上市的筹资成本

佛慈制药在《首次公开发行股票上市公告书》（以下简称“上市公告书”）中披露的新股发行情况如下：“本次共发行人民币普通股（A股）2 020万股，发行价格为每股16.00元，募集资金总额323 200 000.00元，扣除发行费用33 639 300.00元，实际募集资金净额289 560 700.00元。”根据佛慈制药《首次公开发行股票上市公告书》披露新股在首次公开发行的情况，IPO直接成本主要包括保荐及承销费用、审计及验资费用、律师费用、信息披露费、上网发行费等发行费用，具体明细如表5-1所示。

表5-1　佛慈制药IPO发行费用及占比统计

项目	金额（万元）	占发行费用总额比例（%）	占实际募集资金比例（%）
保荐及承销费用	2 760.00	82.046 6	8.539 6
审计及验资费用	250.26	7.439 4	0.774 3
律师费用	63.00	1.872 8	0.194 9
信息披露费	282.60	8.400 9	0.874 4
上网发行费	8.08	0.240 2	0.025 0
合计	3 363.94	100.00	10.408 2

如表5-1所示，佛慈制药IPO发行费用超过实际募集资金的1/10。其中，保荐及承销费用2 760万元，占总费用的82.046 6%，位居首位；信息披露费用282.60万元，占总费用的8.400 9%，排在第二位；审计及验资费用250.26万元，占总费用的7.439 4%，位列第三。这三项费用占总发行费用的97.887 0%，几乎为全部的发行费用。

直接展现佛慈制药IPO的发行费用，并不能看出它的IPO直接成本畸高。因此，采用建立对照组的方法，选取9家医药企业作为对照组，并对它们的各项IPO费用以及总发行费用对募集资金总额的占比进行了统计与分析，更能直观地展示佛慈制药IPO直接成本畸高的现象。表5-2为佛慈制药与对照企业各项发行费用及发行费用总额与实际募集资金的占比。

表5-2　佛慈制药与对照企业各项发行费用及发行费用总额与实际募集资金的占比　　单位：%

序号	股票代码	名称	保荐及承销费用	审计及验资费用	律师费用	信息披露费用	其他费用	发行费用总额
1	002644	佛慈制药	8.54	0.77	0.19	0.87	0.03	10.41
2	002349	精华制药	4.05	0.18	0.13	1.63	0.03	6.02
3	002370	亚太药业	5.02	0.67	0.33	1.87	0.03	7.92
4	002390	信邦制药	5.50	0.31	0.16	0.41	1.27	7.65
5	002393	力生制药	2.77	0.05	0.02	0.55	—	3.38
6	002412	汉森制药	2.21	0.51	0.19	0.78	0.97	4.66

续表

序号	股票代码	名称	保荐及承销费用	审计及验资费用	律师费用	信息披露费用	其他费用	发行费用总额
7	002550	千红制药	4.55	0.18	0.09	0.26	—	5.08
8	002603	以岭药业	3.52	0.10	0.10	0.22	0.07	4.01
9	002675	东诚药业	7.45	0.32	0.36	0.72	0.08	8.92
10	002737	葵花药业	5.22	0.57	0.22	0.30	0.03	6.35

在佛慈制药与 9 家对照企业的发行费用中，保荐及承销费用占比均较高，占募集资金的 2%～8%，远超过其余各费用项目。首先是佛慈制药尤其保荐及承销费用的占比尤高，达 8.54%，这更能体现佛慈制药的 IPO 成本畸高；其次是信息披露费用；最后是审计及验资费用。对照相比佛慈制药的总发行费用位居榜首，占募集资金的 10.41%，与排在第二位的东诚药业相差 1.49%，与居于最后一位的力生制药的 3.38%相差竟高达 7.03%。且其有三项费用进入了单项排名的前三：保荐及承销费用和审计及验资费用位列第一，信息披露费用排在第三位。据此可以做出初步判断，它们是佛慈制药 IPO 直接成本畸高的主要原因。

三、案例分析

上述资料显示，佛慈制药 IPO 成本畸高，佛慈制药的保荐及承销费用在整个 IPO 直接成本中占比最高，达 82.046 6%；与信息披露费用、审计及验资费用合计共占总发行费用的 97.89%。案例主要从以下五个方面分析其 IPO 过程中发行费用畸高的原因，即发行状况、企业质量、审计验资费用、企业知名度、信息披露费用与利益相关者的关系。

（一）发行状况

佛慈制药本次发行股数 2 020 万股，占总股本的 25.01%，每股发行价格 16.00 元，实际募集资金总额为 32 320 万元，募集资金净额 28 956.07 万元。本次募集资金用于已在甘肃省发改委登记备案（备案证编号：甘发改高技（备）〔2011〕5 号）的“扩大浓缩丸生产规模技术改造一期”项目，该项目总投资额为 24 540.62 万元，其中固定资产投资 23 637.62 万元，铺底流动资金 903.00 万元，而此次 IPO 超募资金 4415.45 万元。因此，若按承销商对于超募资金收取费率的平均值 10%来计算，需要对超募部分承担的承销发行费用为 441.55 万元，占全部承销保荐费用的 16.00%。

（二）企业质量

若发行人具有良好的企业质量，承销商做价值评估工作的难度会大大降低，发行人在承销商面前的议价能力也会增强，从而降低承销发行费用；反之亦然。由于保荐人在保荐期内必须按照法律规定对发行人上市后的行为与表现负责，发行人若出现重大问题，保荐人须一同承担责任。因此，佛慈制药 IPO 直接成本居高与它的企业质量息息相关。从论述逻辑来看，过度依赖非经常性损益、市盈率过高、与整个行业水平相悖的高毛利率都是表达企业质量问题的论据。

1. 过度依赖非经常性损益

佛慈制药的首次公开招股说明书和 2011 年度审计报告显示，报告期内净利润过度依赖非经常性损益，自身经营活动获取现金的能力比较有限。佛慈制药盈余分析见表 5-3。

表 5-3　佛慈制药盈余分析

项目	2008 年	2009 年		2010 年		2011 年	
	金额（万元）	金额（万元）	增长（%）	金额（万元）	增长（%）	金额（万元）	增长（%）
营业利润	2 494.81	2 706.71	8.49	3 166.38	16.98	3 153.21	−0.42
营业外收支净额	125.86	1 353.79	975.63	2 404.51	77.61	475.84	−80.21
净利润	2 160.92	3 614.68	67.28	5 124.17	41.76	3 206.07	−37.43
扣除非经常性损益后归属于母公司股东的净利润	2 042.68	2 392.84	17.14	2 750.93	14.97	2801.6	1.84
非经常性损益/净利润	5.47	33.80	—	46.31	—	12.62	—
经营活动 现金净流量	60.26	346.48	474.98	5617.93	1521.43	242.60	−95.68

据表 5-3 和招股说明书（经营成果分析及现金流量分析），2008 年的非经常性损益，主要是收到的各项政府补助 165.60 万元；2009 年的非经常性损益主要包括政府补助 166.18 万元、固定资产处置利得 23.54 万元和无形资产处置利得 1 229.16 万元（本期转让了兰州市雁滩的土地使用权，并取得转让收益）等；2010 年的非经常性损益主要包括政府补助资金 186.78 万元、固定资产处置利得 38.57 万元，无形资产处置利得 2 196.06 万元；2011 年的非经常性损益主要包括政府补助资金 485.73 万元。

2009 年、2010 年的非经常性损益占当期净利润总额的比例为 33.80%、46.31%，占比较高，净利润过度依赖非经常性损益，主要是来自无形资产的处置利得。企业可供出售的资产有限，企业不能长期用此方法增加净利润，长期变卖企业资产不利于企业的持续发展，只有扩大主营业务，才能够使企业基业长青。

表5-3的经营活动现金净流量数据显示，自身经营活动获取现金的能力比较有限。2008—2010年每年经营活动现金净流量的都在上涨，表明公司经营活动获取现金的能力在逐步增强。此外，由该企业2010年现金流量表得知，销售商品收到的现金较上年增加4 680.13万元，增长18.9%，全年经营活动现金净流入5 617.93万元，与2009年相比增长了1 521.43%。在首次公开招股说明书中给出的原因是，经营活动现金流量状况较前两年有非常大的改观，公司自2007年年底以来的整合效应及综合性改革措施充分显现，主要产品持续旺销，现金回款周期缩短，表明公司经营活动获取现金的能力有了实质性的提升。公司经营活动现金净流量超出公司营业利润2 451.55万元，主要原因是公司通过加大货款回收力度收回了以前年度的应收账款，使得应收账款减少了2 608.82万元。

2011年的经营活动现金净流量又回落到242.60万元，较2010年相比下降了95.68%。在招股说明书中，对于1—6月经营活动现金流量净额为159.63万元给予的解释是经营活动现金流量较小：一是由于中成药制造企业应收账款具有年中滚动回款、年末总决算的行业特点，公司后半年的回款金额大；二是由于中药材涨价及根据中药材价格上涨走势，公司储备常用大宗中药材致使支付的采购原材料金额增加。

2. 市盈率过高

佛慈制药新股发行价格最终被确立为每股16元，每股收益以2010年度会计师事务所审计的扣除非经常性损益前后孰低的净利润除以本次发行后总股本计算，该发行价格对应的市盈率为46.92倍。而医药行业的龙头企业恒瑞医药在2011年的平均市盈率为45.22倍，而且如表5-4显示诸多投资机构在发行前预测佛慈制药的合理市盈水平最高也没有超过40倍。

表5-4　投资机构预测的佛慈制药市盈率水平

投资机构	市盈率（倍）
安信证券	35～40
天相投资	25～30
万联证券	25～32
海通证券	22～27

3. 高毛利率与行业整体水平相悖

财富证券2011年的数据表明，医药行业的原材料成本上升、产品销售价格下降，医药行业综合毛利率普遍降低。但是，佛慈制药综合毛利率仅有小幅下降，多种主要产品的毛利率呈上升趋势，面对与整体行业截然相反的局面，佛慈制药主要给予的解释是依赖完备的内控和成本控制；生产地甘肃是我国规模最大的中药材种植基地；中药行业“南药北储”。佛慈制药的毛利率上市后前两年（2012年、2013年）与上市前基本持平，但从2014年开始较上市前有较大幅度的下降，见表5-5。

表 5-5　佛慈制药毛利率分析

项目	2008 年	2009 年	2010 年	2011 年	2012 年	2013 年	2014 年	2015 年	2016 年
营业收入（万元）	21 901	23 221	26 241	27 118	26 636	29 153	39 907	32 758	36 326
营业成本（万元）	13 181	14 417	16 748	17 799	17 948	18 766	31 071	24 493	36 326
毛利率（%）	39.82	37.91	36.18	34.36	32.62	35.63	22.14	25.23	29.80

（三）审计验资费用

在对 9 家对照企业各自的审计验资费用的比较中发现，佛慈制药的审计验资费用占实际募集资金的比例为 0.774 3%，居于首位。审计验资费用的收取标准，一般是根据企业规模大小和工作难易程度来确定的。佛慈制药此项费用偏高，除了企业规模这一客观因素外，主要原因应该和工作的难易程度相关。

在分析佛慈制药 IPO 过程、探寻诸多疑问的过程中可以看到：报告期内净利润过度依赖非经常性损益、综合毛利率逆市上升、市盈率高于龙头企业以及对佛光工贸的收购等诸多问题，都增加了审计验资工作的难度，故有理由怀疑佛慈制药在 IPO 过程中存在财务造假、美化报表的行为。佛慈制药审计验资成本偏高自然也就有了较为合理的解释。

佛慈制药在新股发行并上市的过程中，除了承担畸高的直接成本外，还承担了大量的无法精确统计的间接成本和风险成本。其中，企业质量与知名度、超募程度、与利益攸关者的关系、发行规模、上市时机和实施路演机制是影响佛慈制药 IPO 融资成本的重要因素。

（四）企业知名度

发行人的企业知名度越高，受到的社会关注程度也越高。人们对消极消息的关注及使用程度远高于积极的消息，从而影响相关主体的判断和决策。所以，社会公众会格外关注发行人表露的各种负面消息，在信息时代背景下，消息的传播更为迅速，承销商与发行人为消除负面信息扩大对企业知名度造成的不利影响，又必须借助更多媒体做更多的正面宣传，以此达到目的，从而导致承销发行费用和信息披露费用的增加。

如果发行人具有较高的企业知名度，承销商对新股发行的宣传力度就会大大减少，且可增加投资者以较高发行价格认购新股的可能性，承销发行成本和 IPO 抑价成本均会相对降低；媒体对发行人所做的大量报道，实质上是在帮助发行人免费地披露信息。但是，知名度较高的发行人一旦产生负面信息，往往会导致投资者在更大程度上转变对发行人的固有良好认知，投资者以较高发行价格认购新股的可能性大大降低，IPO 抑价成本相应增加。

佛慈制药作为“中华老字号”的国有企业一直被各方面高度关注，几次上市均失败的经历，更使佛慈制药成为 IPO 市场上的焦点。在每次被质疑、曝光后，佛慈制药都不得不千方百计地找出理由或解决方案，及时通过主流媒体向大众披露信息，消除不良影响。承销商华龙证券为了上市发行新股自然需要通过大量的宣传来挽回声誉。因此，佛慈制药承担高昂的承销保荐费用就成了顺理成章的事情。

（五）信息披露费用与利益相关者的关系

在企业 IPO 过程中，任何一个环节出现问题都会导致 IPO 最终失败，处理好每个环节的相关问题至关重要。首次公开招股的成功与否直接决定发行人是否受益，而与发行人的利益相关者通常包括股东、债权人、员工、同业竞争者、供应商、顾客、政府以及社会活动团体等。在整个 IPO 过程中最有可能向媒体披露发行人负面信息的，除了政府监管部门外，就是同业竞争者和前员工。正确处理好与这些利益相关者，特别是同业竞争者和前员工之间的关系，可以减少发行人发生信息危机的可能性，从而也能有效降低信息披露成本。

但是，佛慈制药并没有处理好与利益相关者的关系。2011 年 12 月 7 日，也就是在深圳证券交易所上市的前几天，佛慈制药遭到了内部员工原佛光工贸股东的联名检举。原因主要有三点：第一，佛光工贸是具有社会福利性质的企业，已经享受的税收优惠累计达 4 266.06 万元，按规定这部分资金只能用于企业发展、改善生产经营、改善残疾人生活福利，不能用于股东分配。第二，佛光工贸对外没有独立生存能力，是给佛慈制药提供药品包装的一家公司，佛慈为了减少关联交易和降低成本对其进行了整合。该整合是由佛慈大股东先行收购佛光工贸，然后再将经营性净资产出售给佛慈制药，最后于 2009 年 5 月 4 日将佛光工贸注销完成的。第三，佛光工贸在被收购时，累计 12 年里发放的股利为 274.09 万元，对其进行简单的计算，12 年间投资者、900 多职工（股东）累计分红 274.09 万元，人均年收益不足 250 元，还没有同期银行存款利息高，并且佛慈制药对佛光工贸的收购是以原始出资额 1 100 万元，并无溢价，股东利益严重受损。

四、案例思考

1. 根据企业 IPO 上市的核准制相关规定分析佛慈制药的筹资成本。
2. 结合我国企业 IPO 筹资成本的影响因素，分析佛慈制药 IPO 筹资成本畸高的原因。

案例六
读者传媒盈利模式分析

一、背景知识

(一) 盈利模式

盈利模式是指按照利益相关者划分的企业的收入结构、成本结构以及相应的目标利润；盈利模式是在给定业务系统中各价值链所有权和价值链结构已确定的前提下，企业利益相关者之间利益分配格局中企业利益的表现；盈利模式是企业在市场竞争中逐步形成的企业特有的赖以盈利的商务结构及其对应的业务结构。具体到新媒体行业，本案例总结为：新媒体盈利模式是指个人或企业利用互联网技术，在新媒体语境下通过整合技术、人力、信息等若干要素创造价值的商业模式，任何盈利模式都紧扣利润对象、利润点、利润来源、利润杠杆、利润屏障这五个要素。

(二) 传媒行业相关概念

1. 数字出版

数字出版是利用数字技术进行内容编辑加工，并通过网络传播数字内容产品的一种新型出版方式。其主要特征为内容生产数字化、管理过程数字化、产品形态数字化和传播渠道网络化。

2. 三次售卖理论

三次售卖理论是国际流行期刊理论之一。对期刊第一次售卖指卖内容，主要通过发行创造收入；第二次售卖指广告，以目标消费群体作为实现广告收入的基础；第三次售卖是指品牌开发，售卖期刊品牌资源，主要方式通常有重印或合订本、特刊或增刊、图书和光盘、数据库、网站、会展、客户名单、品牌授权等。

3. 图书、期刊重大选题

图书、期刊重大选题是指涉及国家安全、社会安定等方面的内容，对国家的政治、经济、文化、军事等会产生较大影响的选题。

(三) 利益相关者理论

利益相关者是指企业的经营管理者为综合平衡各个利益相关者的利益要求而进行的管理活动。与传统的股东至上主义相比较，该理论认为任何一个公司的发展都离不开各利益相关者的投入或参与，企业追求的是利益相关者的整体利益，而不仅仅是某些主体的利益。狭义的利益相关者是指除股东、债权人和经营者之外的对企业现金流量有潜在索偿权的人。广义的利益相关者包括一切与企业决策有利益关系的人，包括资本市场利益相关者、产品市场利益相关者和企业内部利益相关者。

二、案例资料

（一）传媒行业的基本情况

1. 行业整体发展概况

“十三五”时期，我国出版发行产业规模快速提升，印刷复制增长势头强劲，出版物发行呈现多元化趋势。图书、报纸、期刊、音像、电子出版物等传统出版物持续发展，数字出版、数字印刷、数字发行等新业态发展迅猛，产业结构不断优化，产业链日趋完善，已基本形成以图书、报纸、期刊、音像、电子、网络、手机等媒体的出版、印刷、复制、传播、外贸等为主，包括教育、科研、版权代理、物资供应、国际合作等在内的完整产业体系。随着互联网技术的日趋成熟，国家对于新兴媒体、数字出版及多介质出版的上升趋势给予了充分肯定，并要求行业内遵循客观规律，采取“将传统媒体与新兴媒体的优势融合”为主的方式加快推动产业结构升级。对于国有文化企业，鼓励其探索特殊管理股试点和股权激励试点改革，并鼓励和引导社会资本以多种形式进行投资。

2. 数字出版发展概况

进入移动互联网时，一些出版公司利用现有条件将业务触角延伸到了更广泛的富媒体领域。这些出版社活跃于各社交平台进行内容的发布，通过线上、线下渠道与读者开展交流。除此之外，通过与文化名人、作者合作积极开发周边文化产品，合作制作视频/音频节目，从而打造有自身影响力的文化品牌和内容服务。并与其他领域的优质企业合作，实现优质作者及内容的孵化和文化 IP 的精细化运营。近年来，以微信读书和掌阅科技等为代表的数字阅读 App 加入了听书功能和音频板块，诉诸听觉的有声书和音频导读可以减少视觉疲劳，灵活运用碎片化的时间，并与其他场景共存。可以认为，听书将成为看书的重要补充，并越来越为更多人所接受。

3. 产业链构建情况

产业链上游主要为内容创作者，即作者。在数字出版的广域范围特征渗入产业链后，产业链上游还包括部分海外版权代理公司、部分海外出版社以及根据图书内容采取其他形式媒体再创作的个人或团队。这使得产业链加速扩大蔓延，涉及的行业也更加广泛。产业链中游主要为出版商。在数字制作技术的加持下，国营出版社、民营图书出版公司以及报纸杂志社间的联合出版越发频繁，极大地拓宽了上游文创内容的出版渠道，也适当降低了上游一些边缘化内容的传播成本。产业链下游主要为各实体书店。随着数字化浪潮的普及，数字出版分发平台逐渐在下游占得一席之地。各类平台负责向用户提供数字出版物及电子阅读器，二者相辅相成，旨在为读者提供最佳的阅读体验以及最丰富的阅读备选项。

（二）读者传媒的基本情况

1. 基本资料与业务概况

读者传媒控股股东为读者集团，持有本次发行前读者传媒80%的股权。读者集团基本情况如表6-1所示。读者传媒主要从事期刊、图书（含教材教辅及一般图书）出版物的出版和发行。历经了30多年的发展，《读者》月发行量由最初的3万册发展至目前的700多万册，位居中国期刊发行前列。截至2014年年底，期刊累计出版发行已超16亿册，取得了良好的社会和市场影响力。读者传媒图书出版发行业务坚持弘扬“敦煌文化”和传播地方民族特色文化，先后形成了一批具有示范效应的特色书籍，在甘肃省文化出版市场和敦煌文化类图书市场具有较大影响力。此外，读者传媒是甘肃省最大的中小学教材发行代理单位，稳居甘肃省教材市场首位。

表6-1　读者传媒的基本情况

成立时间	2006年10月10日
公司类型	有限公司（国有独资）
注册资本	10 000万元人民币
实收资本	10 000万元人民币
地址	甘肃省兰州市城关区南滨河东路520号
法定代表人	刘永升
经营范围	省政府授权范围内的国有资产经营、管理、资产重组，文化艺术展览、股权投资与管理、实业投资、物业服务、租赁、酒店管理、省政府授权的其他业务

2. 发展目标

作为国内期刊出版业的领军企业，读者传媒一如既往地推广“读者”品牌、打造一流期刊、建设全媒体运营企业。读者传媒不断集中力量完成《读者》期刊群及配套营销中心的建设，进一步拓展《读者》期刊群的市场规模和品牌影响力；在做好数字资源库建设、数字编撰平台搭建等工作的基础上，着力开发拥有自主知识产权的数字产品，推进电子图书、手机阅读、网络发布等方面的工作，建立相应的数字出版商业模式，培育新的出版业态；通过对现有资源的应用和开发，开展线上教育培训平台、云图书馆及动漫生产基地等建设项目，实现产业链的升级和延伸；利用资本市场融资平台，努力成为出版业跨地区兼并重组的力量，实现集约化经营。

3. 新媒体项目计划

基于国民消费能力和阅读率提升所带来的出版发行市场需求快速增加的良好发展前景，以及顺应出版发行行业规模化、数字化发展方向，读者传媒以公司现有的品牌、市场、人员为基础，决定建设发展目标中所述的数字化项目。这将强化公司现有的业务基础，拓宽产品线，增强现有业务的深度，进一步发挥规模效应，提升公司现有业务的定位和经营理念，促使公司走上良性循环的发展道路。上述项目的顺利实施，将全面提升读者传媒的综合管理能力，给本公司带来新的利润增长点，推动公司现有业务向更高层次发展，有助于公司实现打造国内领先的全媒体运营企业的战略目标。

4. 财务概况

从读者传媒的资产负债表来看，该企业近8年来的流动资产占比较高，资产负债率较低，且逐年维持在较稳定的水平。流动资产占比高是传统纸媒行业的典型特征之一，而资产负债率较低则说明读者传媒财务风险低，未见高杠杆经营的情况。从读者传媒的利润表来看，其近8年的营业收入总体呈下降趋势，仅在2015年和2019年出现了小幅的抬升，营业利润总体也呈下降趋势，2015年和2018年同比跌幅均高达35%以上。虽然受产业政策的影响，读者传媒的净利润高于营业利润，但仍难挽颓势。经营上的不利局面导致其资本市场的表现不佳，读者传媒的每股收益EPS自其IPO后持续低迷，2018年仅为0.07，而同年行业平均值为1.68。综上，读者的资产质量较高，企业财务风险较低，但其盈利能力堪忧，且受政策影响较大。

三、案例分析

（一）读者传媒的SWOT分析

1. 企业优势

(1)独特的办刊理念及文化内涵。《读者》创刊于1981年4月。自创刊以来，始终坚持以“真、善、美”为主题，从人文关怀的视角来思考中国人的生存、生活和发展。《读者》注重文化知识的传播和积累，注重文章的思想性、可读性、感染力和渗透力，从而在《读者》与读者之间产生了深刻的文化共鸣。

(2)图书、期刊重大选题。读者传媒以甘肃地方文化和民族文化为主要出版资源，围绕敦煌学、丝绸之路、秦汉简牍以及黄河文化不断策划出多系列、多层次、多形式的特色精品读物，并形成了自己独有的出版风格。公司出版的套书、丛书在规模、规划、结构和装帧方面体现了策划和编辑的良好选题能力，公司也不断制定并加强执行科学而严格的流程以及相应的奖惩制度，保证选题工作的顺利进行。

(3)刊群建设已成规模。为了适应期刊发展趋势，读者传媒率先在期刊领域探索期刊经营新模式，通过多年的努力，已经初步建立了以《读者》为核心的刊群。公司还形成了《飞碟探索》《故事作文》《老年博览》《明周刊》和《漫品》等满足科技、青少年阅读、老年人情感关怀漫画等消费需求的期刊方阵。刊群建设将强化品牌效应，并借此不断拓宽业务范围，以期能够发现新的盈利模式与利润点。此外，刊群建设有利于形成利润屏障，进一步压缩竞争对手的生存空间。

2. 企业劣势

(1)区域资源配置不合理。我国的出版资源主要集中在经济发达地区。在读者传媒所处的中西部地区出版资源相对薄弱。以图书出版单位为例，2014 年北京地区的图书出版单位总产出、增加值、资产总额、利润总额分别占全国总量的 40.9%、60.1%、34.8%、38.4%；其图书出版单位、就业人数分别占全国总量的 40.6%和 46.1%，居全国前列。此外，中西部地区的出版业存在着资源配置分散、行业集中度不高、市场份额不大的弊端。一方面，读者传媒受限于地域壁垒，在空间上难以扩张；另一方面，读者传媒在人事、分配、财务、经营等方面受到管理部门的控制，形成了人为的壁垒，难以形成成熟的劳动、资本等要素市场。

(2)传统出版业态向新型业态转型迟缓，企业创新能力不足。随着生活节奏的加快，单一的媒体已不能满足人们对信息传播的速度、广度、深度等方面的需求。而随着技术的革新，尤其是 5G 技术的开发应用与 4K 高清视频技术的开发应用，各种媒体间交叉、渗透、互动、融合。富媒体、融媒体等新概念喷涌而出，不断丰富着人们对信息流的认知。面对数字化浪潮的冲击，读者传媒的发展明显滞后，公司无法将信息技术高效地运用在出版工作的各个环节，更未能形成成熟的产业规模及模式。读者传媒急需提升业务创新能力，进一步探索新业务经营渠道与盈利模式。

(3)出版物内容同质化现象削弱了读者的阅读兴趣。人们对出版物的内容需求近年呈现多样化、精细化、层次化的特点，既有娱乐化、消遣化的浅层次需求，又有对哲理、道德、学识的深层次需求。为追求近期利益、减少市场风险，出版单位忽视了对于出版物新型题材的挖掘，在出版内容和分割上出现了同质化倾向，从而影响了出版单位的品牌及市场建设，不利于行业的整体良性发展。

3. 企业在外部环境中的机会

(1)图书结构的市场化调整逐步加快。教育图书、大众图书和专业图书是我国书业的三大领域，其中教育图书长期占有首要地位，表现为“刚性需求”的教材长期成为图书销售增长的主要因素。自 2005 年政府对中小学教材实行招标投标试点以来，教材市场由过去的专营市场转变为开放性市场，各大出版发行企业教育图书出版发行业务受到不同程度的影响，专业图书和大众图书领域成为新的利润增长点，市场化调整步伐逐步加快。

(2)刊群建设的规模化发展。刊群建设具有资源共享优势、品牌优势、孵化新刊的优势、竞争优势及成本优势，成为期刊行业规模化发展的有效路径与手段。在读者现有刊群的基础上，进一步深化品牌效应，充分发挥读者本身具备的资源共享优势与竞争优势，这有望成为新的利润增长点。

(3)数字化浪潮不断推进。随着数字技术的发展，出版业的发展迎来了前所未有的机遇与挑战。一方面，数字技术不断优化升级生产要素成本、流程再造等因素，刷新了传统期刊出版物的出版和发行方式；另一方面，数字技术也催生了互联网销售商，促进了各类出版物的分销技术和渠道管理水平的优化升级。此外，网络在线阅读、手机阅读、手持式阅读器阅读等数字阅读方式正成为一种普遍的阅读方式。随着我国目前的信息化发展速度以及电子阅读器、网络教学软件、电纸书包等数字应用技术的不断完善，数字化出版方式渗入出版行业各环节的速度将不断加快。

（4）成为国家实施文化“走出去”战略的重要力量。各类出版物的传播力是国家软实力的重要组成部分。通过实物直接输出、版权合作、海外办刊等多种方式，参与国际竞争，可提升品牌的国际影响力。

4. 企业在外部环境中面临的威胁

（1）市场竞争主体不断增加。近几年，民营书店成功利用总发行权和连锁经营权的放开，通过建立销售网点控制终端市场以及建立灵活的业务模式，逐步增强了其图书发行的竞争实力。随着图书出版发行市场的进一步开放，民营资本开始由发行环节向出版环节渗透，更加积极参与选题、策划、合作书稿、协作出版等业务，市场竞争日趋激烈。

（2）新媒体业务市场正趋向饱和。中国互联网络信息中心发布的第 44 次《中国互联网络发展状况统计报告》显示，2019 年中国网民规模达到 8.54 亿人，互联网普及率达 61.2%。在网民中，有 8.47 亿为手机网民，占比高达 99.1%。新媒体和新技术已经逐渐成为多数人的生活、工作、阅读甚至思维方式的一部分。当前以互联网、通信网、电视网为基础的电子报纸、电子期刊、电子图书、网络文学、网络数据库、手机报纸、手机期刊、手机小说等新型数字媒体，已经形成完整的产业链，其中头部玩家更是具备庞大的企业规模，市场空间所剩无几。

（二）读者传媒的盈利模式

结合前述行业分析可知，数字传媒及数字出版正逐渐成为行业内的主流风向。读者在其 IPO 中也考虑到了这一点，其募资的主要用途如表 6-2 所示。

表 6-2　读者传媒 IPO 募资的用途

序号	募集资金项目	募集资金使用量（万元）	项目备案情况	环评批复
1	刊群建设出版项目	25 510.50	甘发改社会〔2012〕875 号	兰环健审〔2012〕110 号
2	数字出版项目	12 001.51	甘发改社会〔2012〕871 号	兰环健审〔2012〕106 号
3	特色精品图书出版项目	4 754.73	甘发改社会〔2012〕872 号	兰环健审〔2012〕109 号
4	营销与发行服务体系建设项目	3 535.27	甘发改社会〔2012〕873 号	兰环健审〔2012〕108 号
5	出版资源信息化管理平台建设项目	4 605.60	甘发改社会〔2012〕874 号	兰环健审〔2012〕107 号
合计	—	50 407.61	—	—

表 6-2 为 2012 年读者传媒募集到的资金在各业务之间的分配情况，数字出版项目位列第二，这也是读者传媒从纸媒向数字媒体转型的重要一步。以下将按照盈利模式的具体要素分别对读者传媒进行分析。

1. 利润对象

利润对象是指产品的最终消费者。读者传媒图书、期刊的出版、发行业务最终消费者均为其对应的读者。其中，期刊和一般图书主要面向社会大众群体及公共阅读场所，教材教辅主要面向中小学校的学生和教师。

读者传媒从其 IPO 报告期至 2019 年的数据显示，期刊与教材教辅合计均占各报告期毛利的 60%以上，且各分项的同比变化较为稳定，见图 6-1 和图 6-2。这说明读者传媒的主要利润对象为纸质传媒的使用者，即上文所述的社会大众群体、共同阅读场所和中小学师生。

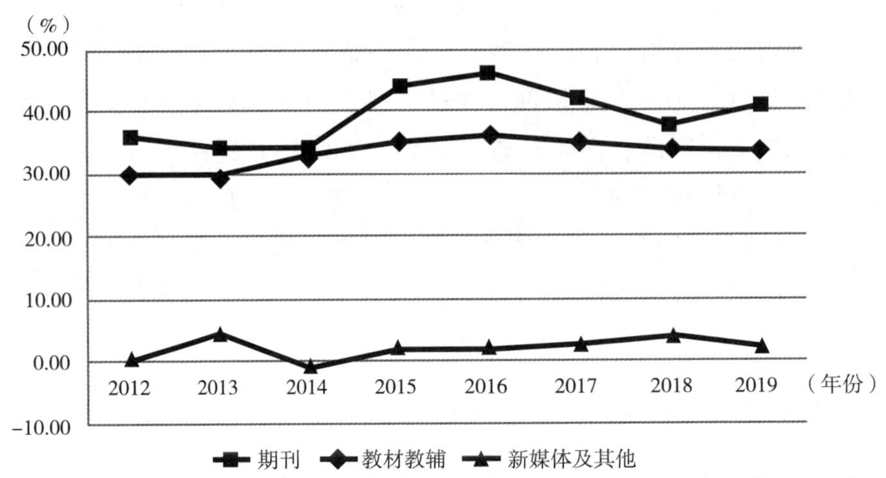

图 6-1　读者传媒主营业务毛利占比变化

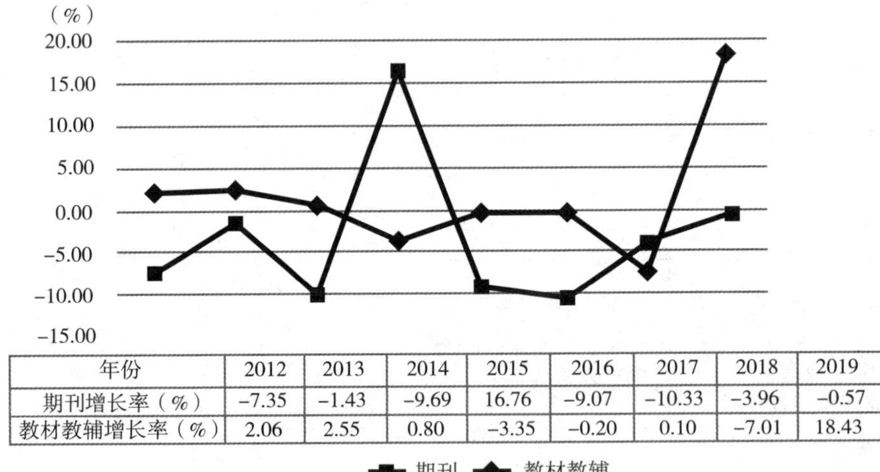

年份	2012	2013	2014	2015	2016	2017	2018	2019
期刊增长率（%）	-7.35	-1.43	-9.69	16.76	-9.07	-10.33	-3.96	-0.57
教材教辅增长率（%）	2.06	2.55	0.80	-3.35	-0.20	0.10	-7.01	18.43

图 6-2　读者传媒主营业务毛利同比增长率

相比之下，新媒体业务毛利的金额及占比则微乎其微。经初步分析，读者传媒的盈利模式仍偏向于传统纸媒的盈利模式。

2. 利润点

利润点是企业获取利润的产品或服务。结合读者传媒的经营特点，将表 6-3、表 6-4 中的数据进一步细化，得到表 6-5。

表 6-3　读者传媒主营业务毛利构成（2012—2015 年）

项目	2012 年		2013 年		2014 年		2015 年	
产品	金额（万元）	占比（%）	金额（万元）	占比（%）	金额（万元）	占比（%）	金额（万元）	占比（%）
期刊	8 038.48	35.92	7 923.47	34.46	7 155.95	34.17	8 355.35	44.13
教材教辅	6 686.62	29.88	6 857.43	29.83	6 911.97	33.01	6 680.55	35.29
广告	4 879.85	21.81	4 293.73	18.68	4 047.38	19.33	1 411.69	7.46
其他业务	767.43	3.43	1 573.62	6.84	1 984.14	9.47	1 037.01	5.48
一般图书	1 825.76	8.16	1 248.91	5.43	901.35	4.3	989.97	5.23
新媒体及其他	178.97	0.8	1 093.76	4.76	−59.4	−0.28	456.86	2.41
合计	22 377.11	100	22 990.93	100	2 0941.40	100	18 931.43	100

表 6-4　读者传媒主营业务毛利构成（2016—2019 年）

项目	2016 年		2017 年		2018 年		2019 年	
产品	金额（万元）	占比（%）	金额（万元）	占比（%）	金额（万元）	占比（%）	金额（万元）	占比（%）
期刊	8 152.27	45.95	7 415.64	41.97	5 990.14	38.09	8 219.55	41.04
教材教辅	6 395.02	36.04	6 272.11	35.49	5 370.34	34.14	6 824.30	34.07
广告	850.67	4.79	1 584.83	8.97	1 206.97	7.67	1 032.44	5.15
其他业务	1 152.68	6.50	1 119.79	6.34	1 630.76	10.37	1 764.54	8.81
一般图书	690.20	3.89	1 050.09	5.94	1 267.68	8.06	1 662.22	8.30
新媒体及其他	501.31	2.83	546.35	3.09	688.34	4.38	571.54	2.85
内部抵销	—	—	−317.98	—	−425.99	—	−45.21	—
合计	17 742.15	100	17 670.82	100	15 728.23	100	20 029.35	100

表 6-5　读者传媒主营业务毛利详细构成（2012—2019 年）　单位：%

项目	2012 年	2013 年	2014 年	2015 年	2016 年	2017 年	2018 年	2019 年
教材教辅	29.88 其中教材 销售 25.08	29.83 其中教材 销售 24.73	33.01 其中教材 销售 27.33	35.29	36.04	35.49	34.14	34.07
教辅	4.81	5.09	5.68	—	—	—	—	—

续表

项目	2012 年	2013 年	2014 年	2015 年	2016 年	2017 年	2018 年	2019 年
期刊	35.92 其中《读者》 35.59	34.46 其中《读者》 37.52	34.17 其中《读者》 37.57	44.13	45.95	41.97	38.09	41.04
其他期刊	0.34	−3.06	−3.40	—	—	—	—	—

可以看出，读者传媒的利润点主要是教材的出版及印刷。结合实际情况，教辅的购买者主要为中小学生，且其实洋往往高于教材。教材的购买者则多为国营书店(如新华书店)。此外，教材的销售定价制约因素较多，受政府影响较大。

公司对中小学教材价格的确定主要取决于以下两个方面：

(1)国家发改委、新闻出版总署(发改价格〔2006〕816 号)文件，以及甘肃省物价局、甘肃省新闻出版局(甘价商〔2006〕162 号)文件的相关规定。

(2)公司按照国家对教材用纸规格、开本、封面加工工艺等方面的严格要求：组织印刷并核算后，向甘肃省物价局和新闻出版局申报教材定价，根据上述两部门审核批复的结果确定最终价格。

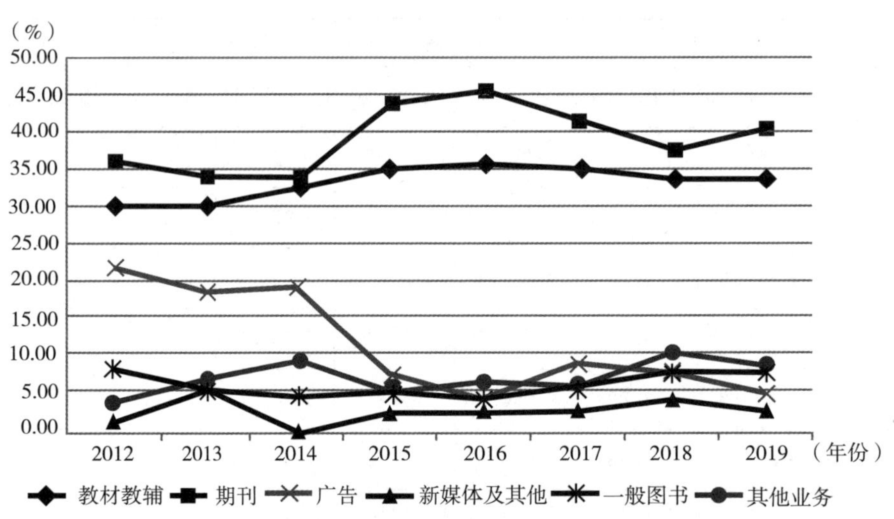

图 6-3　读者传媒各类业务毛利占比变化(2012—2019 年)

3. 利润来源

利润来源是指企业获得利润的途径和渠道。读者传媒的利润来源主要有以下三种渠道：

(1)期刊出版与发行。《读者》杂志(以下简称《读者》)主要委托全国邮政报刊发行局在全国范围内发行。具体发行方式为：公司委托邮政各发报刊局和零售公司以订阅、零售方式办理《读者》的发行，零售方式包括自营零售和批发销售两种形式。《读者》采用分印结合分发的出版发行模式。以全国的 20 个分印点对应 25 个省级邮政主发渠道，形成覆盖全国的分发网络。这是传统纸媒的典型分销渠道，结合表 6-5 中的数据来看，读者的新媒体转型仍在起点。

(2)教材教辅出版与印刷。考虑到读者传媒招股说明书中所披露的信息，其新媒体业务在2015年时仍处于建设期，故节选2016—2019年的报表数据进行分析。可以看出，即便在新媒体业务已经建设完成的情况下，读者传媒的利润来源仍以期刊出版发行及教材教辅出版印刷为主。

(3)其他业务。从毛利的构成来看，截至2019年，读者传媒的盈利模式较其IPO报告期仍未发生较大变化；从新媒体业务中广告毛利的高占比来看，新媒体广告的这一数据与行业状况吻合；从广告毛利的构成来看，读者传媒在该项的盈利模式仍偏向于传统纸媒。值得注意的是，一般图书近年来对毛利的贡献逐渐上升。这除了《读者》杂志的价格再一次上涨至9元/本对市场需求带来的影响外，也说明了读者传媒迫于市场压力，正积极寻找其他利润来源。此外，其他业务的占比也逐渐上升，结合表6-6中读者传媒对大客户的交易内容，有理由怀疑纸浆等原材料的出售正成为读者传媒的全新利润来源。

表6-6 读者传媒前三大客户(2012—2015年)

时间	序号	客户名称	销售额(万元)	交易内容	占比(%)
2015年1—6月	1	甘肃新华书店 飞天传媒股份有限公司	8 747	教材教辅	23.52
	2	越普国际有限公司	3 789	电子产品	10.19
	3	中冶美利纸业股份有限公司	2 668	纸浆	7.18
2014年	1	甘肃新华书店 飞天传媒股份有限公司	17 499	教材教辅	23.05
	2	湖南新时代财富投资实业有限公司	5 316	纸浆	7.00
	3	湖北长江出版印刷物资有限公司	1 914	纸浆	2.52
2012年	1	甘肃飞天传媒股份有限公司	21 357	教材教辅	24.50
	2	湖北长江出版印刷物资有限公司	5 161	纸浆	5.92

4. 利润杠杆

利润杠杆是指企业创造利润所引发的一系列关键性活动，是企业在经营过程中投入的要素。对于数字出版项目，读者传媒将投资额细分至“读者”数字资源多终端服务平台、中小学语文阅读与作文教育平台、专题资讯手机报及数据加工外包服务四个投资项目中。募集资金到位后，因市场环境、技术条件等发生较大变化，考虑项目实施后的预期收益，以及更好地适应市场及公司未来数字内容发展需求，公司对部分子项目减缓了募集资金投入。同时，公司使用自有资金对相关子项目进行了投入，但由于投入量相对较小，2016年未使用募集资金对前期投入的自有资金进行置换。截至2017年12月31日，该项目使用募集资金431.37万元，募集资金余额为11 570.14万元(不含利息及使用募集资金进行现金管理取得的收益)。

据读者传媒的项目进展评估披露：在已使用的募集资金中，431.37 万元被全额投入“数据加工外包服务”子项目中，其余三个子项目并未使用募集到的资金，也未开始执行。

5. 利润屏障

利润屏障是指企业为了维持已获得的市场份额、行业地位和盈利水平，防止竞争者瓜分企业利润而采取的一系列措施，目的是阻止竞争对手对企业利润的冲击。利润屏障也是企业的核心竞争力。结合表 6-5 与图 6-4 进行分析，其核心利润点——《读者》及教材教辅在较长时间跨度下虽有波动，但总体趋稳。得益于《读者》的口碑及教材出版上的政策支持，仅从毛利的同比增长看，读者传媒的利润屏障构建较为牢固。

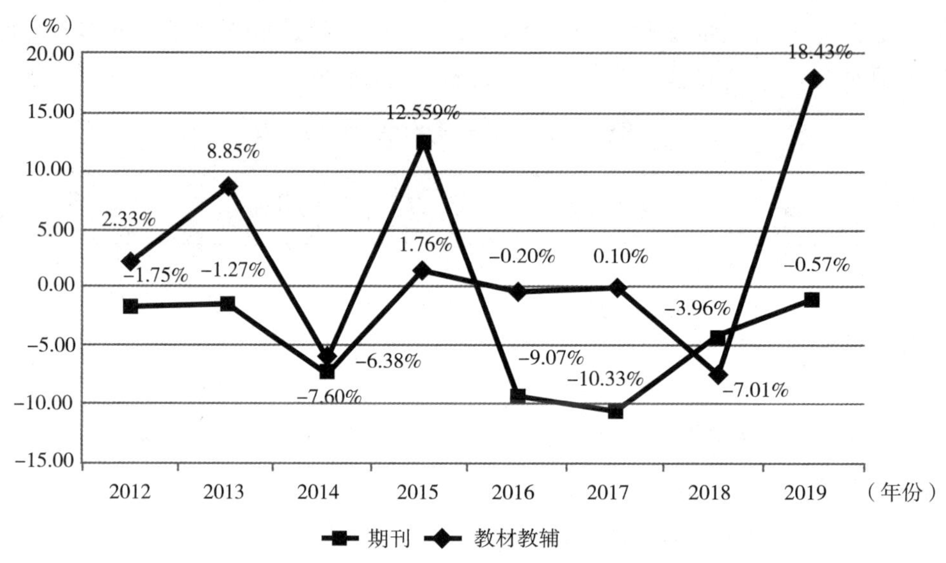

图 6-4 读者传媒主营业务毛利同比增长率(2012—2019 年)

随着市场环境的变化，尤其是行业中新技术与新业态的出现，读者传媒作为传统纸媒企业的核心竞争力正在逐年下滑。自 2015 年后，《读者》期刊营业收入与毛利同比增长率连续三年为负。再看 2015 年与 2018 年营收及毛利的短暂上涨，原因都一样——涨价。自 2015 年第 1 期起，读者的定价从 4 元/本涨至 6 元/本；自 2018 年第 15 期起，读者的定价从 6 元/本涨至 9 元/本。这种涨价导致的短期收入与毛利上升，只能说是“治标不治本”。要想挽回颓势，应适应市场环境的变化，积极调整企业战略。

本案例认为在 2012—2019 年，教材教辅的利润屏障较为牢固，甚于《读者》期刊。2018 年兰州市初中毕业生 33 877 人，普通高中招生 22 491 人，各级各类职业学校招生 11 078 人，高中阶段毛入学率为 99.09%，职普比 3.3∶6.7。2019 年城市四区地方普通高中招生 14 098 人，各级各类职业学校招生 8 278 人，高中阶段毛入学率为 97.90%，职普比为 3.8∶6.2。大部分家长还是希望自己的孩子能够进入普通高中，而非进入职高进一步学习。职普比的提升加上家长的期望无疑加剧了初中生的学业焦虑，大部分学生开始采取“题海战术”反复做题，一定程度上带动了教辅的销售。这导致教材教辅的同比增长率在 2019 年出现了较大程度的抬升。教材教辅或在未来成为“读者”的主要利润点。

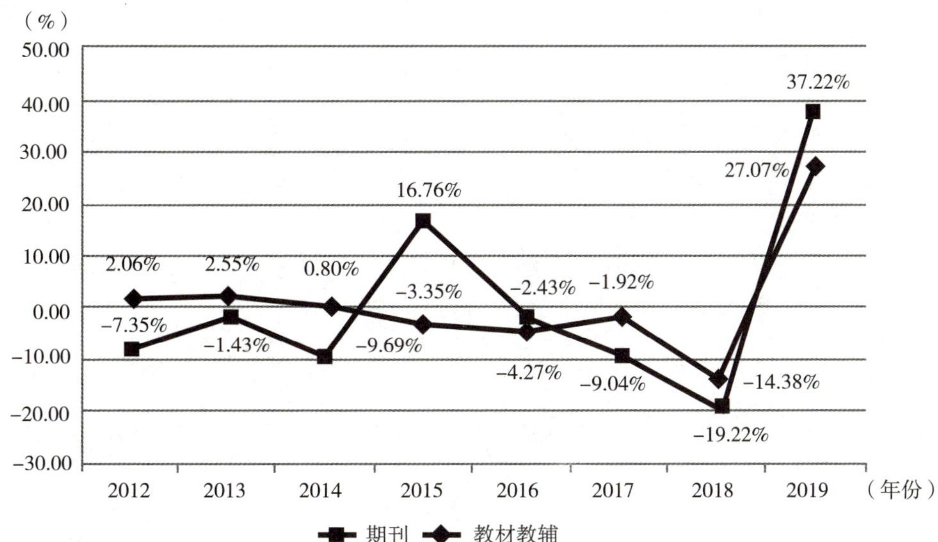

图 6-5　读者传媒主营业务营业收入同比增长率(2012—2019 年)

（三）整体评价

回顾读者传媒 2015 年上市时发布的招股说明书，其中将新媒体项目建设作为主要“亮点”来吸引投资者。然而根据其后续对新媒体项目的建设，可以用“坎坷”二字来形容。据读者传媒 2017 年的一项报告，其募集到的资金因为项目开展不顺利，已经用于永久补充流动资金。此外，读者传媒在资本市场上的低迷表现也是现实中《读者》期刊销量不佳的一种直接映射，读者传媒无奈只好靠涨价来维持收入。结合读者传媒的财务数据，其新媒体转型之路在 IPO 背景下并不顺利，新媒体微薄的利润不足以构成读者传媒盈利模式中的任何一项要素。

四、案例思考

1. 结合行业发展背景与读者传媒盈利模式的现有状况，说明读者传媒开展新媒体业务的可行性。

2. 读者传媒现有的盈利模式能否紧跟市场变化？该盈利模式是否符合行业的发展前景？

3. 盈利模式的要素如何影响企业竞争力？

案例七
中信集团的分层上市治理分析

一、背景知识

（一）公司治理概述

公司治理又名公司管治、企业管治，是一套程序、惯例、政策、法律及机构，关乎着如何带领、管理及控制公司。公司治理方法也包括公司内部利益相关人士及公司治理的众多目标之间的关系。主要利益相关人士包括股东、管理人员和理事。其他利益相关人士包括雇员、供应商、顾客、银行和其他贷款人、政府政策管理者和整个社区。

从公司治理的产生和发展来看，公司治理可以分为狭义的公司治理和广义的公司治理两个层次。

狭义的公司治理是指所有者(主要是股东)对经营者的一种监督与制衡机制，即通过一种制度安排来合理地界定和配置所有者与经营者之间的权利与责任关系。公司治理的目标是保证股东利益的最大化，防止经营者对所有者利益的背离。其主要特点是通过股东大会、董事会、监事会及经理层所构成的公司治理结构的内部治理。

广义的公司治理是指通过一整套包括正式或非正式的、内部的或外部的制度来协调公司与所有利益相关者(股东、债权人、职工、潜在的投资者等)之间的利益关系，以保证公司决策的科学性、有效性，从而维护公司各方面的利益。

一般来讲，公司治理结构包括股东大会、董事会、经理层和监事会四大机构。股东大会是公司的权力机构，董事会是公司的经营决策机构，经理层属于执行机构，监事会是监督机构。公司治理结构力图通过上述多层代理关系，从激励和监督、责权利对等、信息交流等方面，形成一个相互制约同时又降低代理成本、提高决策效率的组织体系，这种结构决定了股东如何行使其所有权、如何保证股东目标实现、董事会通过何种机制来保证经营者目标不偏离股东目标，以及如何使得经理有充分的激励来发挥其人力资本优势，同时又能保证对经理人员的有效监督。

从理论上讲，公司的权力机构是股东会议，它决定公司的重大事项，但就一个拥有众多股东的公司来说，不可能让所有的股东定期聚会来对公司的业务活动进行领导和管理。因此，股东需要推选出能够代表自己利益的、有能力的、值得信赖的少数代表，组成一个小型的机构替股东代理和管理公司，这就是董事会。董事长是公司的法定代表人。董事会对外代表公司进行业务活动，对内管理公司的生产和经营，也就是说公司的所有内外事务和业务都在董事会的领导下进行。从世界各国的公司立法趋势来看，董事会的作用日益增强，而股东会议的职能却相对减弱。董事会是公司的决策机关，对股东大会负责，依法对公司进行经营管理。经理层是公司事务和业务的执行机构，它由包括总经理、副总经理、财务负责人等在内的高级管理人员组成。这些高级管理人员受聘于董事会，在董事会授权范围内拥有公司事务的管理权，负责处理公司的日常经营事务。其中，总经理是负责公司日常业务活动的最重要的管理人员。监事会是对董事会和经理层执行业务的活动实行监督的机构。监事会作为公司的监察机构，其职责是对董事会和经理层的活动实施监督。其内容既包括一般业务上的监察，也包括会计事务上的监察，但对内它一般不能参与公司的业务决策和管理，对外一般无权代表公司。

由于处理监督和执行职能关系的方法不同，目前在国际上的公司治理中有单层制董事会和双层制董事会之分。英美公司秉持的是“股东大会—董事会—经理层”这一基本模式。董事会是监督公司经理及财务报告过程的主体，集最高决策机构与监督机构于一身。而且这一结构中，首席执行官(CEO)个人处于一种对公司的支配地位。德日治理模式的公司多采用双层制董事会结构。双层制董事会结构是指股东大会授权下的监事会和董事会是分立的，由监事会行使监督职能，由董事会行使执行职能。在德国的公司治理结构中，由股东代表和工人代表共同组成第一层董事会，即监事董事会，第二层是执行董事会，监事董事会行使完全意义上的监督。日本公司的董事会和监事会都对股东大会负责，二者分立，彼此没有隶属关系，监督职能和执行职能平行，这种结构具有较强的系统性和直接性。

公司治理是现代企业制度的核心问题和财务管理的基本前提。越来越多的人认识到：一个企业持续的竞争优势首先绝不是技术优势，也不是资金或人才优势，而是制度优势。目前政府和企业都在很大程度上关注企业制度，尤其是法人治理结构的建设和完善。但是，从各国的经历和我国的现实分析，建立完善的法人治理结构绝不可能一蹴而就，需要从法规，尤其是从实际运作的角度从长计议，多方着手。

在长期的公司治理实践中，公司治理制度不断完善，形成了一套相互联系的公司治理机制体系。根据公司治理机制的功能划分，主要有四种治理机制：一是激励机制，即通过激励董事与经理努力为企业创造价值，减少道德风险的一种机制；二是监督与制衡机制，即对经理及董事的经营管理行为进行监督和评价，并建立有效的相互制衡的内部权力机构的一种机制；三是外部接管机制，即当管理者经营不善，造成公司股价下跌时，被其他公司(或利益相关方)收购，进而导致公司控制权易手的一种治理机制；四是代理权竞争机制，即不同的公司股东组成不同的利益集团，通过争夺股东的委托表决权以获得董事会的控制权，进而达到替换公司经营者的一种机制。

（二）公司治理的分层与嵌套

多层嵌套治理是指集团公司中的母、子公司同时是上市公司，且集团公司的核心资产均在旗下的上市子公司，即一家上市公司通过股权控制另外若干家上市子公司，上市子公司构成了集团的核心资产。单一公司治理注重单一公司的制度安排，而嵌套治理则注重公司间的治理协调与制度安排。

二、案例资料

（一）背景综述

中国中信集团公司(以下简称“中信集团”)是由荣毅仁先生创办的。成立以来，中信集团充分发挥了经济改革试点和对外开放窗口的重要作用，在诸多领域进行了卓有成效的探索与创新，成功地开辟出了一条通过吸收和运用外资以及引进先进技术、设备和管理经验，为中国改革开放和现代化建设服务的创新发展之路，在国内外树立了良好的信誉与形象，取得了显著的经营业绩。中信集团的诞生与成长，几乎与中国 30 多年的改革开放同步，中信集团曾是中国改革开放、招商引资的重要窗口之一。

经过 30 余年的快速发展，中信集团已经成为中国国际化综合性企业集团。中信集团在《财富》杂志评选的 2011 年度、2012 年度和 2013 年度“世界 500 强公司”中分别排名第 221 位、第 194 位及第 192 位，并在所有上榜的中国企业中分别排名第 21 位、第 20 位和第 20 位。中信集团主要通过中国中信股份有限公司(以下简称“中信股份”)开展业务。中信股份的业务遍及全球，覆盖金融业、房地产及基础设施业、工程承包业、资源能源业、制造业及其他行业领域。中信股份的资产、收入和利润在经营期间占中信集团总资产、总收入和总利润的绝大部分。

（二）业务内容

中信集团从事的业务覆盖诸多领域，包括金融业、房地产及基础设施业务、工程承包业、资源能源业、制造业及其他行业领域，并在诸多主要业务领域处于领先地位。

一直以来，中信集团通过创新并利用中国的发展与增长机遇，为企业创造价值。中信集团的发展与中国改革开放的进程紧密相连。中信集团率先在中国按照市场规律和国际业务惯例进行运作，在中国诸多行业中承担着开拓者的角色：中信集团是第一家发行海外债券的中国企业，是第一家在香港联合交易所上市的红筹企业，也是第一家同时在 A 股和 H 股上市的证券企业。以上开拓的历史均表现了中信集团能够把握中国经济增长与转型的机会和潜力而创造价值，目前正值中央企业改革发展的风口浪尖，中信集团也没有浪费这一发展机会，积极寻求上市之路。

（三）财务背景

过去 30 年间，中信集团的经营业绩持续保持稳健。截至 2011 年、2012 年和 2013 年 12 月 31 日，中信集团归属于股东的权益分别为 2 051 亿元、2 354 亿元以及 2 719 亿元，复合年增长率约为 15%。截至 2011 年、2012 年和 2013 年 12 月 31 日，中信集团归属于股东的净利润分别为 365.16 亿元、301.55 亿元以及 378.39 亿元，复合年增长率约为 1.8%。虽然这一数据一直比较稳健，企业能够保持稳定的增长，但从另一方面来说，增长数据比较稳定，在一定程度上也说明了企业的发展空间受限，中信集团若要取得更高的盈利，则需要改变现有的状况。

（四）管理层

中信集团拥有经验丰富且业绩卓越的领导管理团队，其高级管理层具有 30 余年的管理经验，半数以上的高级管理人员已为中信集团服务超过 20 年，且在过往的中国国内和海外业务经营方面有着诸多成功的经验。此外，中信集团的领导管理团队同时具备国际化的经营视野，多位高级管理人员具备海外工作经验和留学教育背景。中信集团设计的稳健的公司治理结构能够缓解风险，优化决策并提高效率。

（五）企业困境

虽然中信集团拥有不少优势，但是其在发展过程中也存在诸多问题，特别是因其隶属央企而存在的一些特殊问题。由于央企子公司可以通过市场融资快速地扩充资本，央企母公司为了控股权不被摊薄，不失去控股权，因而需要动用大量的资金参与下属企业的增资扩股。央企的资金来源一是下属企业的分红，二是银行的贷款。由于缺乏外部权益资本的补充渠道，央企母公司在顶层设计上具有天然的劣势，而党的十八届三中全会所提出的要求国有企业每年上缴 30%的利润，对于大型央企的现金流管理而言无疑是一个挑战。

这种困境以中信集团最为突出。在公司创立之初，中信集团曾得到国家财政 2.5 亿元的现金资本注入，其依靠自身发展成为所有者权益超过 2 700 亿元的大型企业。中信集团旗下的上市公司，特别是中信银行和中信证券，面临着严厉的资本充足监管问题，随着业务的发展，需要不断地在资本市场进行融资。央企母公司要突破资本融资的瓶颈，实现整体上市无疑是最优的选择之一。

同时，对于中信集团来说，通过整体上市实施推进国际化战略、以上市倒逼体制机制的新型改革，可以破解其面临的规模利润增长瓶颈。

（六）整体上市过程

2014 年年初，中信集团上市最终方案完整浮出。按照该方案，中信集团旗下的中信泰富有限公司(以下简称“中信泰富”)以现金和发行新股的方式收购中信股份 100%的已发股份。

按照中信泰富反向收购母公司的初步方案，中信泰富需要向中信集团以现金支付 499.2 亿元，其余 1 770.13 亿元以发行新股的方式支付，每股售价 13.48 港元(折合人民币 10.677 元)，需发行股份约 165.79 亿股。此外，为保持公众持股量不低于 25%的水平，中信泰富还需要再配发约 46.75 亿股。

1. 现金支付

转让对价中的现金对价部分为 499.2 亿元，应由中信泰富于交割日或之前，按照定价基准日中国人民银行公布的人民币兑换港元汇率中间价计算的现金对价总金额(按 1.00 港元兑换 0.792 07 元计算，约为 630.25 亿港元)，以现金的方式支付。在符合适用法律的前提下，并经卖方书面同意，买方可以在交割日后一年内支付全部或部分现金对价。

中信泰富应支付的现金对价，由中信泰富通过股权募资的方式，并在需要的时候通过自有现金资源、银行贷款等方式筹集。但是，现金对价总额可由中信泰富自行决定调整。若现金对价金额调减，则产生的与原现金对价金额之间的差额，将由中信泰富按照股份转让协议的规定，以增加发行对价股份的方式或其他方式支付。2014 年 6 月 3 日，并购双方对转让对价中的现金对价部分，由 499.2 亿元(折合约 630.25 亿港元)调整到了 533.58 亿港元。

2. 股份支付

转让对价中的股价对价部分为 1 770.13 亿元，应由中信泰富按照每股 13.48 港元（按照股份转让协议规定的调整机制调整)的对价股份单价，以及定价基准日中国人民银行公布的人民币兑换港元汇率中间价计算的股份对价总金额(按 1.00 港元兑换 0.792 07 元计算，约为 2 234.82 亿港元)，于交割日或之前，向中信集团或其指定的全资附属公司以发行对价股份(约 165.79 亿股)的方式支付。

除发行对价股份外，为支付收购的部分或者全部现金对价，中信泰富还建议发行配售股份以筹措现金。配售股份将配发给专业及机构投资者。配售预期与对价股份发行同时完成。

收购完成后，中信集团仍为上市规则所指的中信泰富的控股股东，而中信股份将成为中信泰富的全资附属公司。

2014 年 8 月 25 日，中信泰富对外宣布，其已经完成了对中信股份 100%的股权收购。中信泰富将持有中信股份 100%的股权，同时中信集团将继续作为中信泰富的控股股东。就上市规则而言，中信集团与中信泰富均被视为目标公司的控股股东。中信泰富于收购完成后将其英文名由 CITIC Pacific Limited 改成了 CITIC Limited，将其中文名由中信泰富有限公司改成了中国中信股份有限公司。

由于中信股份基本包括了中信集团的全部经营性资产，此次收购完成后，中信集团将实现在港整体上市。截至 2014 年 8 月 25 日，中信集团共持有中信股份约 194 亿股，持股比例为 77.9%(见图 7-1)。

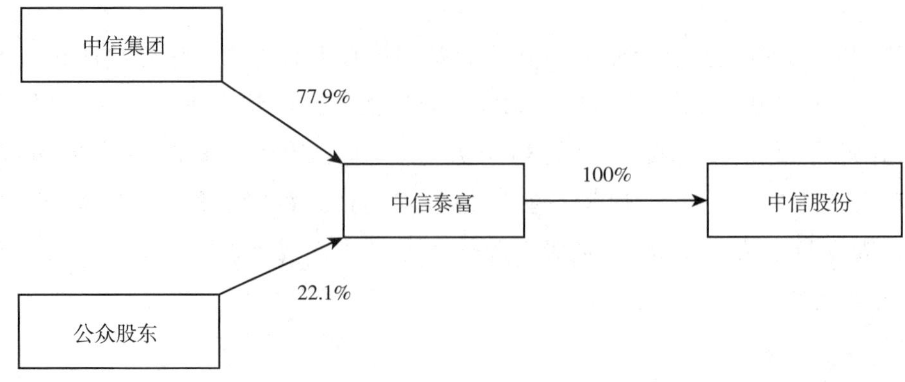

图 7-1 收购完成后的构架

整体上市后，中信集团旗下控制的上海证券交易所和香港联交所上市的公司共有 7 家（见图 7-2），其主要资产都在旗下的上市公司。这样，中信集团形成了独特的治理结构，即母公司与旗下的主要子公司皆为上市公司，且分属在不同的地区上市，中信集团形成了分层上市的治理结构。如何处理分层上市后公司董事会的决策机制，明确集团的经营管理架构，是中信集团整体上市后面临的重要挑战。

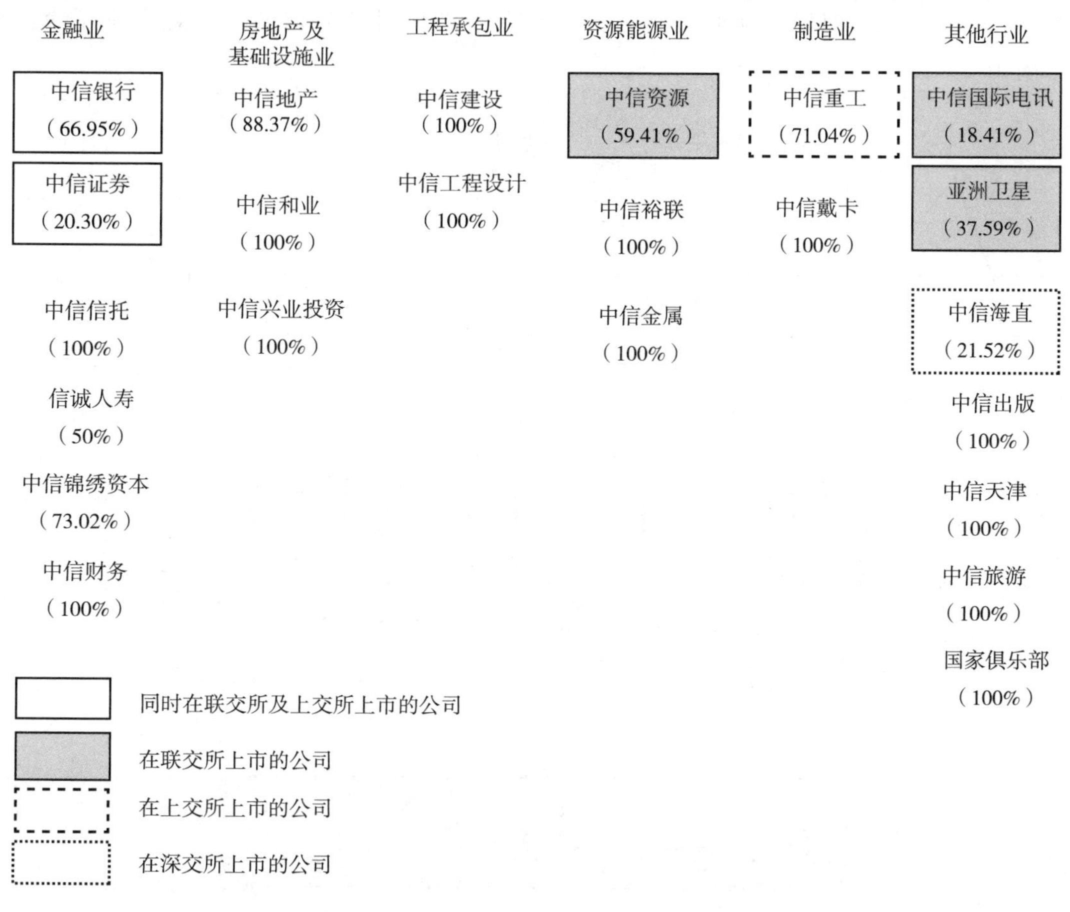

图 7-2　中信集团的业务板块及上市情况

（七）中信证券事件的影响

2015 年 8 月 25 日，新华社发布消息称，中信证券徐某等 8 人涉嫌违法从事证券交易活动，已被公安机关要求协助调查。徐某为中信证券执行委员会委员、董事总经理，另外 7 人包括中信证券权益投资部行政负责人许某等。市场当时一片哗然。20 天之后的 9 月 15 日，中信证券总经理程某、运营管理部负责人于某、信息技术中心副经理汪某等因涉嫌内幕交易、泄露内幕信息被公安机关依法要求接受调查。

中信证券管理层的违规事件无疑对其品牌价值构成了巨大影响，但该事件对中信股份的影响面并不大。首先，中信证券管理层的大幅度调整对中信集团的管理层没有形成重大影响，中信集团的董事会和高级管理层并没有受到波及，没有高级管理人员因此离职。可见，这种治理结构更有助于集团公司层面的责任界定。其次，中信证券的股票价格波动也没有对中信股份的股票价格产生严重影响。中信证券的股票价格从 8 月 25 日到 9 月 15 日累计跌幅达到 17.69%，扣除市场收益率后的超额收益为－12.41%。作为中信证券的大股东，中信股份持股中信证券 20.30%，在此期间股价反而上涨了 4.35%，扣除市场收益率后的超额收益为 2.65%(见图 7-3)。对于中信股份而言，分层上市结构对子公司的坏消息产生了重要的风险隔离作用。

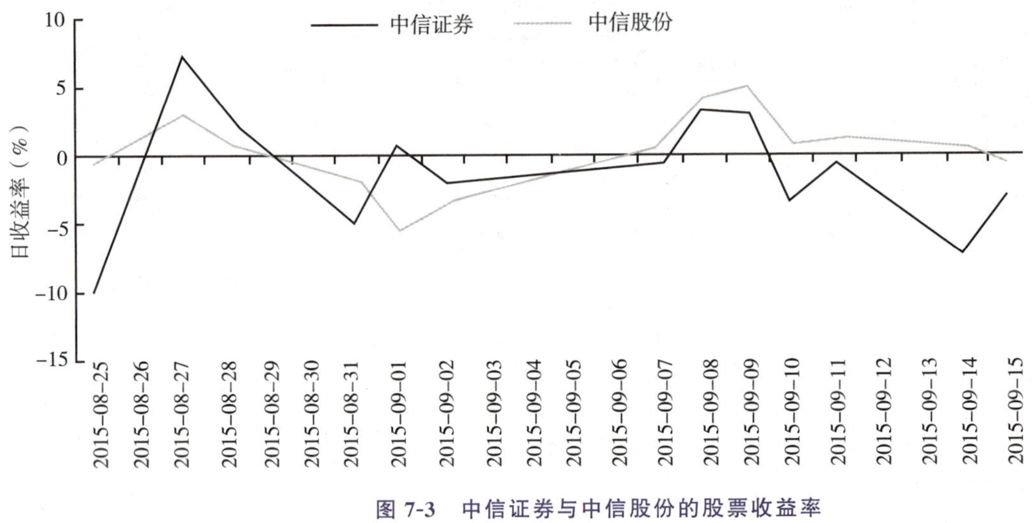

图 7-3　中信证券与中信股份的股票收益率

三、案例分析

从中信集团的整体上市情况来看，其属于典型的分层嵌套治理。分层是指母子公司分层上市治理，嵌套是指两者皆同时具有上市资格。中信股份的核心资产中信银行为同时在联交所及上交所上市的公司，而中信股份为在联交所上市的公司，那么这种分层上市结构对于中信集团而言意味着什么呢?

(一) 中信集团的分层嵌套治理所面临的问题

1. 信息披露成本更高

分层上市带来的问题是每个上市主体都需要履行公开的信息披露义务和严格的公司治理程序，这就意味着要承担更高的信息披露成本。对于中信集团涉及的 8 家上市公司而言，每家公司都需要单独的独立审计、投资者关系管理与信息披露；同时，由于分层上市，母、子公司需要在信息披露的时间、程序、内容等方面进行更多的协调。因此，信息披露成本提高是分层上市带来的最直接的影响。

2. 分层上市治理机构之间的内部协调成本更高

分层上市治理是集团公司面临的普遍问题，但是对于中信集团而言，其分层上市治理的特殊性体现在母、子公司都是上市公司，同时上市地点又不同，治理环境面临明显的差异。这种分层上市治理导致集团公司的内在治理环境更加复杂多样，公司之间的授权和监督形式更加多样化，从而带来了更高的协调成本。以董事会的运作为例，中信集团的董事会需要同时面对中国内地的法治环境与香港特区的法治环境，在集团公司层面和中信股份层面，董事会的运作规则需要在不同的运作方式之间进行协调。

（二）中信集团的分层上市治理具有的优势

1. 权责更加清晰，有助于形成有效的风险隔离

分层上市可以提高公司运作的透明度，使各公司都具备健全的治理结构，规范的运作机制，从而有利于集团内部的风险隔离。当集团内某一家公司出现风险时，如中信证券高管违规事件，可以通过治理结构中权责的界定明确责任归属，避免责任追究扩大化。在中信证券的事件中，中信集团的董事会正常运作并没有受到影响，从而避免了风险扩大。

2. 融资渠道更广

分层上市对于集团企业来说可以获得更多的融资渠道，各上市主体都具备独立融资的能力，能够在集团总体的融资决策框架中发挥自主的融资功能，有利于提升集团总体的融资能力。各上市主体彼此独立，同时也可以彼此协同决策，为集团提供更多的融资渠道。

3. 公司估值方法更明确

分层上市为彼此关联的两家公司提供了估值的参照系。由于母子公司同时上市，子公司的股票价格公开透明，可以用来作为母公司估值的直接依据。与单一上市公司相比，分层上市公司的估值方法更加简单明确，股权部分可以直接参考关联公司的市值。由于两家公司的股票价值具有更大的相关性，这为投资者的投资决策提供了重要参考。

4. 有利于推动公司的国际化

中信股份通过在香港联交所整体上市，推动了公司的国际化进程，为公司整体治理水平的提高提供了更好的发展平台。母公司在香港上市，更加有利于集团的跨国融资。整体上市以后，形成了多层嵌套的治理结构，为中信集团进一步的跨国经营打下了良好的治理基础。

四、案例思考

1. 如何理顺分层上市公司之间董事会的权责关系？

2. 从中信集团的多层嵌套治理案例出发，你认为如何优化企业集团的分层上市财务治理结构？

3. 从投资者的角度看，你会更倾向于投资分层上市的公司吗？

案例八
亚锦科技借势南孚电池反向收购分析

一、背景知识

（一）相关概念

定向增发是股权再融资的一种特殊方法，具体指的是“上市公司采用非公开的形式，向特定对象（不应超过10名）发行股票募集资金的融资行为”。

反向收购是指一家非上市公司为了实现挂牌，先通过收购一家壳公司来获取其实际控制权，之后再由非上市企业把自身的资产和业务注入上市企业，从而实现非上市企业间接上市的目的。

企业利用定向增发下反向收购这一间接上市的方式，是指上市公司采取对非上市公司的大股东进行定向增发的方法，将其所持有的反向收购企业的股份受让给买受人即进行定向增发的企业（并购方），因此形成反向收购企业的股东变成了定向增发企业的直接控股股东，这样原未上市企业的股东相对或者绝对地控制了上市公司的股份公司，对于原未上市企业的股东而言，其最终实现了上市的目的。

（二）理论基础

协同效应理论由美国管理学家伊戈尔·安索夫在20世纪60年代提出，是指在企业间相互竞争大背景下，一个企业通过收购另外一家企业，让最终的企业整体经营业绩、协同效应等都超过两个公司之前的总和，简单来讲也就是1＋1＞2。即收购完成后，合并企业的整体效益增长大于二者作为独立个体时的效益，合并企业产生的现金流量净值比两家企业独立存在时所产生的现金流量净值的总和要大。分析并购的协同效应往往是从管理协同效应、经营协同效应、财务协同效应以及无形资产协同效应这四个方面入手。

1. 管理协同效应

管理协同效应又称差别效率理论，是指并购在企业管理活动方面由效率带来的变化以及效率的提高所产生的效益。因为收购企业与被收购企业会由于内外部因素，在企业的管理效率上存在差异，通过并购，管理效率较高的企业所包含的管理能力会随之进入管理效率偏低的企业，通过整合而逐渐吸收效率较低的部分，这样从整体上就会使合并之后的企业集团管理效率得到很大提升。如果两家企业管理效率不存在很大差异，就不会产生收购活动的管理协同效应。

2. 经营协同效应

经营协同效应是指并购在企业生产经营活动方面由效率带来的变化及效率的提高所产生的效益。经营效率的提升表现为三个方面：首先，表现最明显的就是并购产生的规模效应，由于收购的完成企业的规模得到扩大，随之市场需求增多。这样就可以使每件产品所分担的固定成本减少，最终减少了单位成本，也就可以使企业的资源得到更加合理的配置，利用效率也会大大提高。其次，经营效率的提升体现在收购完成之后的资源互补性。在独立企业中两个互不干扰的生产销售链条，收购完成后可以交互使用，提高资源的利用率使营销成本得到降低。尤其对于销售这一重要环节，随着两家企业的融合，会促使销售网络扩大且灵活性更强，直接降低了销售成本，从而会让销售环节的利润得到增加。最后，经营效率的提高表现为可以减少信息不对称而产生的成本。对内，合并方与被合并方可以利用内部资源整合的减少而降低市场交易成本；对外，企业通过并购完成间接上市后，会随规模扩大而增强企业的购买力，以及因采购量加大所增强的与供应商讨价还价的能力，进而降低了采购所需要的成本。

3. 财务协同效应

财务协同效应当从三个方面考量：一是自由现金流量应用更加充分。企业在成熟阶段会产生足以维持自身运转的现金流量，并且还会产生自由现金流量剩余，两者加起来已经超过项目投资所需要的现金。如果进行企业并购，就会减少自身资金的浪费。二是能够以较低的成本获得外部资金支持。一般而言，反向收购企业的现金充足，偿债能力较好，能够比较容易获得资金支持，进而降低企业交易成本，使得融资成本下降，财务风险也相应下降。三是能够合理避税。递延所得税资产在反向收购双方企业中的运用，能够降低企业所负担的税赋。

4. 无形资产协同效应

无形资产协同效应的主要来源是品牌及文化。产品销量的多寡、企业知名度的升降、利润率的高低在一定程度上由品牌所决定。反向收购完成后被收购企业可以获得合并企业的品牌溢价，提升上文所说的各种要素水平。反向收购可以使得被收购企业及时引入更优秀的运营和管理经验，提升企业营运水平。另外，优秀企业之所以成功，企业文化是不可或缺的一部分。并购能够迅速使相对落后的企业文化被先进企业文化同化，从而对职场氛围、员工素质都带来很大的提升。

二、案例资料

（一）公司基本情况

1. 亚锦科技概况

亚锦科技(AKIN)，全称“云南亚锦科技股份有限公司”。2004 年 3 月 11 日云南亚锦科技有限公司成立，9 年后成功转股，成为云南亚锦科技股份有限公司，注册资本额 500 万元。

并于 2014 年 6 月 6 日在新三板市场成功挂牌。亚锦科技属于“165 软件和信息技术服务业”，专业致力于医疗卫生软件的研发、信息化的开发与服务。亚锦科技虽发展势头良好，具备一定的研发能力和一体化产业链，但公司规模较小，面临资金瓶颈，急需融资以实现进一步发展。亚锦科技的股权结构简单清晰，所有股东均为自然人，无控股子公司。

亚锦科技主要依靠实地洽谈、参加公开招标、竞争性谈判等方式承揽业务，根据表 8-1 其挂牌前后的主要财务数据可知，亚锦科技在 2014 年整体是处于亏损的状态，主要原因有以下三点：

(1)国家宏观经济环境不景气，没有良好的推动作用，行业发展减缓的影响。

(2)2014 年 6 月亚锦科技挂牌新三板，大幅增加了当期管理费用，主要体现在发生较高的审计费、律师费等。

(3)公司用人成本增加，房屋改扩建，租金、管理费用、折旧费用增加等。

表 8-1　亚锦科技挂牌前后的财务摘要　　单位：万元

类别		2013 年 12 月 31 日	2014 年 12 月 31 日	2015 年 6 月 30 日
利润表摘要	营业收入	351.91	303.48	118.63
	营业利润	18.19	−78.73	−58.48
	利润总额	18.19	−33.02	−33.21
	净利润	13.28	−21.90	−34.70
资产负债表摘要	资产总计	664.36	597.71	881.21
	负债总计	125.96	81.20	399.40
	股东权益	538.40	516.51	481.81
现金流量表摘要	经营活动现金净流量	432.77	−132.90	140.64
	投资活动现金净流量	−426.05	197.19	−5.59
	筹资活动现金净流量	0	0	0
	现金及现金等价物净增加额	6.72	64.29	135.05
	期末现金及现金等价物余额	36.66	100.95	236.00

表 8-2　亚锦科技 2015 年上半年营收报告

类别	本期	上年同期	增减比例
营业总收入(元)	1 186 344.38	947 346.35	25.23%
毛利率(%)	41.79	33.17	—
归属于挂牌公司股东的净利润(元)	−346 971.71	−928 303.03	—
归属于挂牌公司股东的扣除非经营性损益后的净利润(元)	−599 646.29	−1 131 456.20	—

续表

类别	本期	上年同期	增减比例
加权平均净资产收益率(%)	－6.50	－23.00	—
每股基本收益(元/股)	－0.07	－0.19	—

表 8-2 反映了亚锦科技 2015 年上半年的营收报告。在 2015 年上半年中，亚锦科技的营业总收入达到 118.63 万元，与上年同期的 94.7 万元相比增长了 25.23%；归属于挂牌公司股东的净利润为－34.70 万元，与上年同期的－92.8 万元相比降低了 62.62%。wind 数据显示，截至 2015 年 6 月 30 日，亚锦科技总资本 881.2142 万元。在报告期内，亚锦科技发展了多家医疗卫生机构，增加了营业收入，使亏损现象得到了改善。报告期内，其主营业务、主要产品及服务、商业模式均未发生重大改变。根据以上的分析，截至 2015 年 6 月 30 日，亚锦科技还是一家互联网软件企业，其规模小而且处于亏损状态。

2. 南孚电池概况

1988 年 10 月 10 日南孚电池成立，全称为“福建南平南孚电池有限公司”。南孚电池是由南平电池厂、华润百孚、福建中基、福建兴业银行及建阳外贸共同出资设立的中外合资经营企业，注册资本为 3 997 万美元。南孚电池有很高的品牌知名度和市场占有率，处于行业领先水平，接连被评为最佳诚信企业、质量效益先进企业、精神文明建设先进单位等。南孚电池的主要业务涉及电池研发、生产制造和销售整个产业链。南孚电池的核心产品是碱性电池，同时制造销售碳性电池、充电电池及其他产品。作为传统制造业，电池销售是南孚电池盈利的主要方式，也是现金流的主要来源。所属行业为“C38 电气机械和器材制造业”大类的细分行业“C3849 其他电池制造”。

南孚电池是台港澳与境内的合资企业，其设立时注册资本为 934.8 万元。南孚电池的股权结构一直相对复杂，经过了多次的转让和增资，南孚电池在间接上市前股权结构见表 8-3，控制情况详见图 8-1。

表 8-3　南孚电池反向收购前股权结构

序号	股东名称	出资额(美元/万元)	出资比例(%)	出资方式
1	Giant Health (HK)	3 148.636 7	78.775 0	货币
2	南平实业	493.389 7	12.344 0	实物/货币
3	大丰电器	221.074 1	5.531 0	货币
4	北京中基	133.899 5	3.350 0	货币
合计		3 997.000 0	100	—

2014 年 11 月，CDH 完成收购美国宝洁公司间接持有的公司 78.775%的股权后，间接控股公司。由于 CDH 是高度专业的私募投资机构，更加注重的是企业的市场地位、财务能力以及持续发展能力。南孚电池自身有其发展特色，且市场发展能力强大，使南孚电池的管理

层有更多的权利增加其自主性，可以增进企业业务的长期成长。

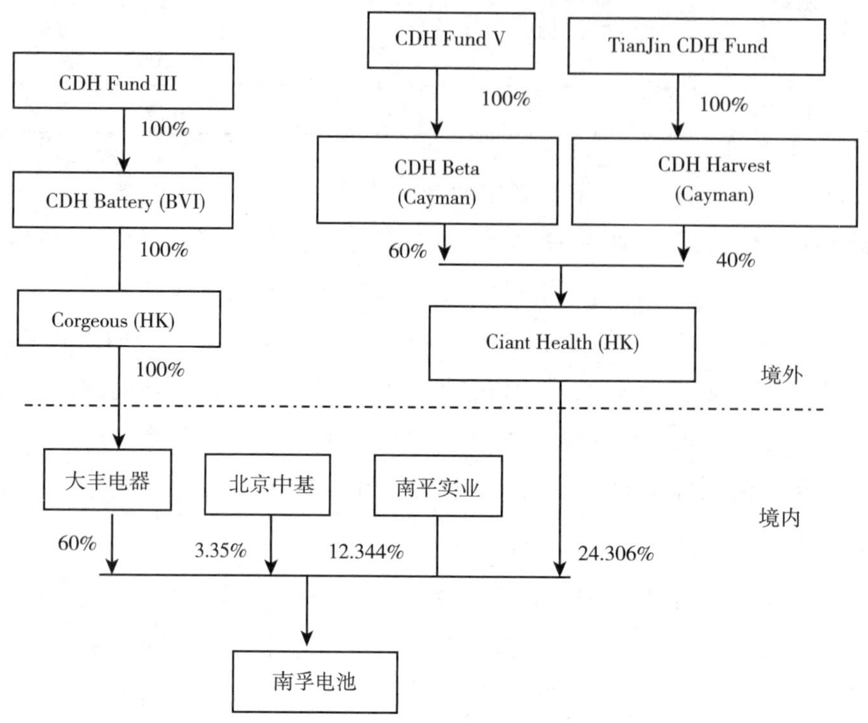

图 8-1　南孚电池借壳前股权结构及控制情况

（二）亚锦科技定向增发下反向收购的方案过程

在对亚锦科技定向增发下反向收购案例的过程分析中，重点是亚锦科技采取定向增发这一方式，获得了资金支持，导致了控制权的变更，达到了反向收购的结果。在对过程的分析中，将以定向增发的主体亚锦科技为出发点，对此次事件进行梳理。

1. 公司定向增发下反向收购的过程

2015 年 6 月 18 日，亚锦科技在股转系统披露了重大资产重组事项，并于次日暂停了股票转让。股转系统在后续的七个月内审核通过了其重大资产重组。2016 年 1 月 21 日亚锦科技恢复股权转让；亚锦科技以 1 元/股的价格向大丰电器发行 26.4 亿元股份购买其持有的南孚电池 60%股权，定向增发下的反向收购方式为股份增发购入资产。公司重大资产重组于 2016 年 2 月完成后，大丰电器变为公司的控股股东，持股比重达 99.81%。在此之后，亚锦科技的注册资本由 500 万元变更为 26.35 亿元，成了公司的控股子公司。

交易对方：交易对手是于 1999 年 8 月 26 日由 Gorgeous（HK）在我国境内设立的并未实际参与企业经营管理的大丰电器，在反向收购业务前是南孚电池的控股股东。

交易价格的确定：本着重要性原则，以 2014 年 12 月 31 日为基准日，经评估，南孚电池股东全部权益为 442 986.27 万元，增值部分为 342 660.81 万元，增值率高达 341.55%。又根据南孚电池 2015 年 7 月董事会决议所作出的向老股东分红 6 亿元的决定。经营业绩和盈利能力也是值得参考的两个指标，又结合了未来的成长能力及发展空间等综合性因素。经过交易双方的协商确立，一致研究决定交易价格定价为 26.4 亿元，以此来购买南孚电池 60%股权。

发行价格和数量的确定：根据评估的内容，以及亚锦科技当时所处的经营情况等多种因素，最终确立的发行价格是 1 元/股。

亚锦科技定向增发是真正意义上构成南孚电池的反向收购，在定向增发下反向收购完成后，亚锦科技经营的核心业务也伴随着南孚电池资产的注入而发生了改变，由之前的以软件行业为中心的发展模式转变为电池的研发生产与销售。图 8-2 为南孚电池反向收购过程。

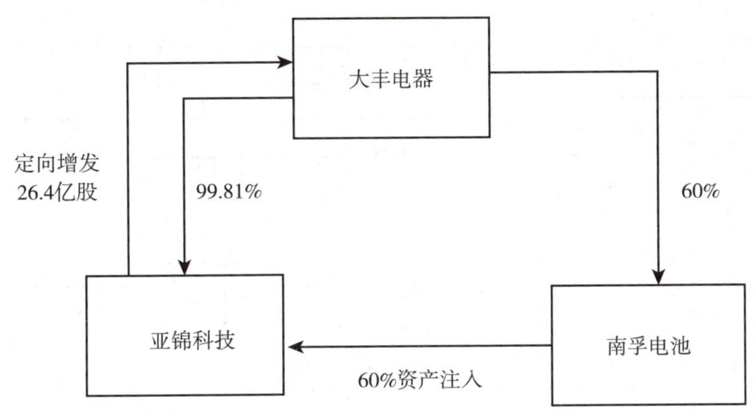

图 8-2　南孚电池反向收购过程

2. 控制权变更情况

控制权变更的情况主要依据亚锦科技与大丰电器在 2015 年 9 月 30 日签署《发行股份购买资产协议》，亚锦科技用于定向增发拟发行的 26.4 亿元的股份，最终是由大丰电器以自身持有的南孚电池 60%的股权进行了认购。定向增发完成后亚锦科技的注册资本由 500 万元飙升至 26.35 亿元。控制权变更主要体现在亚锦科技变更为南孚电池的控股股东，大丰电器变更为亚锦科技的控股股东，持股比例为 99.81%。对于 CDH 的实际控制是吴尚志和焦树阁二人，二人又通过对 CDH 的控制间接持有大丰电器 100%的股权。亚锦科技在之前的实际控制人是彭利安，但在定向增发下反向收购完成之后就变为由吴尚志和焦树阁二人共同控制。

本次亚锦科技通过定向增发让自身获得了新的资产以及业务，核心业务也由之前的软件行业改变为电池行业，并且随着南孚电池的加入更是扩宽了亚锦科技的经营规模。与此同时，南孚电池通过本次事件的完成顺利进入资本市场，企业的治理机制得以进一步完善，品牌形象的影响度得以提高，进而增强了自身的综合竞争力。此次定向增发下反向收购事件为两家企业都带来了协同效应，主要体现的是亚锦科技不仅走出了经营困境，还通过优良企业的加入提高了自身的发展能力，亚锦科技的企业价值也随之提升，为各方带来的收益也很可观。变更后南孚电池的股权结构如图 8-3 所示。

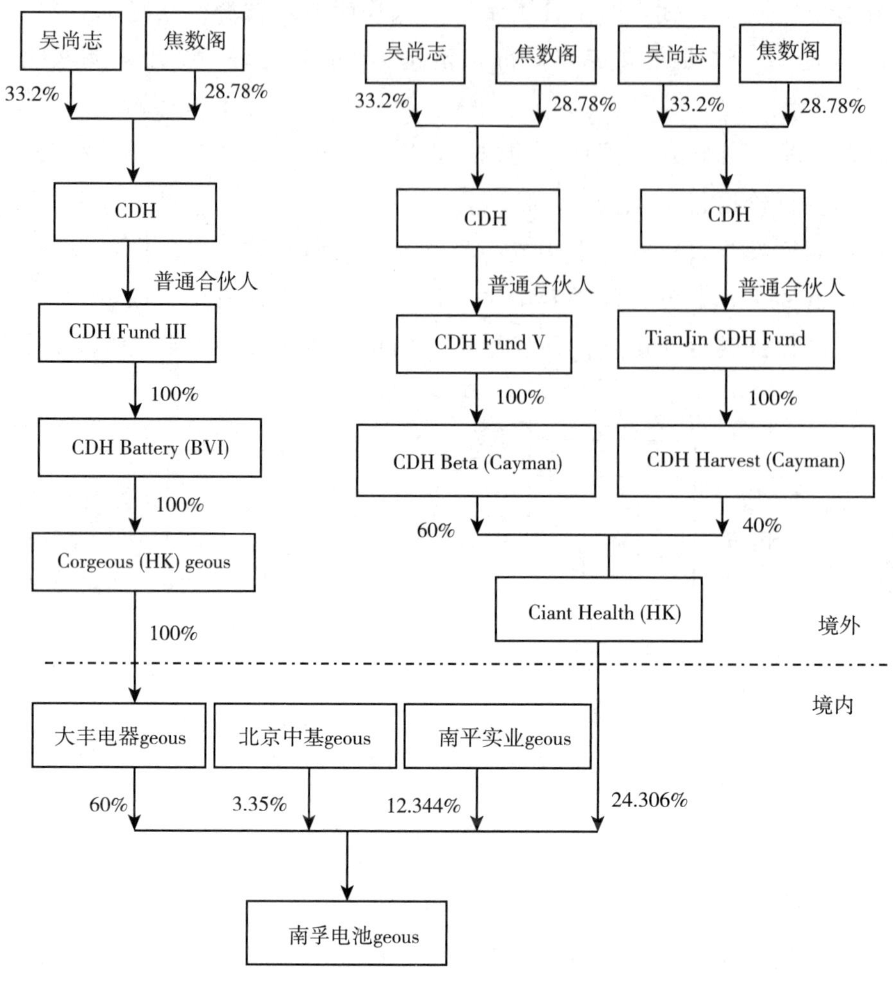

图 8-3 变更后南孚电池的股权结构

3. 募集资金使用情况

亚锦科技于 2015 年 9 月 30 日公布《发行股份购买资产之重大资产重组报告书》，本次发行未募集资金。

亚锦科技在 2016 年 9 月完成了股票的发行，其募集资金主要用于亚锦科技对未来筹划电池行业相关的并购事宜，还要对公司的流动资金进行适当补充。

2016 年 9 月，公司顺利完成第二次股票发行，募集资金 2 763 385 000.00 元。截至报告期期末亚锦科技共支付发行费用 202 046 024.27 元，比公开披露的股票发行情况报告书中预计的募集资金总额的 5%多出 63 876 774.27 元。

公司使用 15 亿元募集资金购买 CDH GIANT HEALTH（HK）LIMITED 持有的子公司南孚电池 14.00%股权。该项目于报告期内尚未完成划款。亚锦科技于 2018 年 2 月 7 日向 CDH GIANT HEALTH（HK）LIMITED 支付了此次股权收购款项 15 亿元。

报告期内，公司使用募集资金买进了银行的保本理财产品，该理财产品截至 2017 年 12 月 31 日余额为 10 亿元。

亚锦科技 2016 年募集资金实际使用情况如表 8-4 所示。

表 8-4　募集资金实际使用情况　　单位：元

项目	金额
募集资金总额	2 763 385 000.00
募集资金使用	202 046 024.27 其中发行费用 202 046 024.27
利息收入和扣除手续费净额	608 551.53
尚未使用的募集资金余额(1－2＋3)	2 561 947 527.26

三、案例分析

(一) 动因分析

1. 协同效应

亚锦科技的主营业务是医疗卫生软件的研发、销售及售后服务，定向增发下反向收购前，受国家宏观经济形势不景气和自身规模的影响，其经营状况不容乐观。根据亚锦科技2014年度审计报告中披露的每股净资产为1.03元和2015年6月末披露的未经审计的半年报中每股净资产为0.96元的数据，发现亚锦科技的净资产已经出现了亏损现象。并且通过2015年6月至2015年8月签订的新单及合同履行的情况，发现企业的可持续发展能力不足，在未来甚至可能会存在明显的持续亏损。

对比亚锦科技定向增发下反向收购前后的财务状况，可以发现重大资产重组对企业带来的影响。从财务状况来看，迅速扭亏为盈，盈利能力显著提高；从市场角度分析，发现在收购完成后市场反应较为积极，说明此次融资效果良好。总体来看，亚锦科技定向增发下反向收购后财务协同效应的提高是很显著的。

南孚电池也是电池行业中的佼佼者，拥有较高知名度和管理能力强且经验丰富的团队，庞大的销售体系更是深入基层，市场的发展前景广阔，企业文化浓厚且氛围优良，这些都会在反向收购完成后流入亚锦科技。亚锦科技可以进行适当的资源整合，使亚锦科技的治理架构和能力得到优化，大力引进经营管理人才，提升其内部经营管理能力和外部发展能力，有利于亚锦科技在重大资产重组后提高自身的经营效益和发展能力，充分发挥企业的管理协同效应。

2. 多元化经营战略

亚锦科技在定向增发下反向收购之前的经营业务较为单一，经营的领域主要是医疗卫生机构的信息化市场。云南地区的医疗卫生机构是亚锦科技的主要客户群体，企业主要通过招投标模式来获得销售订单。最近几年，亚锦科技的医疗业务板块受宏观环境的影响，再加上自身存在的业务局限性，使企业难以得到发展。但是，南孚电池作为电池行业的知名品牌，有着完善的业务基础；定向增发下反向收购完成后，电池业务进入了亚锦科技，并成为企业的主要业务，为企业的存亡带来了新的转折。

根据资产组合理论提出的多元化战略假说，企业如果想规避单一经营的风险，则可以选择以混合并购的方式实现资产重组。基于亚锦科技披露的《重大资产重组报告书》，在定向增发下反向收购完成后，亚锦科技的主要经营业务也将随之发生改变，在保持原有的业务基础之上增加了电池的生产、研发、销售业务。基于重大资产重组的完成，亚锦科技的产品突破了原有业务范围，而且借助南孚电池强大的市场销售体系增加了多元化发展的途径。同时，通过定向增发下反向收购，亚锦科技可以在保持原先销售渠道的同时，将电子商务模式作为新的营销渠道；稳定发展国内市场进而积极开拓海外市场，还可以利用原有营销网络优势拓展非电池业务。

3. 增加知名度

在前文的数据和分析中，可以看到亚锦科技在新三板挂牌之后出现了经营困境。经营能力受到打击主要是因为挂牌所需的挂牌费用等管理费用的提高，而且受到国家宏观经济不景气的影响。根据股转系统查询信息，亚锦科技 2014 年 6 月 6 日在新三板挂牌，于 2015 年 1 月 23 日解除股票限售，总额为 150.2 万股，占股本比例为 30.04%，并于 2015 年 5 月 14 日进行了第一次协议转让。在其未进行定向增发之前，市场对亚锦科技的反馈并不理想；而定向增发后，当日的股价就上涨至 30.88 元，涨幅达到 40.36%。亚锦科技虽然挂牌较早，但知名度并不是很高，面向的主要客户群体也较为单一，并没有为企业扩大市场占有率。

南孚电池作为行业内知名企业，较高的品牌影响力带动了亚锦科技知名度的提高。亚锦科技所采取的定向增发下反向收购这一方式，在新三板市场中是并不多见的，因而它就成了资本竞相青睐而追逐的对象，在很大程度上让亚锦科技具有了一定的市场推广效应。

（二）绩效分析

1. 市场绩效分析

对市场绩效的分析主要是从亚锦科技的股价波动分析和收益率分析着手，这可以体现出亚锦科技进行定向增发后对市场效应的影响。前文中提到过亚锦科技在定向增发前已经出现经营问题，那么在对市场的绩效进行分析前可以先做出如下梳理：亚锦科技经营不善，导致其产生股价过低、波动频率与市场波动频率不相符等消极的市场反应，进而促使企业进行定向增发下反向收购。而如果在定向增发下反向收购完成后，市场绩效皆呈正的积极效应，则说明亚锦科技采取定向增发下反向收购是为了改善企业经营不善所带来的消极市场反应。

1）股价波动分析

运用股价波动分析的方法可以分析选取日期的事件对市场股价产生了何种效应。对股价的分析采取两个日期：一个是重大资产重组公告日；另一个是股票恢复转让日。

选取重大资产重组公告日是为了研究亚锦科技发布《关于筹划重大资产重组暂停转让的公告》后股价走势的变化，通过分析得出市场对亚锦科技此次定向增发案件持怎样的立场。选取股票恢复转让日是为了看亚锦科技完成定向增发案件的重大资产重组后，此事件是否为企业带来市场优势。在对收益率变动分析中，本案例主要以亚锦科技的日超额收益率与市场收益率进行对比研究，判断企业在亚锦科技停牌之前市场的反应如何。以此通过市场绩效分析，得出亚锦科技在市场的层面进行定向增发下反向收购的动因以及事件完成所带来的绩效。

(1)重大资产重组公告日。亚锦科技于2015年2月19日在全国股转系统发布《重大资产重组实施情况报告》，紧接着发布了《股份交易异常波动公告》，并在2015年6月3日发布《股票解除限售公告》。《关于筹划重大资产重组暂停转让的公告》在2015年6月18日发布，之后亚锦科技的股票暂停销售。所以这里选取了2015年6月3日作为基准日，用数据作为支撑对企业的股价波动情况进行分析，参考观察数据则是选取了公告后15个交易日的收盘价。

公告后的15个交易日内公司股价由6月3日的10.35元涨至6月18日的30.88元，当天股价涨幅为40.36%。亚锦科技股票价格见表8-5。

表8-5　亚锦科技股票价格

日期	收盘价（元）	最高价（元）	最低价（元）	成交量（手）
2015年6月3日	10.148 6	10.148 6	4.85	4.00
2015年6月4日	10.148 6	10.148 6	10.35	0.00
2015年6月5日	15.688 7	16.00	15.688 7	1.00
2015年6月8日	11.884 2	11.884 2	4.40	44.00
2015年6月9日	13.708 0	13.98	13.708 0	1.00
2015年6月10日	9.717 2	9.717 2	4.68	6.00
2015年6月11日	14.512 1	14.512 1	11.80	5.00
2015年6月12日	21.572 0	22.00	21.572 0	3.00
2015年6月15日	21.572 0	22.00	21.572 0	0.00
2015年6月16日	21.572 0	22.00	21.572 0	0.00
2015年6月17日	21.572 0	22.00	21.572 0	0.00
2015年6月18日	30.279 2	30.279 2	6.00	24.00

亚锦科技自新三板挂牌以来，经营状况每况愈下。2015年2月19日，在全国股转系统发布《重大资产重组实施情况报告》：亚锦科技将以定向增发的方式获得大丰电器持有的南孚电池60%股份。在报告发布时，公司的股价便开始呈现逐渐上升的趋势，并在2015年6月3日发布《股票解除限售公告》。从图8-4中可以看出，收盘价、最高价以及最低价都是呈现波动上升的趋势，整体对亚锦科技有利好的现象。尤其是在6月18日发布《关于筹划重大资产

重组暂停转让的公告》的当天，市场给出了积极利好的反应：上涨至30.88元，股价涨幅达到40.36%。可见市场对亚锦科技的定向增发还是看好的。从这点考虑，亚锦科技进行定向增发下反向收购也是为了改变之前股价低迷的情况，想扭转企业市场效应不景气的状态。

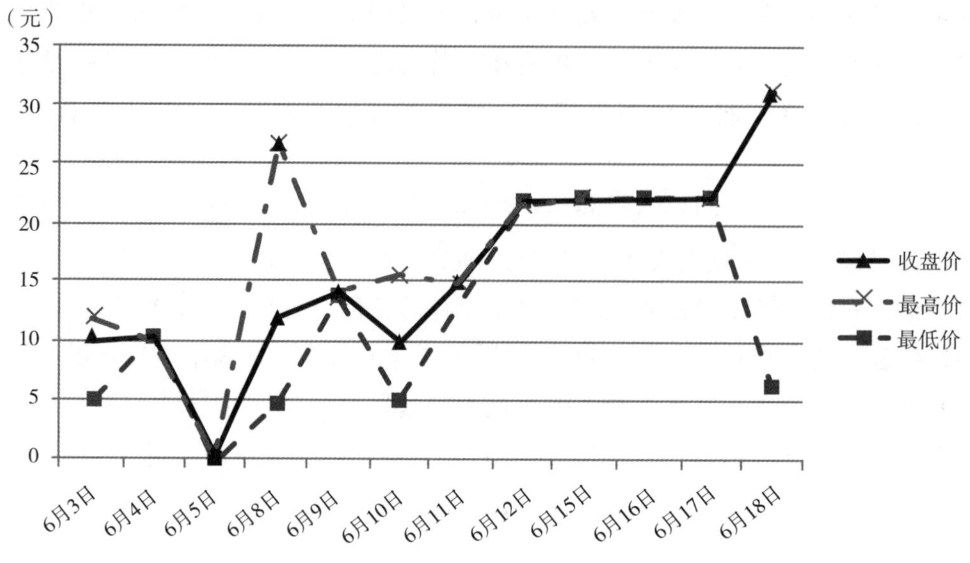

图 8-4　亚锦科技股票走势

在发布《关于筹划重大资产重组暂停转让的公告》后，从亚锦科技的涨跌幅与三板做市的涨跌幅对比可看出，亚锦科技的变化趋势和三板做市的变化趋势是有差别的，变化的幅度不一样。其中有两个时间点的跌幅超过了三板做市，三板做市的涨跌幅则比较平稳，而亚锦科技的则变动较大；但是总的来说，亚锦科技的涨幅远远超过三板做市的涨幅，整体对亚锦科技有利好的现象。图 8-5 为 2015 年 6 月 3 日至 18 日涨跌幅对比。

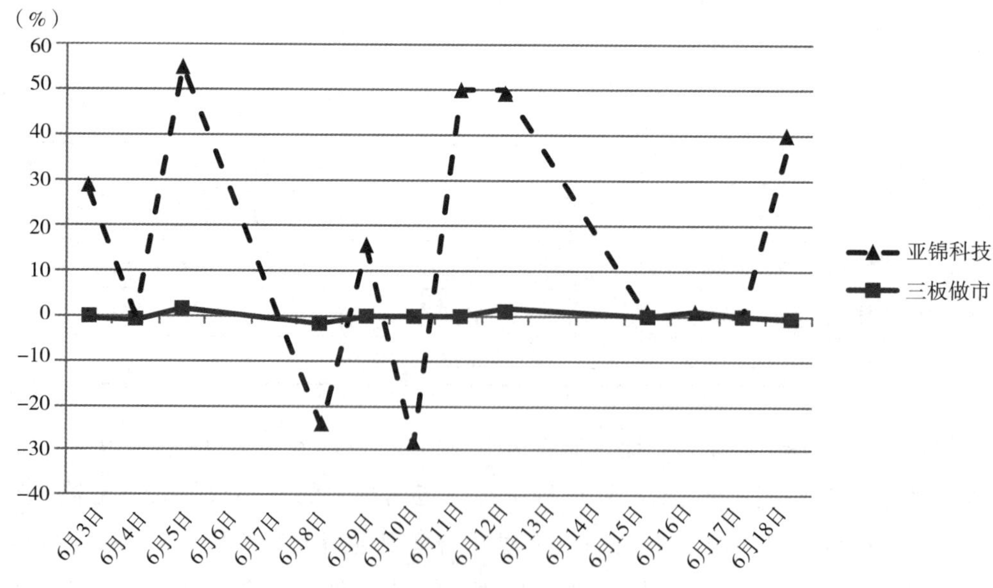

图 8-5　2015 年 6 月 3 日至 18 日涨跌幅对比

(2)股票恢复转让日。亚锦科技于2015年6月18日发布《关于筹划重大资产重组暂停转让的公告》后，股票暂时停止转让；之后在2015年9月30日公布重大资产重组报告书，并在2016年1月21日股票恢复转让。经过双方的努力与定向增发的顺利推进，亚锦科技重大资产重组事件于2016年2月完成。由于之前股票停牌，所以在这里选取了股票恢复转让日之后的14天来进行分析。

在图8-6中可以看到亚锦科技的股票恢复转让之后定向增发已经完成，其涨跌幅的变化高于三板做市。虽然涨幅也有一定的回落，但是总体情况远好于三板做市。可见定向增发对亚锦科技的股价起到了积极作用，使亚锦科技的短期市场反应呈现积极状态。

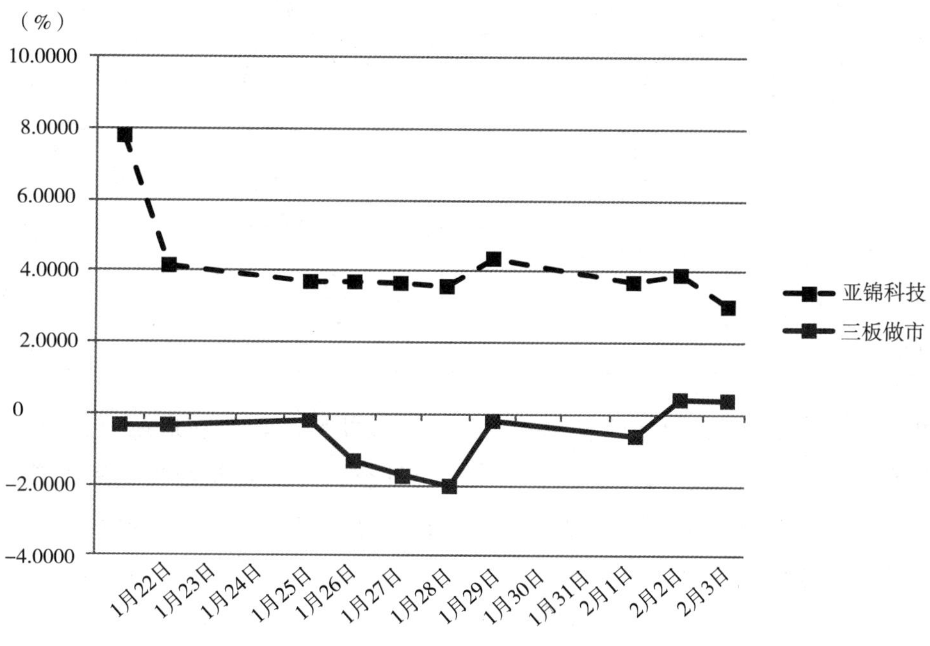

图8-6　2016年1月21日至2月3日涨跌幅对比

2)收益率变动分析

2015年5月14日亚锦科技才开始做市，并于2015年6月18日股票停牌，直至2016年1月21日才恢复转让。从时间上来看，时间较短而且股票恢复转让之时定向增发下反向收购已完成许久，要研究亚锦科技定向增发下反向收购对收益率的影响情况，若使用累计超额收益法，则估计期数据不足，且事件窗口期无法划分，因此，本案例对亚锦科技采用超额收益率的变动分析方法。这里新三板的市场收益率参考三板做市的收益率。亚锦科技2015年5月28日至6月18日收益率分析见表8-6。

表8-6　亚锦科技2015年5月28日至6月18日收益率分析　　单位：%

日期	实际收益率	市场收益率	日超额收益率
2015年5月28日	0.031 04	−6.376 89	6.407 93
2015年5月29日	0.182 80	−0.552 47	0.735 27

续表

日期	实际收益率	市场收益率	日超额收益率
2015 年 6 月 1 日	0.090 91	0.330 60	−0.239 69
2015 年 6 月 2 日	−0.330 00	0.256 74	−0.586 74
2015 年 6 月 3 日	0.287 31	0.832 59	−0.545 28
2015 年 6 月 4 日	0.000 00	0.206 44	−0.206 44
2015 年 6 月 5 日	0.545 89	−1.759 07	2.304 96
2015 年 6 月 8 日	−0.242 50	−2.263 68	2.021 18
2015 年 6 月 9 日	0.153 47	−1.048 66	1.202 13
2015 年 6 月 10 日	−0.291 13	−3.212 79	2.921 66
2015 年 6 月 11 日	0.493 44	−0.179 14	0.672 59
2015 年 6 月 12 日	0.486 49	−5.187 00	5.673 49
2015 年 6 月 15 日	0.000 00	−0.925 61	0.925 61
2015 年 6 月 16 日	0.000 00	−8.450 59	8.450 59
2015 年 6 月 17 日	0.000 00	−0.855 06	0.855 06
2015 年 6 月 18 日	0.403 64	19.617 89	−19.214 25

根据图 8-7，亚锦科技的总体收益率是高于市场收益率的，特别是在 2015 年 6 月 5 日至 16 日，亚锦科技的收益率变动与市场收益率变动呈现反向，其日超额收益率也是远远高于市场。所以大体来看，市场对亚锦科技的定向增发下反向收购的方案还是看好的。从收益率的分析中可以得出，这是一个利好的现象。

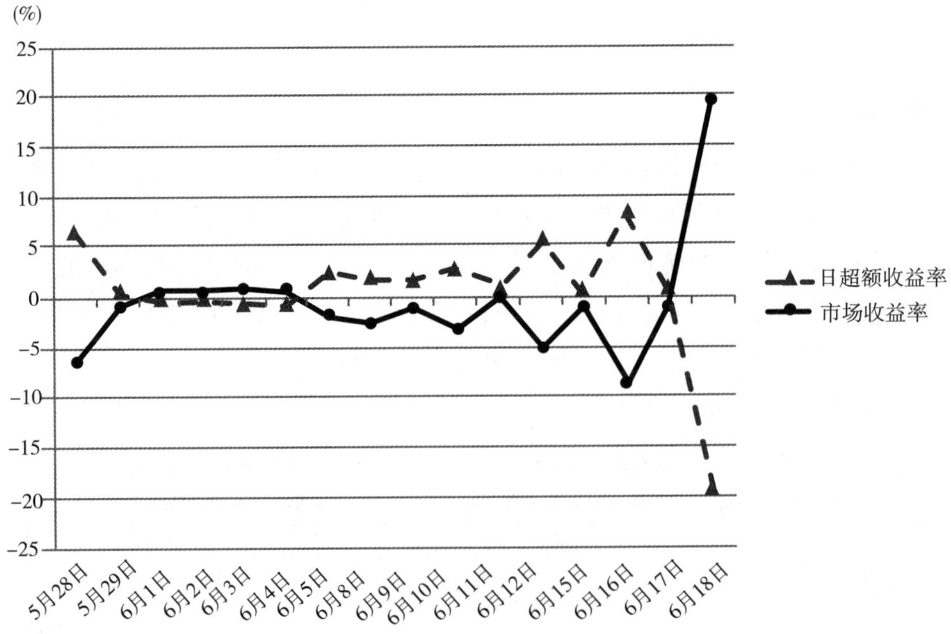

图 8-7 亚锦科技 2015 年 5 月 28 日至 6 月 18 日收益率分析

从市场绩效的分析中可以看出，定向增发下反向收购对短期市场绩效是有利的。也正是因为定向增发下反向收购的门槛低，所以外部监管制度更应该落实到位，用法律制度去约束定向增发下反向收购的相关行为；要避免定向增发者利用投机行为间接操纵股价，也要在控股股东进行定向增发过程中注意保护中小股东的利益，防止其受到歧视和侵害。

2. 财务绩效分析

1)盈利能力

亚锦科技盈利能力指标见表 8-7。

表 8-7　亚锦科技盈利能力指标

类别	2014 年	2015 年	2016 年	2017 年	2018 年	2019 年上半年
营业收入(万元)	303.49	93.45	218 877	237 456	276 003	142 416
毛利率(%)	52.38	−25.73	52.52	50.42	52.36	53.40
归属于挂牌公司股东的净利润(万元)	−21.90	−331.77	30 709	30 937	31 171	18 980
归属于挂牌公司股东的扣除非经常性损益后的净利润(万元)	−80.34	−419.88	30 712	30 567	27 034	16 455
加权平均净资产收益率①(%)	−4.15	−548.08	14.53	9.80	6.85	13.01
加权平均净资产收益率②(%)	—	−693.64	14.53	9.68	5.94	11.28
基本每股收益(元/股)	−0.04	−0.66	0.09	0.08	0.08	0.05

注：①依据归属于挂牌公司股东的净利润计算；
②依据归属于挂牌公司股东的扣除非经常性损益后的净利润计算。

由公司 2014—2019 年上半年年度报告数据可知，从盈利能力看，2015 年出现营业收入的减少。其有两方面原因：一方面是国家宏观经济形势不景气，并且在云南市场中亚锦科技原有的软件产品已经呈现饱和状态，外地市场虽然一直在推广但尚未形成规模；另一方面是公司在下半年筹划重大资产重组，原有业务推动缓和。但在 2016 年定向增发完成以后，亚锦科技的营业收入一直持续增加。公司的毛利率除了在 2015 年度下滑为负值，在 2014 年度、2016 年度、2017 年度和 2018 年度基本保持稳定。在 2014 年、2015 年中归属于挂牌公司股东的净利润、净资产收益率相关指数以及基本每股收益一直是负值，公司经营不良，在 2016 年甚至出现了退市的局面。在 2016 年定向增发完成之后也都是稳定增长，可见定向增发为公司带来了良好的收益，使公司的盈利能力回温并增强。

通过对前面盈利能力的分析，可以发现定向增发下反向收购对企业的盈利能力产生了积极的正效应。虽然定向增发这一快捷的融资方法现在很受欢迎，但企业也不能进行盲目地跟风。亚锦科技也是正确识别了反向收购方，才为企业带来了之后的良好收益。虽然亚锦科技的定向增发下反向收购案件为企业带来了正盈利能力，但不代表所有企业采用此方法都是好的，还需要结合自身的情况以及反向收购方的能力等。

2)偿债能力

亚锦科技偿债能力指标见表8-8。

表8-8 亚锦科技偿债能力指标

类别	2014年	2015年	2016年	2017年	2018年	2019年上半年
资产总计(万元)	597 711	70 681.13	38.57	39.42	398 743.27	300 288.06
负债总计(万元)	8 120	7 173.48	6.01	5.67	175 488.51	166 461.28
归属于挂牌公司股东的净资产(万元)	51 651	−105.353	31.02	320 556.74	208 868.27	119 193.63
归属于挂牌公司股东的每股净资产(万元)	1.03	−0.21	0.92	0.85	0.56	0.32
资产负债率(%)	13.59	101.49	0.27	14.38	44.01	55.43
流动比率(%)	3.21	0.98	5.94	648.77	362.32	264.18
利息保障倍数	—	—	86.39	83.37	7.07	6.97

从总体上分析，在偿债能力中，资产处在平稳的增长状态；资产负债率在2015年出现异常，比率超过100%则表示公司已经没有净资产或资不抵债。一般来说，企业的流动比率越高，说明资产的变现能力越强；同样，就有较高的短期偿债能力。我们可以看到，在定向增发进行之前，公司的流动比率和变现能力都很低；之后则呈现平稳的趋势，定向增发大大增强了企业的变现能力。可以选择利息保障倍数来衡量企业长期偿债能力，利息保障倍数是用来反映企业支付利息费用能力的大小，其数值越大，企业支付利息费用的能力越有保障。

2014年和2015年，亚锦科技的利息保障倍数已为负值，表明已经无力偿还利息费用。2016年定向增发之后，债务资本的安全程度才开始提高。在偿债能力中，之前的亚锦科技一直处于资不抵债、无力偿还利息费用的困境，企业一度面临退市；而通过定向增发，为企业带来新的生机，大幅度地增强了企业的偿债能力，为企业注入了新的活力。

众所周知，偿债能力对于企业来讲尤为重要，如果出现资不抵债的情况，便会有破产风险。在偿债能力的分析结论中，则是要注意定向增发公司对反向收购公司的财务报表考察，注意辨别反向收购公司的粉饰报表程度，以免在事后出现偿债能力下降的风险。而对于反向收购的企业则要进行充分全面的尽职调查，要落实定向增发企业的真实财务状况等信息。反向收购企业在拟收购之前要对自身负责，充分了解将要收购的企业内部股权结构、经营业绩以及主营业务的情况等，为之后的估值提供充分的依据。

3)营运能力

亚锦科技营运能力指标见表 8-9 和图 8-8。

表 8-9　亚锦科技营运能力指标

类别	2014 年	2015 年	2016 年	2017 年	2018 年	2019 年上半年
经营活动产生的现金流量净额(万元)	−132.90	330.74	48 712.46	52 780.06	55 650.91	26 403.97
应收账款周转率(%)	2.76	0.96	18.84	16.12	16.66	6.76
存货周转率(%)	2.77	2.25	3.71	3.84	4.01	2.17

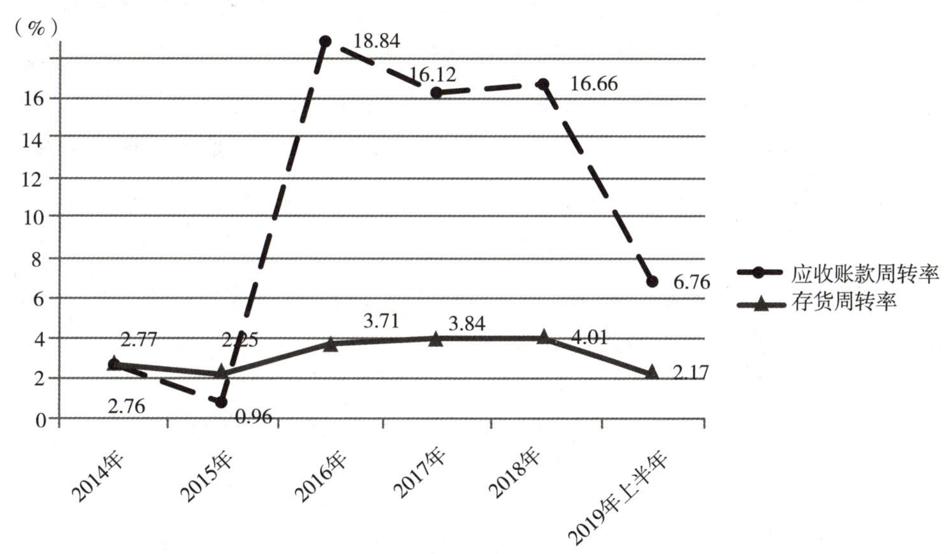

图 8-8　亚锦科技 2014—2019 年上半年营运能力趋势

在营运能力中，经营活动产生的现金流量净额增加，是因为南孚电池的业务加入，公司开拓市场，线上销售和线下销售增加。通常情况下，应收账款周转率是越高越好，比率越高，表明赊账越少，收账就越迅速，账龄也会较短。一个企业的资产流动性越强，其短期偿债能力越强，可以减少坏账损失等。存货周转率越高，说明企业存货资产变现能力越强。亚锦科技在 2016 年定向增发完成之后，随着销售业务的不断上升，收入也在不断增加，应收账款周转率和存货周转率都比 2014 年、2015 年有了大幅度提升。可以从图中看出，公司的营运能力、持续经营能力增强，且不断提高。

定向增发下反向收购实则是两个企业的结合，更要考察反向收购企业是否具有持续营运的能力，以及是否可以为定向增发公司注入经营管理活力及新的能力。在定向增发下反向收购中，要更加注重维持定向增发公司本身的营运情况，也要关注反向收购企业为本公司带来的经营管理整合，避免自身价值遭受损失。

4)发展能力

亚锦科技偿债能力指标见表 8-10。

表 8-10　亚锦科技偿债能力指标

单位:%

类别	2014 年	2015 年	2016 年	2017 年	2018 年	2019 年上半年
总资产增长率	−10.03	1 682.63	123.74	2.19	1.34	−24.69
营业收入增长率	13.76	−69.21	1.14	8.49	16.23	3.62
净利润增长率	—	—	1.20	−1.52	−8.92	4.76

在发展能力中，2015 年总资产增长率很高是因为在本期企业拟发行股票而收取大额保证金，自 2016 年定向增发开始便处于稳定增长趋势。2016 年中总资产增加是本期募集资金所致。在 2019 年上半年中总资产增长率呈现负值是在 2019 年 3 月 1 日向 CDH GIANT HEALTH 支付南孚 8.183%股权转让价款 11.456 2 亿所致。企业的营业收入增长率在 2017 年、2018 年都得到了快速增长，从总体上来看是处于波动增长。观察净利润增长率的数据指标：在 2016 年之后虽然处于劣势，但是总体优于进行定向增发之前。总的来说，亚锦科技通过定向增发下反向收购给自身的发展带来了机遇。

为了比较直观地分析亚锦科技的成长能力，本案例将公司 2014—2018 年的总资产、营业收入、净利润的期末余额做成折线图，如图 8-9 所示。

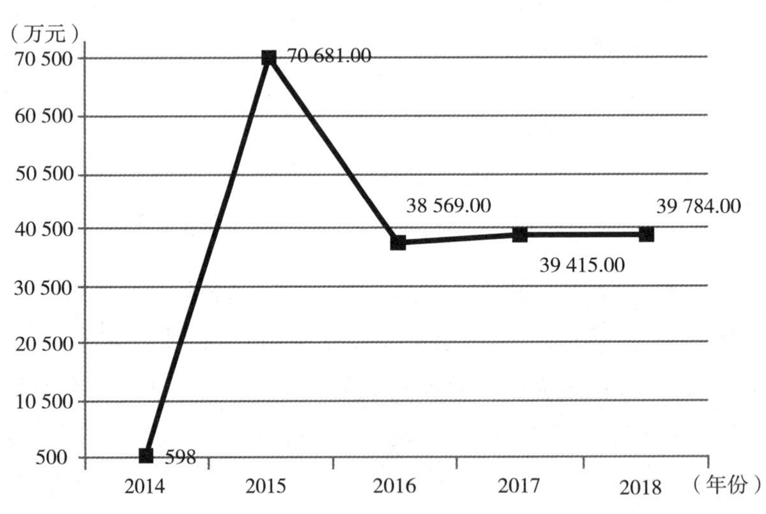

图 8-9　亚锦科技 2014—2018 年总资产增长情况

从图 8-9 总资产规模的增长情况可知，在 2014—2018 年的五年中，亚锦科技的资产规模总体优于定向增发之前，是一直保持持续增长态势。2015 年企业拟发行股票而收取了大额保证金，导致总资产增长率很高。可以看到在定向增发完成后，包括定向增发的当年，企业的总资产情况就得到了改善，有很强的发展势头。说明进行定向增发下反向收购的行为，推动了企业的总资产成长能力，使企业的资产经营得到了提升。

由图 8-10 所示的亚锦科技营业收入期末余额可知，公司营业收入 2014—2018 年持续增加。特别是定向增发之后持续快速增长，明显高于 2014 年。

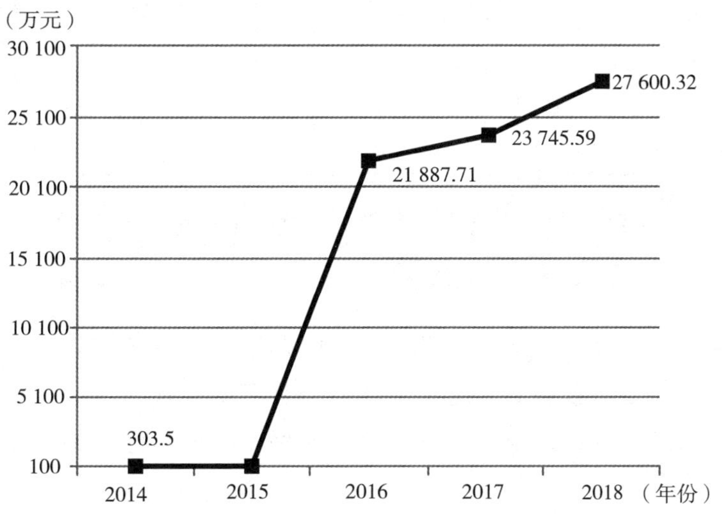

图 8-10　亚锦科技 2014—2018 年营业收入增长情况

由图 8-11 所示的亚锦科技 2014—2018 年的净利润增长趋势图可知，企业随着收购的完成，盈利能力的总体情况得到了改善。通过对盈利能力、偿债能力、营运能力以及发展能力的简单分析可以看到，亚锦科技通过定向增发下的反向收购对公司的发展起到了推动作用。不仅开拓了业务市场，增加了产品的多样性，加快了企业的盈利能力，弥补了偿债能力，增强了营运能力，提升了发展能力。从协同动因上来看，企业正是为了得到良好的协同效应才利用定向增发下的反向收购的，这为企业带来了新的生机与活力。

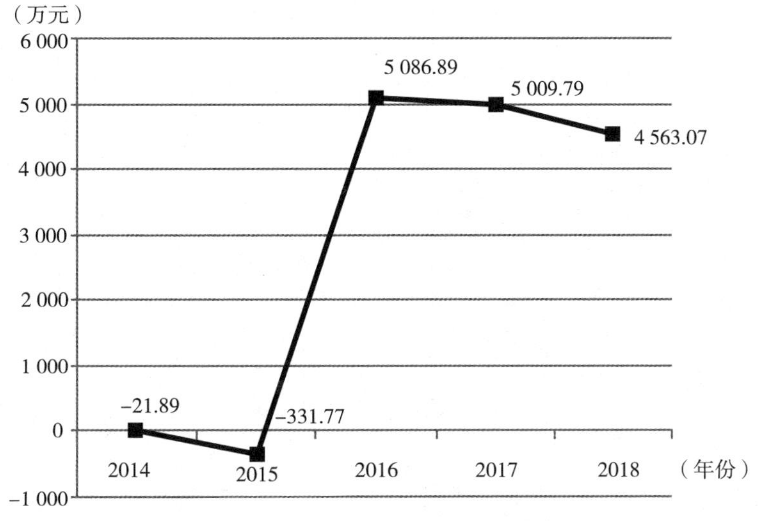

图 8-11　亚锦科技 2014—2018 年净利润增长情况

从本案例来看，亚锦科技通过定向增发下的反向收购，不仅完成融资需求避免破产风险，而且成功实现了企业的战略转型，提高了企业知名度，更是利用南孚电池健全的销售网络、经验丰富的管理团队保证了企业良好的成长性与盈利能力。在整个交易中，亚锦科技通过定向增发降低发行要求，推动融资需求的达成，引入最适合的企业投资者，并以反向收购的方式取得南孚电池的优良资产，从而实现了战略变革。在收购后，亚锦科技市场绩效、协同绩效良好，这对企业发展、财务表现都有正向的推动。

四、案例思考

1. 分析亚锦科技为何会选择定向增发下反向收购这一特殊的方式。
2. 分析定向增发下反向收购方式能够为企业带来哪些优势。
3. 以定向增发和反向收购理论为基础，从定向增发企业角度讨论企业筹资方式的选择。

案例九

横店集团内部资本市场效率的“分”与“合”

一、背景知识

（一）内部资本市场

资本市场（ICM）源于集团在内部各单位成员间进行资本配置而形成的机制，该概念最先由 Alchain（1969）与 Willianson（1975）提出，他们通过研究大量美国企业的并购行为，发现通过并购形成的企业集团内部各成员企业之间同样存在资本配置活动，以降低交易成本，实现企业整体利益。当企业规模扩大拥有较多经营分部时，分部之间为获得更多集团资源会进行一系列竞争。与外部资本市场的不同之处在于，内部资本市场中集团总部拥有企业资产控制权，能够集中企业资源并在各个分部之间进行配置。随着国内市场上大型企业集团相继组建，内部资本市场理论在我国企业实践中也得到了较为深入的发展，丰富了该领域的研究。总而言之，内部资本市场是企业为了追求资金效率最大化而建立的内部资本流通平台，依附于多层级的企业，在企业内部组织中集中融资。内部资本市场是从根本上造成资源或者利益在各成员间发生转移的一系列内部资本交易行为的汇总。

中国是一个发展中国家，法律法规和公司治理还不够完善，企业集团内部难免会出现为利益输送提供渠道和便利、侵害中小股东利益的内部资本交易行为，因此，企业内部资本市场边界的确定显得尤为重要。内部资本市场的边界需要遵从实质重于形式的原则。内部资本市场和外部资本市场的区别在于，前者依靠权威而后者依靠契约进行资本配置。内部资本市场边界与企业法律边界不同，不同企业法人间可以形成内部资本市场，因为只要存在一个权威（如控股权）能够对不同企业的资本运作施加影响，它就构成了一个内部资本市场。

（二）多元化经营战略

多元化经营战略是指企业在原有经营产业基础上，发展多种基本经济用途不同的产业的发展战略，与专业化经营战略相反，其主张企业应多方拓宽经营领域，寻求新型经济增长点。多元化经营战略主要源于 20 世纪 60 年代由美国开始的企业兼并联合浪潮，众多企业通过兼并联合走上多元化经营道路，多元化经营战略在分散企业外部经营风险、降低交易成本、提高企业整体的运营效率方面具有显著促进作用。

多元化经营战略主要包括相关多元化和非相关多元化。相关多元化是指企业在相关产业领域内经营多项业务，即企业开展与现有业务在生产销售方面具有协同性和价值匹配关系的新业务，新业务与企业的现有业务同处企业总体战略中，它们在总体技术、销售渠道、营销方向、产品等方面具有相同的或者相似的特点。根据现有业务与新业务间关联内容的差异，相关多元化又可以分为同心多元化与水平多元化两种类型。非相关多元化则是企业进入与现有经营业务不相关的新业务，在与现有技术、市场、产品等不相关领域中找寻发展良机，即寻求其他行业投资，把业务拓展到其他行业中，新产品、新业务与企业的现有业务、技术、市场无关，也不存在产业协同效应，是向技术和市场完全不同的产业项目发展，这往往是实力强大的大型企业集团所采用的一种发展战略。

（三）多元化程度与内部资本市场配置效率

西方发达国家企业集团从"多元化"到"归核化"的转变使得人们开始关注多元化经营对于 ICM 的影响。相较于专业化经营，多元化经营企业可以做到以下三点：

第一，缓解融资约束，扩大融资规模。总部可以对 ICM 闲散资金进行整合，在集团内投资机会较好的项目难以获得资金时进行应对，高效的资本配置使得企业拥有稳定的现金流和更好的融资信誉，进而获得更多的融资机会。

第二，减少融资成本。相较于外部资本市场，多元化企业能够通过 ICM 获得项目融资成本优势，对信息不对称和代理问题带来的一系列外部资本市场融资风险进行规避，降低融资成本。

第三，提高资源配置效率。一方面，多元化经营产生的协同性使得资源在集团内部实现优化配置存在可行性；另一方面，子公司可借助总部资金支持积极发展新的高潜力业务，同时得益于总部监控，可以有效规避一些低效投资问题和恶意收购行为。

虽然多元化经营对企业 ICM 运行存在一定的积极影响，但过度多元化很可能导致 ICM 配置效率处于较低水平。多元化经营容易资源分散影响主营业务发展，导致拥有 ICM 的多元化企业面临代理问题、内部信息不对称以及投资效率等问题，降低 ICM 配置效率。一系列消极影响产生的根本原因在于以下三点：

第一，组织规模过大造成信息成本增加。过度多元化会在一定程度上削弱 ICM 信息传递优势，信息严重不对称时，管理人员极易出现投资不合理行为，导致 ICM 配置效率下降，必然直接影响企业收益水平。此外，过度多元化反倒使 ICM 交易成本增长，规模经济降低，影响企业发展。新部门不断增加时，会出现多个规模相对较小的资本市场，滋生寻租行为，ICM 地位会遭受一定的挑战，其在资金配置方面的优势也会大幅削弱。

第二，分部效率差异较为明显，造成投资扭曲。多元化企业 ICM 资金往往是由总部集中配置，只有在总部能够实时获取更为真实准确的分部收益数据并据以做出判断时，才能实现资金的有效配置。多元化程度过高，跨行业跨部门信息传递效率降低会对 ICM 高效运行造成一定消极影响。同时，分部为获得更多资源而产生寻租行为反过来直接影响总部获取信息的准确性，最终影响整个 ICM 运作效率。多元化程度过高时，分部因行业差别可能会在盈利水平及效率方面存在很大不同，且会出现较为严重的信息不对称问题，此时总部提供的交叉补贴会导致投资扭曲，进而影响内部资源配置效果。

第三，代理链条过长导致代理问题加重。多元化程度提升的同时，涉足行业也增多，股东监督总部的难度在代理链条逐渐延长的情况下进一步加深，风险随之提高，最终制约 ICM

平稳快速发展。当代理问题出现在高层与各部门经理之间时，尽管ICM在信息方面具备显著优势，但伴随着企业涉足行业增多，高层监管的难度必然会有所提升，进而直接影响ICM配置效率及其功能发挥，制约企业发展。

二、案例资料

（一）公司介绍及多元化发展过程

1. 公司介绍

横店集团1975年建于浙江省东阳市横店镇，发展至今已有40多年，集团已形成了以电气电子、医药健康、影视文旅和现代服务四大板块产品研发生产和销售与服务为主的多元化发展格局，多年来一直跻身“中国企业500强”。截至2019年年底，旗下共有下属子公司60多家，生产型企业200余家，2019年现代服务板块南华期货股份有限公司(以下简称“南华期货”)上市。至此，横店集团共有上市子公司6家，其余5家分别为电气电子板块的英洛华科技股份有限公司(以下简称“英洛华”)、横店集团东磁股份有限公司(以下简称“横店东磁”)、横店集团得邦照明股份有限公司(以下简称“得邦照明”)、医药健康板块的普洛药业股份有限公司(以下简称“普洛药业”)、影视文旅板块的横店影视股份有限公司(以下简称“横店影视”)。母公司横店集团控股有限公司(以下简称“横店控股”)直接控制六家公司，“横店控股”背后的终极控制人则为创始人徐文荣及其家族占据主导地位的横店社团经济企业联合会、横店经济发展促进会及东阳市影视旅游促进会(以下简称“横店三会”)。2001年8月，创始人长子徐永安出任“横店控股”总裁，2007年1月正式成为二代掌门人，通过与中影、华纳的合作大力推动集团影视文化产业进入发展高峰期，且其重视资本战略，收购多家公司并在2017年极力促成“得邦照明”“横店影视”上市。在创始人和二代掌门人的权力交接完成后，集团内并未出现家族企业常见的对一代创始人过度依赖的状况，这也是选其为案例研究企业的原因之一。

因并未整体上市，其余子公司相关资料获取受限，考虑研究可行性，本案例将“横店集团”定义为“横店控股”及五家上市公司构成的“狭义”集团(“南华期货”2019年才上市，相关数据披露不足，故剔除“南华期货”定义集团内部资本市场，方便研究进行)。图9-1所示股权结构为本案例所研究的内部资本市场成员框架。一般大型企业集团的金字塔层级表现多为3层甚至4层，而“横店集团”金字塔顶层为“横店控股”，下属子公司金字塔层级表现均为两层，显示出的内部股权结构较为集中，此为资金优化配置条件之一。

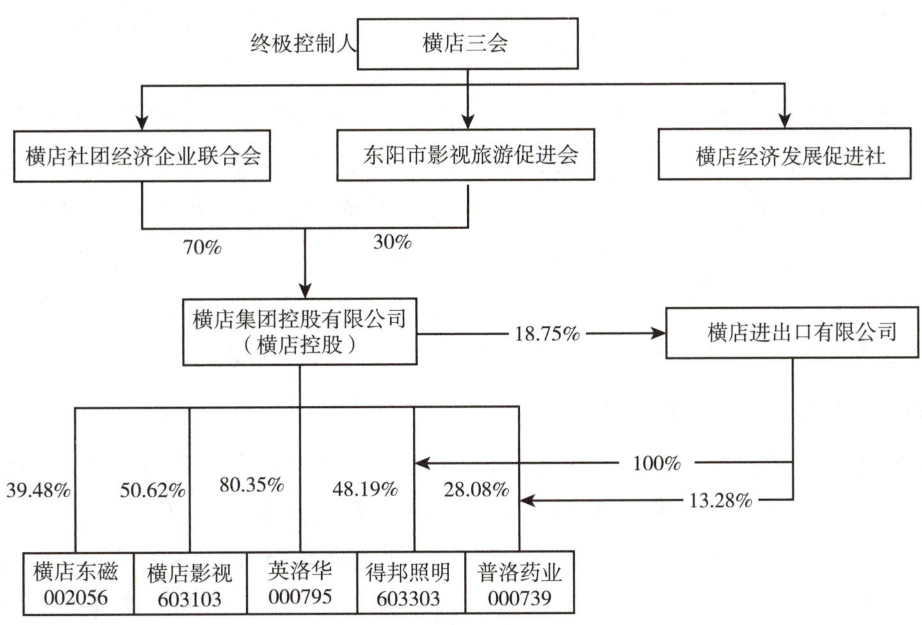

图 9-1　横店集团主要股权结构

(1)普洛药业股份有限公司(SZ000739)。2001 年，横店集团收购 1997 年成立并在同年于深圳证券交易所上市的“青岛东方”，成为其第一大股东。时至今日，“普洛药业”已成为集研究、开发、原料药中间体生产、合同研发生产服务(CDMO)提供、制剂为一体的大型综合性制药企业，其旗下拥有多家制剂和原料药中间体生产工厂，并且拥有自己的销售和进出口贸易公司。“普洛药业”是现今横店集团业务布局“医药健康”板块的重要组成部分。

(2)英洛华科技股份有限公司(SZ000795)。英洛华科技股份有限公司，由其前身太原双塔刚玉股份有限公司更名而来，1997 年成立，同年在深圳证券交易所上市。“英洛华”经营范围囊括了稀土永磁材料与制品、电机系列及物流与消防智能装备，相关产品广泛应用于日常生产生活所需，如稀土永磁材料的相关产品应用于风电、汽车、家用电器及医疗等领域，电机系列产品应用于轨道交通、清洁环保、家具保暖等常见领域。

(3)横店集团东磁股份有限公司(SZ002056)。“横店东磁”是集团内首家 IPO 上市公司，2006 年于深交所上市。公司成立于 1980 年，并于 1999 年完成股改。40 余年发展至今，作为高新技术民营企业，“横店东磁”旗下三大产业(磁性材料、新能源和器件)共同发展，生产产品覆盖了 60 多大类上万种规格，包括磁瓦、喇叭磁钢、微波炉磁钢、太阳能电池片及电池组件等，广泛应用于日常生产生活所需，且产销范围涉及 60 多个国家和地区，信誉极好，常年稳获美国库柏、韩国三星等世界知名企业授予的“优秀供应商”称号。

(4)横店集团得邦照明股份有限公司(SH603303)。“得邦照明”是一家成立于 1996 年的综合性高新技术民营企业，2017 年在上交所上市。发展至今，已成为我国照明行业的龙头企业，专注于通用照明，集研发、生产、销售、服务于一体，并将产品链逐步延伸至化工新材料和车载照明领域，致力成为我国车载照明行业一流企业。“得邦照明”现主营五大系列产品(光源、室内灯具、专业灯具等)的研发、生产和销售，还包括照明工程设计安装，以及智慧照明相关产品开发，产品主要流入飞利浦、松下等知名企业及其他国内外进口商和大型商业超市。

(5)横店影视股份有限公司(SH603103)。“横店影视”由横店集团于2008年全资组建，2009年1月正式开始运作，是一家民营院线及影院投资公司，2017年于上海证券交易所公开发行上市。“横店影视”经营范围以院线发行、电影放映为主，电影相关的其他衍生业务为辅，并在全国设有近200家五星级影城，覆盖全国28个省、自治区、直辖市，无论其业务范围还是服务质量均处于行业领先地位。公司目前跻身全国院线8强，并以进军全国院线全国前五强乃至前三甲为目标，立志成为全国乃至世界院线行业的强势品牌。

2. 横店集团的多元化过程

横店集团起家于其创始人徐文荣在中国横店创办的“横店丝厂”。自1978年起，集团紧抓市场短缺机会，先后在丝厂基础上创办了织、印染及化纤纺织厂等。自1980年起，横店集团主动分析市场以抢占先机，在传统轻纺产业基础上进行突破，发展了新型磁性材料，并为之后集团进入电子元件制造业打下了相应基础。自1989年起进入医药化工行业，起步阶段生产中间体及原料药等产品，为集团日后进入规模生产阶段、拓宽成品药研发生产领域做了奠基。1995年，集团通过创建文化村、娱乐村等文娱设施开始涉足影视文化产业，由此形成集团日后文化旅游产业发展的雏形，1996年，集团正式涉足影视文化产业，通过影视拍摄基地的建立，形成并带动了集团以影视为龙头的新型影视文化产业的发展；自1999年起，横店集团接连通过收购“南华期货”、控股西藏证券、参股浙商银行等一系列资本运作，将集团产业链延伸至银行和证券业。

（二）横店集团内部资本市场的构建

1. 实施集团多元化发展战略

40多年来，横店集团始终坚持多元化发展战略，历经前后三次创业，形成了现如今四大板块业务研发、生产、销售与服务为主的多元化发展格局，技术前沿、服务优质，业务遍及150多个国家及地区。横店集团多元化发展战略是其构建内部资本市场、提高内部资源配置效率过程中的重要一环，其主要多元化进程在上一部分中已做详细描述。

2. 成立专业化投资管理总部

“横店控股”成立于1999年，成立后即着手对“横店集团”及其下属子公司进行公司制改造。“横店三会”中的横店社团经济企业联合会和东阳市影视旅游促进会以7∶3的比例直接控股“横店控股”。公司主营业务为投资管理和经营，业务范围涵盖电子电气、医药化工、影视娱乐以及新型综合服务等多个行业，企业集团的多元化经营范围之广可见一斑。自1999年以来，为支持集团内各成长性分部的良性发展，“横店控股”数次通过债券发行、银行贷款等方式向分部提供发展所需的持续性资金支持。截至2019年报告期期末，公司既不存在到期未清偿的大额债务，也不存在未履行的生效判决，经营状况良好。从股权结构来看，“横店控股”位于金字塔顶，故本案例将其定义为集团总部，即横店集团母公司。

3. 兼并重组多家上市公司

二代掌门人徐永安自2001年出任横店控股总裁以来一直积极活跃在资本市场上，同年8月，集团麾下“上海光泰”通过前后两次协议收购了青岛供销社所持的“青岛东方”法人股共3 229.8万股(占总股本的22.16%)；“恒通投资”不遑多让，收购“青岛东方”法人股1 580万股(占总股本的10.84%)；同时段，作为“统帅”的“横店控股”则通过股权转让协议获得“青岛东方”7%的股权。“横店控股”携两员“大将”累计持有“青岛东方”40%的股权，一跃成为其第一大控股股东。集团内第一家上市子公司“普洛药业”顺势而为，借壳成功。2003年，几乎相同的资本运作手段再次出现，集团一举将“太原刚玉”(“英洛华”的前身)纳入麾下。这一举措也为2006年“横店东磁”IPO铺好了门路。一系列资本运作的成功使得徐永安“越战越勇”，2017年“得邦照明”“横店影视”先后在沪市挂牌上市。横店集团在短短10多年内“招兵买马”，旗下上市子公司达到6家，“横店系”以其庞大的资产规模雄踞资本市场一方。在集团多元化发展以及集团内部业务往来两方面，集团内控股上市子公司起到了非常关键的作用，甚至还为集团的外部融资拓宽了渠道。外源性的资金注入使得横店集团“如虎添翼”，不仅扩大了集团整体的资金规模，也为集团内部投资机会的资本支出创造了必要条件。

(三) 多元化战略下横店集团内部资本市场运作方式

本案例对横店集团内部资本在系族内流动情况的梳理，依万良勇和魏明海(2006)所划分的内部资本市场配置方式进行，据此，横店集团ICM运作主要体现在以下四个方面：

1. 集团内部借贷

内部借贷作为最常见的内部资本市场运作方式之一，能够根据集团内不同单位之间的需求，使资金在集团内部流通起来，以解决资金短缺问题，实现资源合理配置。母公司“横店控股”投资管理综合体作用在集团内部借贷中得以凸显。其主要作用：第一，筛选内部投资机会，进行资金筹集工作；第二，在集团整体战略部署过程中进行维稳工作。“普洛药业”财务数据具有新型医药行业的典型特征——研发投入多且资金回收期长，2014—2019年，“横店控股”和“普洛药业”间的资金拆借最为频繁，见表9-1。

表9-1　普洛药业2014—2019年集团内资金拆借情况

拆出方	拆入方	时间(年)	金额(万元)
横店集团控股有限公司	普洛药业	2015	3 000.00
横店集团控股有限公司	普洛药业	2015	123.35
横店集团控股有限公司	普洛药业	2016	82.61
横店集团控股有限公司	普洛药业	2018	21.89
横店集团控股有限公司	普洛药业	2019	958.68

2. 集团内部产品或服务交易

系族企业各成员间的产品和服务往来，交易价格相对较低，穿梭于系族企业各成员间的信息流，使得企业间了解增加、信息透明度有所提高、沟通成本减少，因而内部资本的配置更加有效。结合研究期内的财务数据发现，多元化战略指引下的横店集团产业链趋于完备，关联交易较为活跃。以销售商品和接受劳务为主要形式的关联交易所形成的资金流，赋能旗下子公司的业务开展。“横店东磁”主营的磁性材料、新能源及器件等多个产业群与“英洛华”主营的稀土永磁材料及制品、电机系列产品和消防智能装备可谓“琴瑟和鸣”，财务数据显示二者间商品交易频繁，金额巨大。近年来，“英洛华”凭借材料方面所累积的先发优势，加大了其在医械及康复理疗等方面的投资，这与“普洛药业”可谓“相辅相成”。此外，新增“生力军”也显现出了自己的活力。2017 年上市的“得邦照明”和“横店影视”在影视城产业链的搭载下，频繁发生关联往来，一定程度上奠定了两家企业的财务基础。（“得邦照明”“横店影视”上市时间为 2017 年，对这两家公司关联方交易统计年限为 2016—2019 年）。横店集团 2014—2019 年部分内部产品或服务往来情况见表 9-2。

表 9-2　横店集团 2014—2019 年部分内部产品或服务往来情况

公司	时间(年)	交易类别	交易对象	金额(万元)
普洛药业	2015	销售商品	英洛华国际贸易有限公司	694.44
	2016	销售商品	英洛华国际贸易有限公司	1 391.87
	2017	销售商品	英洛华国际贸易有限公司	2 940.43
	2018	销售商品	英洛华国际贸易有限公司	1 935.90
	2016	接受劳务	横店影视城有限公司	143.46
	2017	接受劳务	横店影视城有限公司	174.83
	2018	采购商品	横店影视城有限公司	144.35
	2019	采购商品	横店影视城有限公司	61.44
英洛华	2016	采购商品	横店东磁	55.89
	2016	提供劳务	横店东磁	1 172.49
	2016	销售商品	横店东磁	353.24
	2017	采购商品	横店东磁	143.80
	2017	销售商品	横店东磁	6 341.54
	2018	采购商品	横店东磁	453.87
	2018	销售商品	横店东磁	17 105.57
	2019	销售商品	横店东磁	29 738.14
	2015	销售商品	横店进出口有限公司	4 362.21

续表

公司	时间(年)	交易类别	交易对象	金额(万元)
横店东磁	2016	提供劳务	横店控股	80.94
	2015	接受劳务	横店影视	285.30
	2016	接受劳务	横店影视	281.91
	2015	接受劳务	横店影视城有限公司	197.75
	2018	销售商品	英洛华进出口有限公司	50.64
得邦照明	2017	销售商品	英洛华	71.08
	2018	销售商品	英洛华	61.26
	2017	提供劳务	横店影视城有限公司	246.08
	2017	接受劳务	横店影视城有限公司	225.23
	2018	采购商品	横店影视城有限公司	202.75
	2018	提供劳务	横店影视城有限公司	634.38
横店影视	2016	销售商品	得邦照明	101.30
	2016	销售商品	横店东磁	281.91
	2019	销售商品	横店控股	123.10
	2016	接受劳务、采购商品	横店影视城有限公司	115.56
	2016	销售商品、提供劳务	横店影视城有限公司	152.77
	2017	接受劳务	横店影视城有限公司	149.35
	2017	销售商品、提供劳务	横店影视城有限公司	287.02
	2018	接受劳务	横店影视城有限公司	68.84
	2018	提供劳务	横店影视城有限公司	322.57
	2019	销售商品	横店影视城有限公司	88.68
	2016	销售商品	普洛药业	122.11
	2016	销售商品	英洛华	63.39

3. 集团内部担保

担保行为中，被担保企业的信誉度将得以增加，这使得其在贷款，尤其是大额贷款的审批环节更易通过。《中华人民共和国公司法》规定，经董事会或股东大会决议通过方可向其他企业投资或为他人提供担保。构建起 ICM 的企业集团母、子公司联动密切，相关控股股东、管理层身份重叠交错，在前述低沟通成本基础上，担保协议的建立显得更加容易。由统计年报数据可知，横店集团担保业务中成员企业间的担保居多，尤以母公司“横店控股”对其下辖子公司的担保最为突出。据表 9-3 可知，研究期内担保业务遍布“横店控股”与其下辖子公司之间，且其金额在财务报表层面具备重要性。如前述，这些大额担保使得子公司的信誉度得到一定程度的增加，进而在集团整体层面提高了债务融资的通过率。

表 9-3　2014—2019 年横店集团内部担保情况统计

担保方	被担保方	时间(年)	担保金额(万元)
横店集团控股有限公司	横店东磁	2014	3 000.00
横店集团控股有限公司	横店东磁	2014	3 071.25
横店集团控股有限公司	横店东磁	2015	1 719.44
横店集团控股有限公司	横店东磁	2015	2 380.30
横店集团控股有限公司	横店东磁	2017	5 938.30
横店集团控股有限公司	横店东磁	2017	2 777.00
横店集团控股有限公司	横店东磁	2017	3 000.00
横店集团控股有限公司	横店东磁	2017	2 880.00
横店集团控股有限公司	横店东磁	2017	6 572.00
横店集团控股有限公司	横店东磁	2017	1 707.90
横店集团控股有限公司	横店东磁	2018	300.00
横店集团控股有限公司	横店东磁	2019	8 000.00
横店集团控股有限公司	横店东磁	2019	7 800.00
横店集团控股有限公司	横店东磁	2019	2 100.00
横店集团控股有限公司	横店东磁	2019	2 545.40
横店集团控股有限公司	横店东磁	2019	1 535.00
横店集团控股有限公司	横店东磁	2019	1 000.00
横店集团控股有限公司	横店东磁	2019	9 700.00
横店集团控股有限公司	太原刚玉	2014	6 000.00
横店集团控股有限公司	太原刚玉	2014	4 000.00
横店集团控股有限公司	英洛华	2015	3 000.00
横店集团控股有限公司	英洛华	2015	2 100.00
横店集团控股有限公司	英洛华	2015	500.00
横店集团控股有限公司	英洛华	2015	3 000.00
横店集团控股有限公司	英洛华	2015	5 000.00
横店集团控股有限公司	英洛华	2015	1 500.00
横店集团控股有限公司	英洛华	2015	1 000.00
横店集团控股有限公司	英洛华	2016	2 000.00
横店集团控股有限公司	英洛华	2016	4 000.00
横店集团控股有限公司	英洛华	2016	6 000.00
横店集团控股有限公司	英洛华	2016	3 000.00

续表

担保方	被担保方	时间(年)	担保金额(万元)
横店集团控股有限公司	英洛华	2016	4 500.00
横店集团控股有限公司	英洛华	2017	8 000.00
横店集团控股有限公司	英洛华	2018	9 000.00
横店集团控股有限公司	普洛药业	2014	3 850.00
横店集团控股有限公司	普洛药业	2014	5 000.00
横店集团控股有限公司	普洛药业	2014	3 000.00
横店集团控股有限公司	普洛药业	2018	2 500.00
横店集团控股有限公司	普洛药业	2018	3 000.00
横店集团控股有限公司	得邦照明	2017	13 918.74
横店集团控股有限公司	得邦照明	2019	7 100.39
横店集团控股有限公司	横店影视	2014	10 000.00
横店集团控股有限公司	横店影视	2014	575.00
横店集团控股有限公司	横店影视	2014	3 000.00
横店集团控股有限公司	横店影视	2014	1 000.00

除母公司“横店控股”对其下辖公司担保给予信誉度之外，成员公司之间的担保行为也如是。表 9-4 中的“普洛药业”和“得邦照明”就是典例。频繁发生在成员企业间的内部担保行为反映出活跃运行的集团内部资本市场。进一步深挖公开信息可知，横店集团内部的担保方并未出现明显地承担连带责任的现象。这种零“拖油瓶”的记录反映出集团整体在信用风险方面出色的内部控制。

表 9-4 2014—2019 年横店集团上市公司为控股子公司担保情况统计

担保方	被担保方	时间(年)	担保金额(万元)
普洛药业	山东普洛得邦医药有限公司	2019	4 000.00
普洛药业	山东汉兴医药科技有限公司	2019	3 000.00
普洛药业	安徽普洛康裕制药有限公司	2019	10 000.00
得邦照明	东阳得邦照明有限公司	2019	11.25
得邦照明	浙江横店得邦进出口有限公司	2019	3 000.00
得邦照明	浙江横店得邦进出口有限公司	2019	12 000.00
得邦照明	瑞金市得邦照明有限公司	2019	9 250.00

4. 集团内上市公司募集资金用途变更

对于尚未整体上市的企业来说，集团内控股子公司数量的增多能够显著增强集团层面的外源融资能力。换言之，控股公司数量对集团外源融资能力具有重要性。除 IPO 外，子公司还可通过多轮公募或私募方式获取外源融资。ICM 此时的功能类似“调节阀”，将外部资金进行引流与再配置。一个运行良好的ICM应对市场高度敏感，反应机制高度灵活，ICM低成本的信息获取优势以及便利快捷的资本调整优势在决策层的合理运作下得到淋漓尽致的发挥；反过来说，外部资金再配置情况、募集资金用途变更情况以及项目最终进展情况都是ICM运行状况的直接体现。据财报信息可知，受证监会监管规定影响，近年集团募集资金用途变更事项减少，但“普洛药业”和“横店东磁”都曾出现过上述事项，见表9-5。募集资金用途变更作为可行资本运作方式之一，使得横店集团迅速地对未来现金流量有减少或存在减少迹象的项目进行调整，进而在一定程度上促进ICM配置效率提升。

表9-5 近年来集团内上市子公司募集资金用途变更情况

上市公司	时间(年)	变更前	变更情况
普洛药业	2003	青岛海泊河东广场三项目	横店医化项目(经营不佳，普洛得邦化学2008年将其吸收合并)
普洛药业	2007	年产500吨麻黄碱系列原料及制剂车间工程项目	新区250吨金刚烷胺项目(原项目可行性发生变化)
横店东磁	2009	激光打印机显影技术再造项目	年产100兆瓦晶体硅太阳能电池项目(新项目效益受诸多因素影响远低于招股书承诺的年平均收益率)

综上所述，横店集团ICM切实存在且高度活跃。横店集团在其战略历程中一直将多元化发展奉为圭臬，并由原来的单一纺织业扩展到如今四大产业并驾齐驱的大型民营企业集团。通过一系列并购、重组和子公司上市行为，横店集团虽未整体上市，但早已“决胜千里之外”。截至目前，已经上市的6家子公司不仅为集团整体拓宽了外源融资渠道，也为ICM的完善提供了扎实的基础。而“横店控股”的组建为集团ICM建立和运行“运筹帷幄”。通过债券发行、银行贷款等途径获取的大量资金流赋能了集团内部的资金拆借与担保事项。同时，集团涉足的庞杂产业链使得其产生了类似投资组合的风险分散效应，一定程度上增强了集团整体对抗外部市场风险的能力。

三、案例分析

本案例研究需要对企业集团多元化程度和ICM配置效率做对比分析，因此在案例企业的选取上需要考虑企业集团拥有多家上市公司，且处于同一控制之下，以排除控股股东不同而对集团资源配置产生的其他影响；旗下上市子公司至少两家，以满足狭义内部资本市场定义，能够构建起内部资本市场；集团旗下上市公司多元化经营程度各异，能起到对比分析作用。“横店集团”即满足以上要求。界定、测算所用数据来源主要有“横店控股”官网、旗下上市子公司历年财报及招股说明书、东方财富网、360百科及媒体相关报道等。横店集团并未整体上市，集团整体财务数据披露不够充分，我们难以完全站在集团整体角度进行研究。但其各个上市公司本身就是一个企业集团，其内部也存在资本配置活动，因此本案例一部分研究将从各个上市公司的角度展开，分析其内部资本配置活动，进而得出横店集团ICM配置效率的结论。

(一) 指标选取与测度

1. 多元化程度指标选取与测度

本案例选择Wrigley类别法测量案例企业多元化程度，具体公式：

$$专业化比率(SR)=\frac{企业最大单项产品年销售收入}{企业销售总收入}$$

选取原因如下：

(1)已有研究证明该方法操作简单，准确性高，具备可行性；

(2)该方法仅需要企业最大单项产品销售收入以及企业总收入两类数据，数据获得难度低，能满足后续运算要求；

(3)已有研究证明该方法可与后文所选调整利润敏感系数法结合进行对比分析。

本案例上市子公司专业化比率按照上述公式进行测算；考虑到集团并未整体上市，则以各分部利润贡献率，即子公司营业收入中对当年集团利润总额贡献最大的贡献额占集团利润的比值来定义集团专业化比率。“得邦照明”2017年上市之后披露的年报中不再划分明细的产品业务分部，造成本案例专业化比率测算所需数据获取受限，故只对2014—2017年进行分析。根据计算，横店集团及上市子公司专业化比率如表9-6所示。

表9-6　横店集团及上市子公司2014—2019年专业化比率　　单位：%

公司	2014年	2015年	2016年	2017年	2018年	2019年
普洛药业	79.43	79.49	79.81	77.22	81.56	73.42
英洛华	66.05	43.29	57.34	52.54	49.98	53.98
横店东磁	38.31	44.30	44.10	46.80	47.92	48.69
横店影视	75.88	79.08	78.37	76.68	74.64	73.27
得邦照明	40.95	46.31	58.96	48.00	—	—
横店集团	31.26	27.13	29.00	37.64	37.21	32.98

2. 内部资本市场配置效率指标选取与测度

本案例选择采用调整的利润敏感性法作为ICM配置效率测算方法，原因如下：

(1)该方法在已有研究中被广泛使用，数据获取容易，在我国A股市场上具有可行性。

(2)在前有方法上进行优化，采用资产回报率衡量分部投资机会，一定程度上排除了企业营销策略干扰；用分部资产变化表示资本支出，更具合理性。

(3)选用上期资产利润率对未来投资依据进行判断，更具合理性。

横店集团“横店控股”及下属五家上市公司组建的“狭义”内部资本市场效率测算结果如表9-7所示。

表 9-7　横店集团上市公司 2014—2019 年 ICM 效率系数

年份	企业	投资机会差值	资本流向	资产占总资产比值	ICM 效率系数
2014	英洛华	−0.150 139	0.199 220	0.149 820	−0.004 481
	普洛药业	−0.002 626	−0.052 767	0.330 742	0.000 046
	横店东磁	0.027 568	−0.050 039	0.312 512	−0.000 431
	得邦照明	0.087 890	−0.038 213	0.115 910	−0.000 389
	横店影视	−0.0181 78	0.084 293	0.091 016	−0.000 139
2015	英洛华	−0.059 488	−0.109 473	0.133 870	0.000 872
	普洛药业	−0.016 407	−0.019 498	0.323 868	0.000 104
	横店东磁	0.000 024	−0.011 767	0.308 560	0.000 000
	得邦照明	0.110 655	0.066 712	0.124 985	0.000 923
	横店影视	0.016 543	0.149 589	0.108 717	0.000 269
2016	英洛华	−0.082 315	0.030 600	0.138 508	−0.000 349
	普洛药业	−0.042 846	−0.046 367	0.308 228	0.000 612
	横店东磁	−0.015 536	0.031 971	0.319 748	−0.000 159
	得邦照明	0.103 782	0.016 355	0.127 263	0.000 216
	横店影视	0.153 779	−0.021 182	0.106 253	−0.000 346
2017	英洛华	−0.074 016	−0.134 021	0.119 210	0.001 183
	普洛药业	−0.035 979	−0.159 465	0.258 447	0.001 483
	横店东磁	−0.008 913	0.015 026	0.325 658	−0.000 044
	得邦照明	0.069 478	0.162 365	0.158 311	0.001 786
	横店影视	0.144 462	0.192 176	0.138 374	0.003 842
2018	英洛华	−0.033 124	0.133 539	0.138 301	−0.000 612
	普洛药业	−0.023 469	−0.021 993	0.252 702	0.000 130
	横店东磁	0.012 967	−0.087 622	0.298 612	−0.000 339
	得邦照明	−0.014 841	0.059 116	0.168 614	−0.000 148
	横店影视	0.058 833	0.023 181	0.141 771	0.000 193
2019	英洛华	−0.043 838	−0.039 040	0.132 389	0.000 227
	普洛药业	−0.012 181	−0.007 585	0.250 528	0.000 023
	横店东磁	0.022 780	0.074 570	0.326 459	0.000 555
	得邦照明	−0.018 565	−0.058 015	0.158 121	0.000 170
	横店影视	0.038 577	−0.061 145	0.132 504	−0.000 313

（二）多元化程度分析

1. 集团多元化程度分析

本案例定义的横店集团为“横店控股”及其旗下五家上市子公司组成的狭义集团，此部分研究将每个子公司看作集团的一个分部，以各分部利润贡献率，即子公司营业收入中对当年集团利润总额贡献最大的贡献额占集团利润的比重来定义集团整体专业化程度，结果如图 9-2 所示。

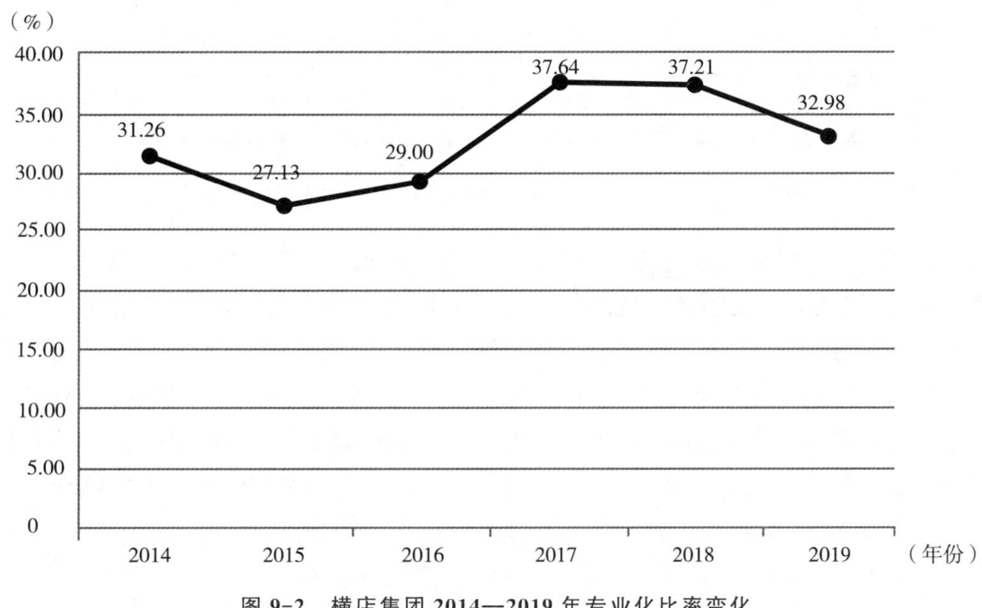

图 9-2　横店集团 2014—2019 年专业化比率变化

横店集团自成立发展至今 40 余年间，业务涵盖范围广，形成了以“电气电子”“医药化工”“影视旅游”“新型综合服务业”四大产业为主的“横店系”。从图 9-2 可看出，整个研究期内专业化比率在 20%～40%之间波动，显示出多元化程度较高，除 2017 年多元化程度有明显下降之外，其余年份均平稳波动。2017 年集团旗下电气电子板块“横店东磁”收购了兆晶股份有限公司，拓展了电气电子板块软磁材料之非晶产业，磁性材料得以发展，符合集团“多元化发展、专业化经营”的战略走向，2017 年集团专业化程度得以大幅提高。下面将从五家上市公司内部各自的多元化程度进行分析，进以佐证横店集团的多元化发展。

2. 上市子公司多元化程度分析

横店集团旗下五家上市子公司涉及集团四大业务板块中的三块，“横店东磁”“得邦照明”“英洛华科技”属电气电子板块，“普洛药业”属医药健康板块，“横店影视”属影视文旅板块，上述各大板块共同构成了横店集团多元化发展的业务格局。同时，每个上市子公司内部又可分为不同的产品分部，形成产品多元化经营状态。下面将对各上市子公司内部产品多元化程度进行分析，并为后面子公司内部资本在不同产品之间的配置分析做铺垫。横店集团上市子公司 2014—2019 年专业化比率变化如图 9-3 所示。

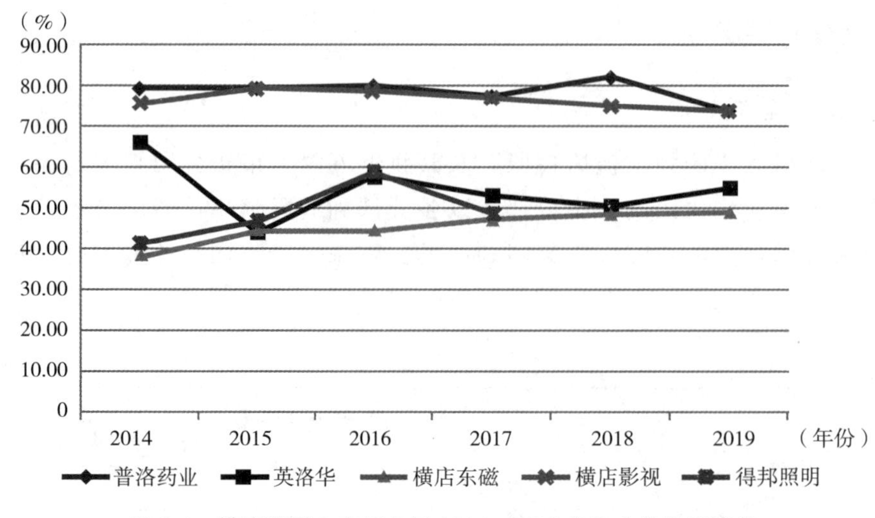

图 9-3 横店集团上市子公司 2014—2019 年专业化比率变化

如图 9-3 所示，“普洛药业”专业化程度最高，其次为“横店影视”，两者的专业化比率都在 70%～95%之间，多元化程度较低。2019 年政府陆续出台鼓励医药企业创新发展系列政策，医药行业竞争重点转移使得其更加看重研发创新，无形中推进了“普洛药业”的多元化步伐。所以 2019 年公司专业化比率降至 73.42%，多元化程度为研究期内最高的一年。与之相同，“横店影视”也受政策影响较大，在 2015 年政策支持下兴起的影视行业并购浪潮下，“横店影视”于 2015 年 4 月、8 月、11 月、12 月发生多起影视电影城并购业务，专业化比率在当年达到研究期内最高。自 2017 年起“横店影视”立足传统影院，打造全新高端品牌“纷腾”，在业内引起巨大反响，直至 2019 年，多元化程度呈持续上升趋势。

“英洛华”“得邦照明”“横店东磁”的专业化比率都在 70%以下，多元化发展程度较高。除 2016 年出现上升之外，“英洛华”专业化比率其余年份基本保持稳定的下降趋势。2015 年“英洛华”发行股份收购联宜电机 100%股权，当年主营业务新增联宜电机相关业务及产品，专业化比率降至 43.29%，多元化程度在短时间内提升。2019 年，在多变的国内外经济和诸多市场不确定因素下，“英洛华”围绕既定发展战略与经营计划，剥离不良资产，集中精力发展主营业务，该年多元化程度较 2018 年下降。2014—2016 年，LED 照明类产品供需两旺，而节能灯的市场需求下降，“得邦照明”顺应市场需求，调整产品线，公司专业化比率稳步上升。2017 年国务院、国家发改委《半导体照明产业“十三五”发展规划》的印发，推动了智能照明发展，公司多元化程度提高。横店东磁在五家上市公司中产品分部最多，专业化比率最低，在 2019 年最高的也只有 48.69%，公司主业并不突出，光伏产品和磁性材料同时发展，交替成为营业收入占比最大分部。2016 年，“横店东磁”产品分部数量从 2015 年的 11 个增加至 13 个，当年专业化比率由 2015 年的 44.3%下降至 44.1%，在新业务发展的同时，光伏产品发展迅猛，优势突出，营业收入较上年增长 19%，奠定了其作为“横店东磁”营收占比最大分部的基础。

综上所述，横店集团旗下五家上市公司皆为多元化企业，研究期内，其多元化程度有所差异。“普洛药业”和“横店影视”专业化比率较高，多元化的同时，公司致力于经营发展主导业务。“英洛华”“得邦照明”“横店东磁”多元化程度在公司产品结构不断变化下有所波动，但整体仍维持在较高水平。

（三）多元化程度与内部资本市场配置效率

1. 集团多元化程度与内部资本市场配置效率

ICM 理论认为企业集团总部进行资金配置是以业务分部投资机会的好坏为决策基础，而衡量投资机会好坏最简单的方式是其经营业绩指标的表现。因此，本案例在研究横店集团内部资本市场配置效率的同时，结合其经营业绩指标，分析其业务分部投资机会的好坏，研究横店集团内资本配置是否遵循效率优先原则。对经营业绩的衡量选取三个主要指标：一是销售增长率，用以衡量企业收入增长和发展能力；二是毛利率，用以反映公司产品获利能力，帮助企业选择投资方向；三是总资产收益率，衡量企业收益能力的同时反映其竞争实力和发展能力。五家上市公司三个经营业绩指标反映如表 9-8 所示。

表 9-8　横店集团上市公司 2014—2019 年经营业绩指标　　单位：%

年份	企业	销售增长率	毛利率	总资产收益率
2014	英洛华	−12.31	7.42	3.30
	普洛药业	9.79	26.02	6.72
	横店东磁	12.25	24.84	8.31
	得邦照明	13.29	22.45	18.34
	横店影视	28.17	23.68	9.56
2015	英洛华	−8.57	15.84	−0.33
	普洛药业	2.48	27.39	3.98
	横店东磁	7.89	23.77	6.51
	得邦照明	15.68	20.05	18.03
	横店影视	78.85	28.73	21.54
2016	英洛华	4.35	18.92	1.32
	普洛药业	10.01	27.83	4.77
	横店东磁	19.00	24.90	8.04
	得邦照明	−0.14	20.79	14.74
	横店影视	7.94	26.71	19.00
2017	英洛华	12.48	23.33	4.02
	普洛药业	16.34	30.84	4.54
	横店东磁	27.59	23.15	9.36
	得邦照明	24.98	14.58	7.31
	横店影视	10.38	23.98	13.26

续表

年份	企业	销售增长率	毛利率	总资产收益率
2018	英洛华	14.97	22.34	4.22
	普洛药业	14.85	31.93	6.48
	横店东磁	3.04	24.37	9.87
	得邦照明	−0.89	15.63	6.76
	横店影视	8.22	21.06	10.22
2019	英洛华	11.51	20.56	4.45
	普洛药业	13.09	32.37	9.02
	横店东磁	1.16	22.81	9.07
	得邦照明	6.21	18.77	7.83
	横店影视	3.27	20.65	9.27

本案例将集团专业化比率与 ICM 效率系数二者的变化趋势绘制于图 9-4，以方便观察两者变化趋势的相关性。

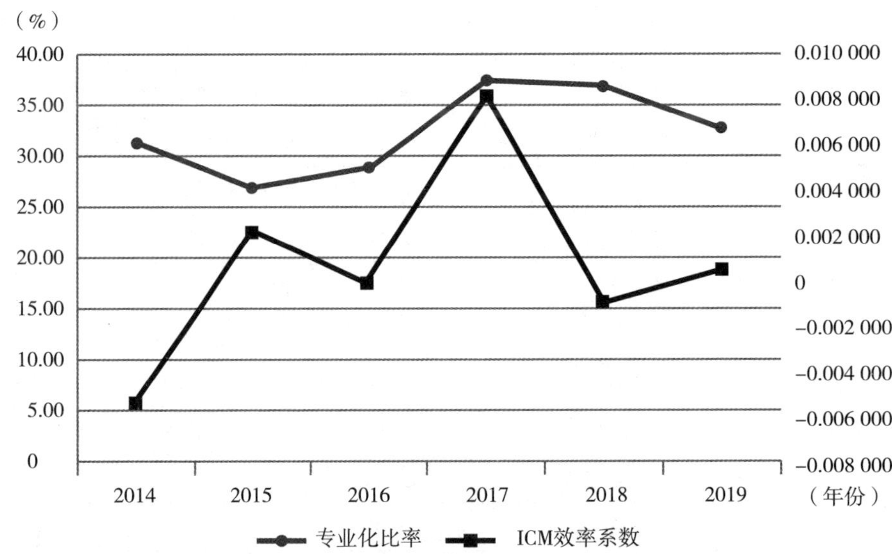

图 9-4　横店集团专业化比率与 ICM 配置效率对比

观察分析如下：

1）研究期内集团多元化程度与 ICM 配置效率之间未呈现出显著相关性

由图 9-4 可看出，横店集团专业化比率在 6 年间整体呈波动状态，集团多元化程度变化的同时，ICM 效率系数无规律波动，即两者之间未表现出明显的相关性。结合表 9-8 可知，ICM 效率系数波动的背后是“横店集团”发展过程中出现的多次配置偏差。以“普洛药业”为例，五家上市公司中，集团对其控股时间最长，是集团医药化工产业的主力军。近年报表显示，因投入成本较大，即便有着优良的营业收入，却难以带来高利润。且从图 9-5、

图 9-6 及图 9-7 可看出，“普洛药业”净资产收益率最高值为 2019 年的 15.66%，与“得邦照明”和“横店影视”动辄 20%～70%的净资产收益率相差甚远，现金流也表现不佳(现金比率、速动比率在五家公司中一直处于低位)，加之近年医药行业质量控制国家监管严格，常出现现金流短缺现象。即使如此，出于多元化战略考虑和决策层投资情绪，集团仍对其进行多次股权及现金流支持(2013 年、2014 年、2017 年，“普洛药业”多次以非公开发行方式向“横店控股”等特定投资者发行股份募集资金，2014 年、2015 年、2016 年和 2018 年，向“横店控股”拆借多笔资金，其中 2014 年、2015 年高达数千万元)，而不是将更多的资本投向投资机会更好的其他公司。一系列资本配置偏差虽从集团整体发展角度来看有因可循，但始终有悖于内部资本市场配置效率最大化的资本配置愿景。

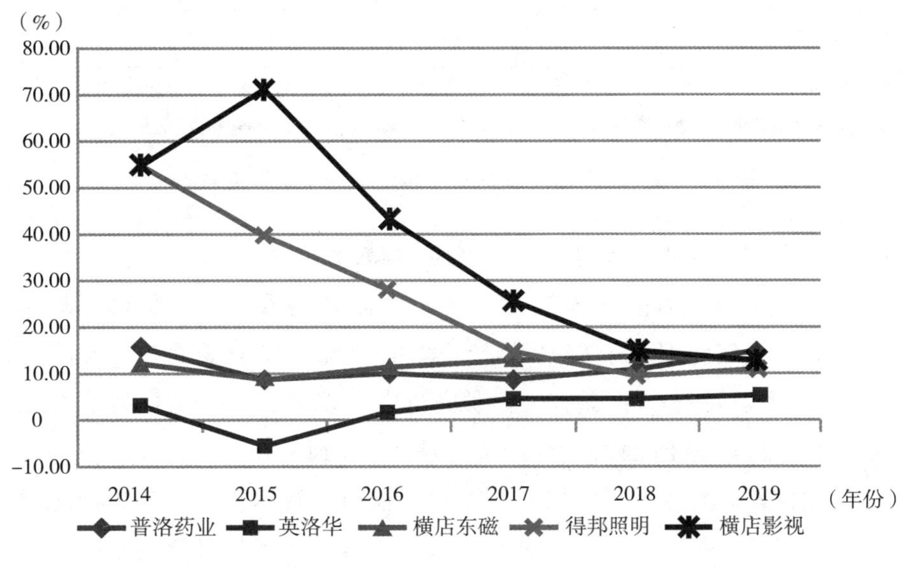

图 9-5 集团内上市公司 2014—2019 年净资产收益率变化

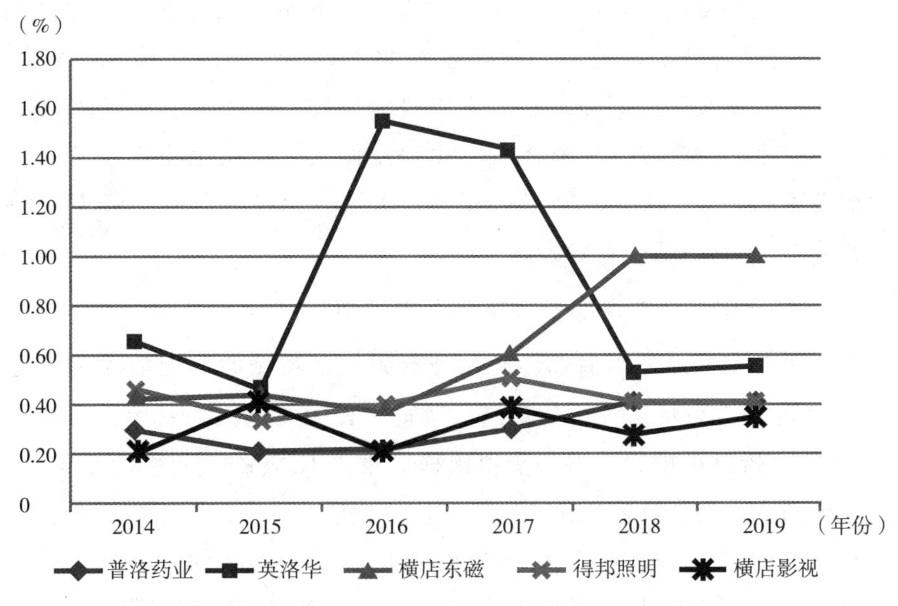

图 9-6　集团内上市公司 2014—2019 年现金比率变化情况

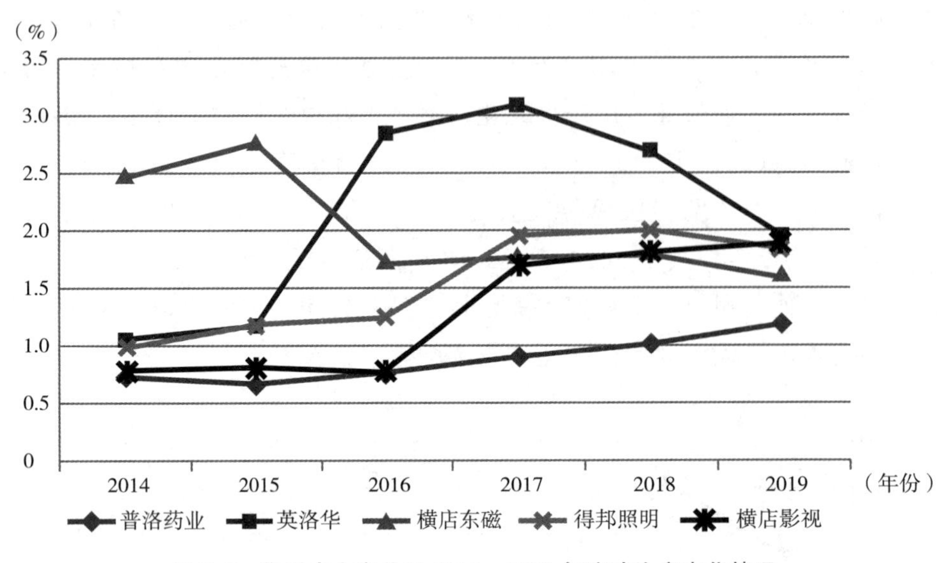

图 9-7 集团内上市公司 2014—2019 年速动比率变化情况

2)2017 年 ICM 配置效率波动受子公司 IPO 影响较大

2017 年横店集团 ICM 配置效率的变动与多元化程度关系不大，受总部战略布署影响较大。“得邦照明”和“横店影视”于 2017 年接连 IPO 上市，结合表 9-8，两者 2015 年、2016 年销售增长率、毛利率、总资产增长率在五家公司中表现突出，上市所筹资金也多用于本公司总资产增长，投资机会差值表现为 0.069 478 和 0.144 462，资本流向为 0.162 365 和 0.192 176，表明资本从集团流入“得邦照明”和“横店影视”，2017 年 ICM 效率指数达最高值点。

综上所述，研究期内横店集团多元化程度的变动与 ICM 配置效率波动之间未表现出明显线性关系，除多元化程度之外，影响 ICM 配置效率变化的原因还有集团战略及其他本案例未曾提及的方面。“交叉补贴”现象在多元化经营的大型企业集团中屡见不鲜，为确保各多元化分部运营正常，即使某些分部表现出的投资机会不佳，集团也会对其进行资金补偿。由此可见，横店集团的多元化程度导致整体专业化程度偏低，多元化经营涉及的行业较多使得企业集团对内部资本的需求扩大，上市子公司的资本被放大式占有，ICM 形成的交易成本优势等被减弱，致使 ICM 作用难以有效发挥。

2. 上市子公司多元化程度与内部资本市场配置效率

实质上横店集团各家上市公司内部各产品分部间也存在资源分配活动，满足本案例对于多元化程度与 ICM 配置效率具体分析的诉求。因此，此处将通过对各个上市公司多元化程度与 ICM 配置效率的分析以小见大，进一步得出横店集团 ICM 配置效率的结论。

1)普洛药业内部资本市场配置效率分析

从图 9-8 可以看出，“普洛药业”2014 年以来 ICM 效率系数均为正值，总体上保持上升趋势，说明该多元化公司 ICM 呈有效状态，且效率不断提高。“普洛药业”始终保持着原料药中间体、合同研发与制造(CDMO)、制剂等主导业务，维持着较高的专业化比率(70%～95%)。观察图 9-8 可知，“普洛药业”多元化程度的变动与 ICM 效率系数变化之间关系缺乏规律性。

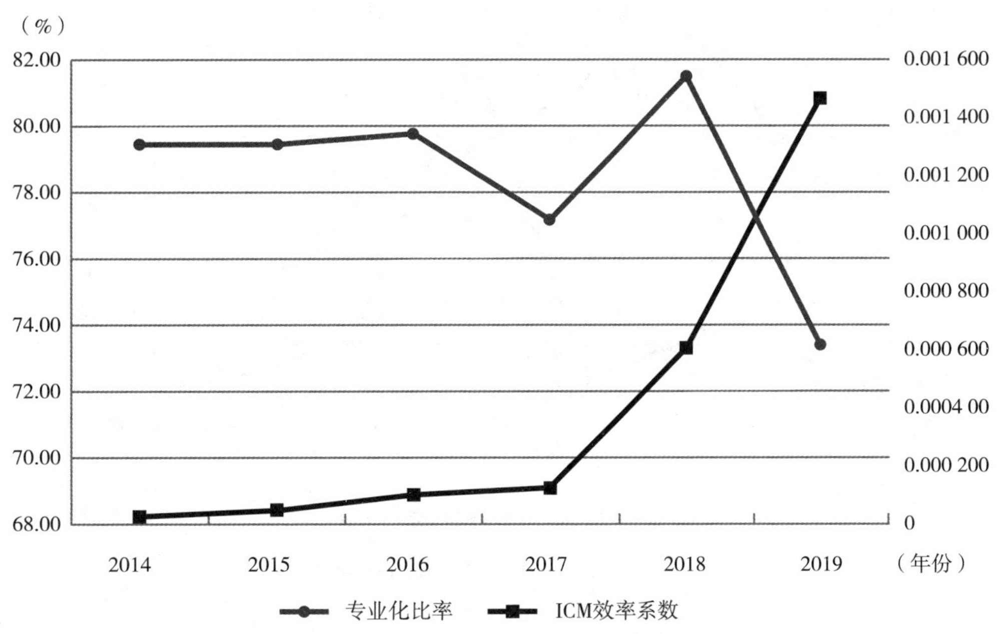

图 9-8　普洛药业专业化比率与 ICM 配置效率对比

前期，专业化比率不断上升的同时 ICM 效率系数不断上升，得益于其高专业化经营，内部资本在主导业务之间进行了有效配置，2017 年专业化比率出现大幅下降，公司多元化程度升高，ICM 效率系数的上升幅度较之前年份有所减缓，可以合理地理解为多元化程度的加深减缓了 ICM 配置效率提升。2018 年频出的医保控费及药品降价等行业政策，使得制剂业务医院终端增速放缓，“普洛药业”及时调整经营重点，专业化程度有了大幅提升，ICM 效率系数同时大幅上升。2019 年，CDMO 在一众非主业中脱颖而出，公司多元化程度进一步提升，同时期，依靠竞争优势，原料药业务确定了一定的行业地位，ICM 效率系数达到研究期内最大值。

综上分析，研究期间内“普洛药业”ICM 效率系数变动与企业多元化程度没有明显关系，ICM 效率系数的上升同时伴随着多元化程度的提升和下降两种情况。

2)横店影视内部资本配置效率分析

“横店影视”在总部积极推进“影院综合体”建设、提升非票房的战略下，多元化程度持续上升，ICM 效率系数在研究期内正负相间，ICM 有效无效状态并存。观察图 9-9 可知，“横店影视”多元化程度变化与 ICM 效率系数变化的关系总体上呈负相关。

结合表 9-7 和图 9-9 可知，2015 年电影行业并购浪潮下，“横店影视”实现营业收入爆发式增长(78.85%)，专业化程度呈研究期内最高。2017 年根据集团战略，“横店影视”于上交所主板进行 IPO，查阅报表可知当年公司总资产大幅增加 57.28%，ICM 效率系数急剧上升，达研究期内最高值。而相比总资产的增加，利润总额呈负增长(－20.95%)，显现出总体投资机会较差，相较于多元化程度，“横店影视”内部资本市场 ICM 配置效率受总部战略影响更大。

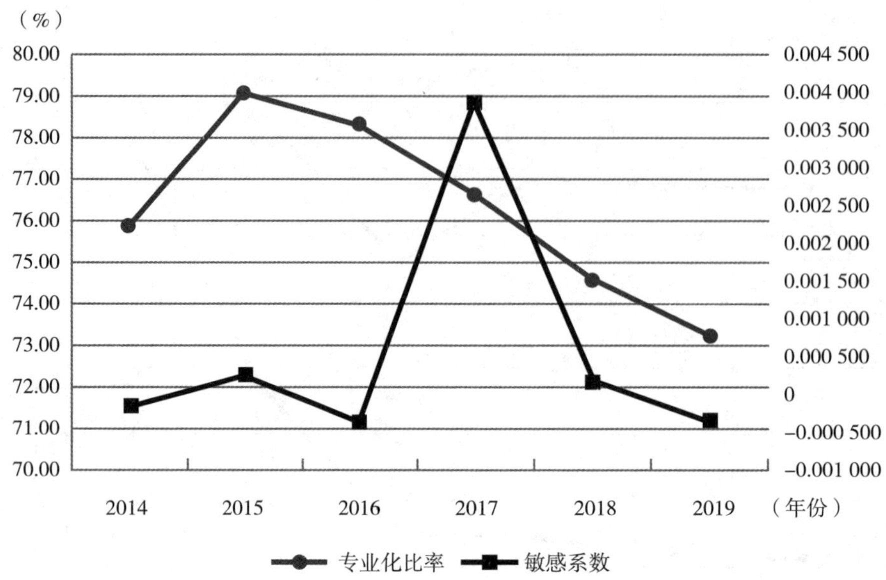

图 9-9　横店影视专业化比率与 ICM 效率系数对比

综上，“横店影视”2017 年 ICM 效率的下降与多元化程度关系不大，而是受总部战略影响，因此，本案例分析认为“横店影视”两者关系表现为负相关。

3)横店东磁内部资本市场配置效率分析

“横店东磁”主要经营光伏产品和磁性材料等，业务分部除 2016 年有变动之外，其余年份比较稳定。其多元化程度在五家公司里最高。由图 9-10 可看出，横店东磁多元化程度与 ICM 效率系数变动整体呈负相关。

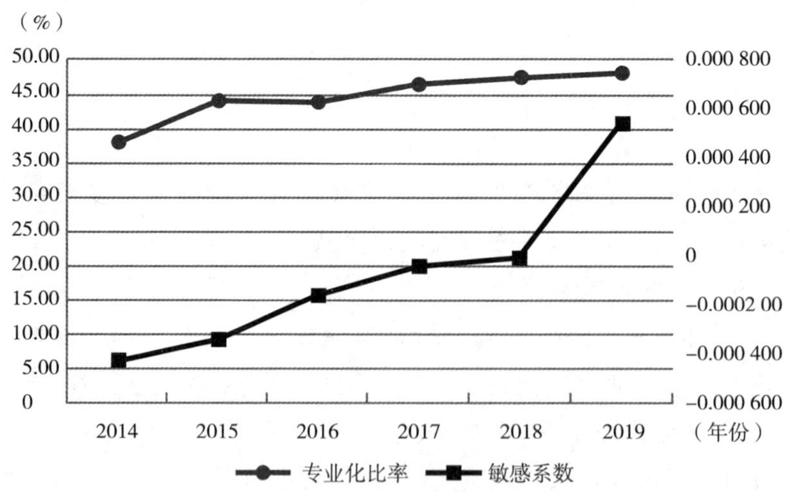

图 9-10　横店东磁专业化比率与调整的利润敏感系数对比

如图 9-10 所示，2014 年以来“横店东磁”专业化程度不断上升，ICM 效率系数也不断上升，意味着随着多元化程度的加深，“横店东磁”ICM 配置效率不断增加，内部资源的配置趋于合理优化。其中专业化程度与 ICM 效率系数在 2014 年均表现为研究期内最低，表明多元化程度整体较高(SR 约为 45%)的企业在面对较多的业务分部时，可能由于投资组合的多样化，从而出现不效率的投资选择。自 2016 年起，横店东磁及时调整产品结构，重点发展新能源动力电池产品和磁性材料，专业化比率逐年上升。ICM 效率系数也逐年上升，由此可见，横店东磁过度多元化影响了 ICM 配置效率，随着多元化程度的下降，ICM 配置效率逐渐回升趋于有效。

综上所述，本案例分析认为研究期内“横店东磁”多元化程度变化与 ICM 配置效率变化之间呈负相关，表现出多元化超过一定程度时，ICM 配置无效，多元化降低到一定程度时 ICM 配置效率提升。

3. 英洛华内部资本市场配置效率分析

“英洛华”拥有比较稳定的分部业务，公司集中精力发展稀土永磁材料与制品和电机系列产品等主营业务，专业化比率在短暂的下降之后有所回升。研究期内 ICM 效率系数波动，这与公司内部产品分部之间出现资本配置偏差有关。具体分析如下：

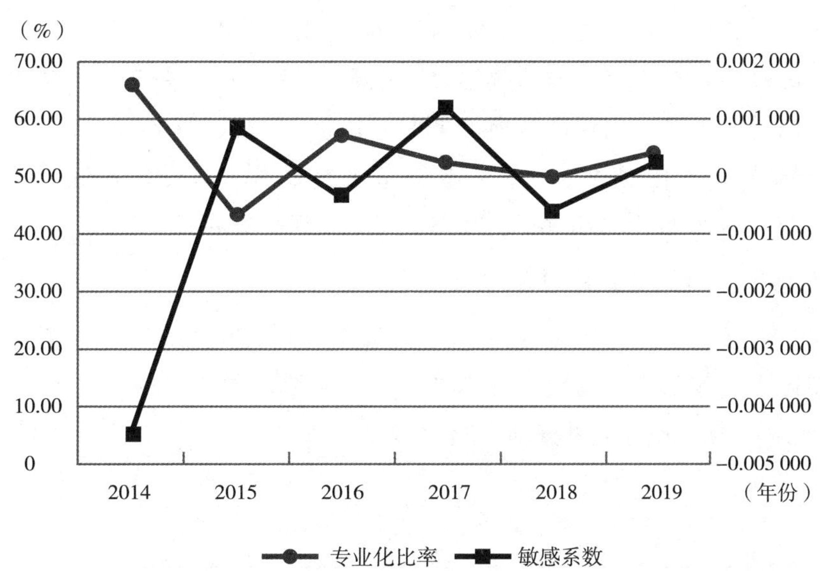

图 9-11　英洛华专业化比率与调整的利润敏感系数对比

1)2014—2017 年，多元化程度与 ICM 效率系数呈正相关

自 2013 年以来，国内外市场需求不旺，报表数据显示“英洛华”营业收入同比减少 36.94%，如表 9-9 所示，2013 年营业收入同比减少 16.72%的棕刚玉系列和减少 37.39%的物流立体库在 2014 年得到大量资本投入，而增长 70.91%的金刚石的资本投入却减少了，致 2014 年 ICM 效率指数呈研究期内最低。根据市场反应，“英洛华”不断调整产品结构(如 2015 年淘汰传统棕刚玉产业，发展投资机会较好的物流立体库和金刚石业务；2017 年处置

了业绩表现差的太原刚玉国际贸易有限公司，将资本更多投入其他业务），将资本投入市场潜力大、投资机会优先的产品分部，多元化程度在该期间内波动，ICM 效率系数随之同向变动，在一定专业化程度之下，多元化程度的提升带来更多较好的投资机会，从而提升了 ICM 配置效率，同时多元化程度的下降也将减少投资机会的可选择性，降低 ICM 配置效率。

表 9-9　英洛华 2014 年产品分部间资本配置情况

产品	2014 年营业收入(元)	2013 年营业收入同比增长(%)	2014 年营业成本同比增长(%)
物流立体库	64 440 527.81	−37.39	14.69
棕刚玉系列	18 349 471.74	−16.72	39.61
金刚石制品	10 099 728.32	70.91	−44.58

2)2017—2019 年，多元化程度与 ICM 效率系数呈负相关

2018 年，国内经济下行压力加大，中美贸易摩擦影响持续。公司在确保生产经营稳定的基础上，持续加大新产品研发的投入力度。对部分不良资产进行处置、调整产品结构的同时，大力发展主营业务减少公司亏损，提升公司业绩。查阅公司年报可知，2019 年支付价款 13 351 万元收购同一控制下的英洛华装备，自有资金和募集资金一同助力于主营业务的发展。ICM 效率系数的波动伴随着多元化程度的反向变化，说明当多元化达到一定程度之后，随着多元化程度的提高，投资机会的选择增多，投资选择出现偏差的可能也加大，导致 ICM 配置效率降低，同样，当多元化程度有所降低时，ICM 配置效率出现回升。

综上，“英洛华”多元化程度与内部资本市场配置效率两者关系在整个研究期内未表现出相关性，但在 2014—2017 年呈正相关，2017—2019 年呈负相关。

4. 得邦照明内部资本配置效率分析

2011 年，“得邦照明”将产品结构由单一节能灯调整至四大类绿色照明产品同发展，业务分部在研究期内个别年份有所变动。观察图 9-12 可知，2014—2017 年得邦照明多元化程度变动与 ICM 效率系数变动之间缺乏规律性。

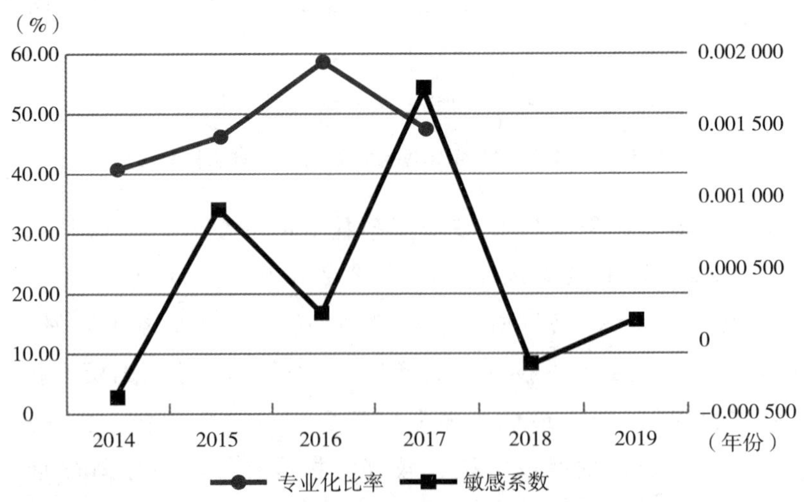

图 9-12　得邦照明专业化比率与调整的利润敏感系数对比

研究期内，LED照明市场爆发，节能灯市场出现萎缩。“得邦照明”主动削减节能灯产能，将资源更多配置到前景更好的LED照明产品上，在资源配置上遵循了投资机会优先原则，2015年ICM效率系数有所上升。由表9-8看出，2015年、2016年五家公司中“得邦照明”业绩表现突出，2017年上市募集资金多用于公司总资产的增长，反映到ICM效率系数上，使得ICM效率系数值达到近年来最高，ICM配置合理。

经上述分析，“得邦照明”2017年ICM效率的上升同“横店影视”一样是受总部战略影响，与多元化程度的变化关系不大，其余年份两者之间也并未显现出明显相关性。

四、案例思考

1. 对横店集团及其上市子公司的多元化程度进行分析。
2. 对横店集团及其上市子公司内部资本配置效率进行分析。
3. 分析横店集团及其下属上市公司多元化程度变动对内部资本市场配置效率的影响。

案例十
永泰能源债券违约分析

一、背景知识

（一）债券及其分类

债券本质上是一种金融契约，形式上是债券发行人直接向投资者发行且承诺按一定利率支付利息并按约定日期偿还本金的有效凭证，债券发行人是债务人，债券购买者为债权人。债券有许多分类方式，按照偿还期限可分为短期、中期和期债券，按照发行主体可分为国债、地方政府债券、企业债券、国际债券，按照偿还和付息方式可分为定息债券、一次还本付息债券、贴现债券、浮动利率债券、累进利率债券、可转换债券等，按照担保性质可分为抵押债券、担保信托债券、保证债券、信用债券。

（二）债券违约及判定条件

债券违约是指债券发行主体不能按照事先达成的债券协议履行其义务的行为。根据国际性评级机构穆迪投资者服务的观点，债务人有以下任一行为则可视为违约：

(1)债券发行人宣告破产；

(2)债券发行人没有履行或者延期履行利息或本金的支付义务；

(3)发生不利于债权人的交换。

（三）委托代理

委托代理理论是制度经济学契约理论的主要内容之一，主要研究的委托代理关系是指一个或多个行为主体根据一种明示或隐含的契约，指定、雇用另一些行为主体为其服务，同时授予后者一定的决策权利，并根据后者提供的服务数量和质量对其支付相应的报酬。授权者就是委托人，被授权者就是代理人。由于委托人和代理人的目标有矛盾，理性代理人在代理的过程中倾向于使自己利益最大化而开展不利于委托人利益的活动，从而导致委托代理问题。其主要有逆向选择和道德风险两种表现形式。逆向选择是信息不对称引发的市场资源不匹配，一般情况下代理人具有信息优势，有机会做出与委托人利益相违背的决策。债券契约也属于委托代理关系的范畴，由于信息不对称，债务人并未提供真实的信息或者没有按合同要求履行义务，债务人违约，损害债权人利益。道德风险是指代理人不尽力保证委托人的利益，用委托人无法检测的行为做出不利于委托人的事情。

（四）信息不对称

该理论认为市场中卖方比买方更了解有关商品的各种信息，掌握更多信息的一方可以通过向信息贫乏的一方传递可靠信息而在市场中获益，买卖双方中拥有信息较少的一方会努力从另一方获取信息。市场信号显示在一定程度上可以弥补信息不对称的问题，信息不对称是市场经济的弊病，要想减少信息不对称对经济产生的危害，政府应在市场体系中发挥强有力的作用。在债券的发行与交易过程中，债券发行人对于企业的真实情况比债券投资者了解更多，信息不对称程度越高，信用风险越大，越容易发生债券违约。信息不对称理论解释了信息不对称对债券市场发展产生消极影响的原因，也揭示了评级制度对提高市场透明度的意义所在。所以，加强信息披露制度能有效减少交易参与者之间的信息不对称程度，从而降低发生逆向选择和道德风险行为的可能性，保护投资者的切身利益，最终促进债券市场稳健发展。

（五）债券信用风险度量模型

债券信用风险计量方法主要分为传统信用分析方法和量化信用风险法。传统信用分析方法是专业人员对信用风险进行评价，而量化信用风险法则是利用模型计算债券的信用风险，最常用的是 KMV 模型、Z. Score 模型和 Credit Metrics 模型。本案例在分析评级机构评级真实性中采用的是 Z. Score 模型。纽约大学商学院教授 Edward Altman(1968)选取了 22 个财务比率，利用辨别分析技术筛选出最重要的 5 个变量建立了 Z. Score 模型。根据该模型可以计算出 Z 值，当 $Z \leqslant 1.81$ 时，债务人极大可能会发生违约；当 $Z \geqslant 2.99$ 时，债务人发生违约的概率很低；当时 $1.81 \leqslant Z \leqslant 2.99$，公司近年破产概率较高。

二、案例资料

（一）公司概况

1992 年，永泰能源股份有限公司在山西太原成立，前身为“泰安鲁润股份有限公司”，注册资本 124 亿元，公司于 1998 年 5 月 13 日正式在上交所挂牌登陆 A 股，实际控股股东是由王广西控制的永泰科技投资有限公司，公司总部办公地点位于北京市，作为煤炭板块唯一一家民营上市公司，永泰能源形成主打山西、接续陕蒙、后备新疆的三地发展布局，不断蓄力发展成为如今具有核心竞争力的煤炭企业，致力于生产优质焦煤与动力煤，主要业务是煤炭开采与销售。

近年来，永泰能源先后通过股票增发、发行债券、质押等各类融资方式，兼并重组了多家煤炭公司，迅速成为千万吨级焦煤企业。截至 2018 年 3 月末，永泰能源合并报表一级子公司共 9 家，主要子公司包括华晨电力股份公司、华熙矿业有限公司、灵石银源煤焦开发有限公司、山西康伟集团有限公司、华瀛石油化工有限公司和华衍物流有限公司。永泰能源公告显示，截至 2018 年 3 月末，煤炭资源保有储量 32.38 亿吨，主要集中在山西省、内蒙古自治区、新疆维吾尔自治区，以及澳大利亚等地。全资子公司华晨电力负责电力业务，电力资产主要分布在河南、江苏两省。公司还通过广东惠州大亚湾码头和江苏张家港码头项目等从事相关的大宗商品物流业务。公司不断从布局“电力、煤炭、石化”等核心产业入手，拓展综合能源业务，促进煤电一体化协同发展，逐步实现了由单一煤炭生产企业向综合能源供应商的转型，经过多年的发展永泰能源形成了“煤、电、化”三类能源齐头发展的局面。

（二）债券违约进程

1. 债券发行

2017 年 7 月，证监会核准永泰能源公开发行债券。根据《永泰能源股份有限公司 2017 年第四期短期融资券发行情况公告》，该债券发行价格为每张 100 元，发行总面值为 15 亿元，发行利率为 7%。债券基本要素如表 10-1 所示。

表 10-1　17 永泰能源 CP004 发行详情

债券名称	17 永泰能源 CP004	债券期限	365 天
发行规模	15 亿元	票面金额	100 元
债券类型	普通企业债	债券利率	7%
起息日	2017 年 7 月 5 日	到期日	2018 年 7 月 6 日
还本付息方式	到期一次性还本付息	发行目的	偿还借款
信用级别	发行人主体信用等级为 AA +，债项信用等级为 A－1	评级公司	联合资信评估有限公司/中债资信评估有限责任公司

2. 债券停牌

2017 年度第四期短期融资券未能于 2018 年 7 月 5 日如期进行兑付，构成债券实质性违约，且公司发行的各期公司债券价格出现大幅波动。经公司申请，各期公司债券自 2018 年 7 月 6 日起停牌。

3. 债券违约

永泰能源债券违约事件节点见表 10-2。

表 10-2　永泰能源债券违约事件节点

时间	事件节点
2017 年 9 月 5 日	终止晋城银行股份有限公司增资事项
2017 年 11 月 21 日	因筹划重大资产重组停牌
2018 年 3 月 30 日	终止重大资产重组事项
2018 年 4 月 10 日	公司股票交易异常波动
2018 年 7 月 5 日	2017 年度第四期短期融资券未能如期兑付，构成债券实质性违约
2018 年 7 月 6 日	“13 永泰债、16 永泰 01、16 永泰 02、16 永泰 03”停牌
2018 年 7 月 7 日	联合评级下调主体信用评级等级至 CC，各期债券信用评级下调至 CC，评级展望为负面

2018 年 7 月 7 日，永泰能源未能按时兑付“17 永泰能源 CP004”，构成实质性违约，公司另发布了两则公告称，分别因银行贷款到期未结清以及短融违约触发 13 支存续债券的交

叉保护条款。此外，违约还触发了母公司永泰集团“18 永泰集团 SCP001”交叉保护条款。

4. 评级调整

2016 年 6 月 22 日，永泰能源主体长期信用等级为 AA+。2018 年 6 月 26 日，永泰能源及其相关债券 2018 年跟踪评级报告披露，永泰能源主体长期信用等级维持为 AA+，评级展望为稳定。2018 年 7 月 5 日债券违约后，永泰能源主体长期信用等级于当日由 AA+下调为 A，评级展望调整为负面。2018 年 7 月 6 日，其主体长期信用等级持续被下调为 CC，评级展望处于负面状态。

三、案例分析

(一)永泰能源债券违约财务因素分析

1. 公司财务经营策略分析

公司财务经营策略奠定了企业经营的基调，对于企业经营的成败至关重要。永泰能源出现债券违约很大程度上是公司财务经营策略出现了问题，主要表现在公司经营发展战略、股权质押与定向增发融资模式失效以及账面资产受限等。

1)公司总体发展战略激进

企业发展的目的就是做大做强，用原始积累的方式显然太慢，因此很多企业选择以并购的方式来扩大市场。永泰能源一直以来都坚持快速扩张的战略模式，从 2009 年开始，永泰能源就不断进行煤炭行业兼并与重组，至 2013 年年末，公司兼并了 15 家煤炭企业，煤炭资源保有量达 25 亿吨，煤炭产能超过 1 000 万吨，5 年之内就跻身骨干型煤炭企业。从 2015 年开始，受金融危机和结构调整的影响，煤炭价格开始持续走低，永泰能源受到不小的冲击。为此，永泰能源开始二次产业转型扩张，陆续收购了华瀛石化、华兴电力等公司，拓展燃料油和火力发电业务。同时，公司还相继涉足物联网、银行保险、股权投资、辅助生殖医疗等新兴产业。“摊大饼”式的扩张让永泰能源的产业结构发生了巨大的变化，然而每个新项目都恰巧赶在了行业不景气的时候。例如，2016 年国内火电已经严重过剩，永泰能源却开始布局火电项目，先后投资近百亿元在江苏和河南建设两大火电项目。2016—2017 年，永泰能源又涉足并不擅长的医疗领域。2016 年 4 月，永泰能源通过基金共持有成都西囡妇科医院 39.19%股权和深圳市中山泌尿外科医院 28.99%股权。2017 年又通过子公司华昇香港出资 1.98 亿美元用于收购美国 HRC 医疗集团辅助生殖项目。2015—2017 年，公司投资活动现金净流出合计 320.19 亿元，已实施完成的并购事件就有 28 件，涉及金额高达 188.17 亿元，具体如表 10-3 所示。

表 10-3　永泰能源近年来股权交易情况

交易时间	标的方	买方	交易金额（万元）
2018 年 9 月 15 日	国投南阳发电有限公司	内乡县投资控股有限公司	10 000.00
2018 年 5 月 4 日	海南泰垦体育旅游有限公司	永泰能源股份有限公司等	100 000.00
2017 年 12 月 2 日	河北华拓电力有限公司（100％股权）	华晨电力股份公司	56 000.00
2017 年 10 月 28 日	华昇资产管理有限公司（100％股权）	西藏永泰投资管理有限公司	153 000.00
2017 年 8 月 4 日	“一带一路”财产保险股份有限公司	永泰能源股份有限公司	58 000.00
2017 年 7 月 27 日	绍兴柯桥年泰投资中心	华晨电力股份公司	8 800.00
2017 年 7 月 1 日	Lifovum Ferstility Management	Willsun Fertility U Delaware	140 900.00
2017 年 4 月 28 日	河南华晨电力销售有限公司	河南华晨电力有限公司	26 000.00
2017 年 4 月 28 日	江苏华晨电力销售有限公司	江苏华晨电力有限公司	26 000.00
2017 年 3 月 1 日	丹阳华海电力有限公司	华晨电力股份公司等	50 000.00
2016 年 11 月 22 日	辅助生殖境外并购基金 51％股权	开曼生殖基金管理有限公司	51 001.00
2016 年 11 月 22 日	Willsun Fertility Overseas Company Limited（100％股权）	华昇资产管理有限公司等	14 630.00
2016 年 9 月 20 日	四川信托有限公司（30％股权）	华兴电力股份公司	375 000.00
2016 年 8 月 25 日	国投南阳发电有限公司（51％股权）	华兴电力股份公司	10 358.00
2016 年 8 月 24 日	晋城银行股份有限公司（4.17％股权）	永泰能源股份有限公司	21 229.84
2016 年 8 月 3 日	华瀛石油化工有限公司	永泰能源股份有限公司	400 000.00
2016 年 6 月 28 日	锦欣集团所属人类辅助生殖医疗业务持股平台公司（49％股权）	西藏兴晟创业投资	88 298.00
2016 年 6 月 28 日	成都西囡妇科医院有限公司（49％股权）	西藏子兴创业投资合伙企业	88 298.00
2016 年 6 月 9 日	华兴电力股份公司	永泰能源股份有限公司	350 000.00
2015 年 12 月 15 日	华兴电力股份公司（36.875％股权）	华瀛石油化工有限公司	160 214.72
2015 年 10 月 28 日	华澳国际信托有限公司（30％股权）	重庆财信企业集团有限公司	50 310.00
2015 年 8 月 15 日	众惠财产相互保险社	永泰能源股份有限公司	10 000.00
2015 年 5 月 9 日	徐州姹城电力有限责任公司（45％股权）	永泰能源股份有限公司	39 566.67
2015 年 3 月 27 日	永泰能源运销集团有限公司（100％股权）	山东焦化集团有限公司	30 210.00
2015 年 3 月 27 日	北京三吉利能源股份有限公司（53％股权）	永泰能源股份有限公司	127 500.00

永泰能源这些年来多元化发展以及战略转型的资金并非来自利润积累，而是通过发行公司债券、私募债券、向银行大量举债取得的，其中不乏高成本的资金，融资规模增大的同时，债务风险也不断积累，最终导致 2018 年债务危机大爆发。

2）股票质押与定向增发融资模式失效

（1）股东质押以及公司整体质押比例过高。股票质押作为常见的融资手段，可以增加股东资产的流动性，但是过高比例的股权质押往往潜藏着一定的风险，尤其是当资本市场波动较大时，企业面临的风险将加速爆发。永泰能源部分股东的股票质押情况如表 10-4 所示。

表 10-4　永泰能源股东股票质押情况

股东名称	累计质押股数量（万股）	累计质押股数占总股本比例(%)	累计质押数量占持股比例(%)
西藏泰能股权投资管理有限公司	62 128.97	5	100
永泰集团有限公司	402 409.70	32.39	99.92
襄银投资合伙企业	57 979.19	4.67	87.86
南京汇恒投资有限公司	65 989.85	5.31	100
青岛诺德能源有限公司	50 761.42	5.89	66.67

永泰能源高比例的股权质押表现在两方面：一是控股股东质押比例过高，从表 10-4 可知，控股股东永泰集团共计持有永泰能源 402 409.70 股，占总股本比例为 32.39%，质押比例高达 99.92%，其他股东的质押比例也很高；二是整体质押比例过高，永泰能源 2018 年中报显示，永泰能源整体质押 93 笔，整体比例高达 60.96%。

质押比例过高，一方面会使控股股东面临控制权变更的风险，另一方面会引发股东再融资的风险，而上述风险也会传染至上市公司，如图 10-1 所示。所以，当公司的经营状况良好时，股票质押这种激进的融资方式不会受到控股股东的青睐。换句话说，如果发现一个公司控股股东的质押比例过高，那么很可能是因为股东已经无法使用其他融资方式，因此更凸显出其资金链的紧张，易出现债务违约。

(2)“定增-质押联动模式”终结。

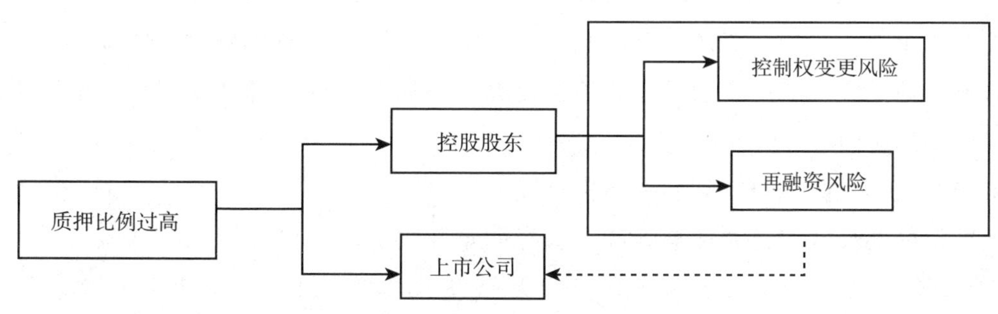

图 10-1　质押比例过高引发的风险

通过股票市场进行定增融资是永泰能源的常用做法，2010—2016 年进行了 5 次定增，募集资金合计 222 亿元，募集总额已超过公司流通总市值。2015 年 2 月 13 日，永泰能源通过定增新发 50.76 亿股，募集规模高达 100 亿元。随后，该定增所得的份额全部用于股票质押融资。2015 年 2 月 15 日，永泰控股对外质押累计共计 3 960 676 154 股，占公司总股本的 45.99%，而当时永泰集团控股永泰能源份额 46.26%，也就是说控股股东对外质押比例高达 99.42%。该模式也被运用到其他参与定增的股东上，例如西藏泰能所持永泰能源股份占总股本的比例为5.24%，其中对外质押比例达到100%。但是，2017年出台的定增新规对这一模式做了具体规定，出台了拟发行股份数不得超过总股本20%的限制，以及定增发行距上次募集资金时间应超过18个月的时间限制，"定增-质押联动模式"被定增新规所终结，自此之后，永泰能源不得不更多地采用债务融资来支持扩张。

3)资产受限程度大

企业在发生偿债危机时常采用变卖资产的方式来获得资金，而永泰能源却无法采用这种便捷的筹资方式。从其审计报告可以看出，永泰能源很大比例的账面资产受到限制(表10-5)，公司对资产的经营策略失误导致其无法通过变卖资产来偿还债务。

表10-5　永泰能源资产受限情况

受限资产	受限额度(亿元)	账面价值(亿元)	受限比例(%)	受限原因
货币资金	23.43	72.71	32.22	存单质押，保证金
应收账款	13.48	39.80	33.80	应收款项收费权质押
固定资产	238.28	262.18	90.88	融资租赁，借款抵押
在建工程	30.61	53.45	57.26	融资租赁，借款抵押
投资性房地产	0.64	3.30	19.34	借款抵押
无形资产	121.38	430.05	28.22	借款抵押

从表10-5可以看出，永泰能源账面资产受限程度较大，共计430.05亿元资产受限，占总资产比例近40%。固定资产受限比例已达到90.88%，大部分受限资产用作借款抵押。未质押资产规模较大的是无形资产，主要为采矿权和探矿权，但难以判断评估价值的合理性和进一步抵押空间。根据《中华人民共和国民法典》规定，抵押资产要转移所有权需要经过抵押权人的同意。永泰能源受限资产比例如此之大，当公司遇到债务危机时，要保证公司生产经营不受影响，通过变卖资产来偿还债务的途径就行不通了，这在降低公司偿债能力的同时也增加了债务违约风险。

4)资产减值不充分，报表利润真实性存疑

资产减值的会计政策是企业会计政策选择的重要部分，不同的资产减值政策的使用对企业利润有重要的影响。永泰能源对于存货和无形资产的减值政策与企业实际情况出入较大，具体分析如下：

(1)存货从不减值。永泰能源与同行业可比公司存货减值情况对比见表10-6。

表10-6　永泰能源与同行业可比公司存货减值情况对比　　单位：万元

公司类型	2012年	2013年	2014年	2015年	2016年	2017年
阳泉煤业	0	823	84	18 249	11 304	4 565
大同煤业	11 789	11 270	13 617	5 344	1 975	2 294
兖州煤业	21 464	5 288	5 294	2 286	939	1 224

续表

公司类型	2012 年	2013 年	2014 年	2015 年	2016 年	2017 年
陕西煤业	488	2 369	26 028	21 221	346	3 050
晋中能源	1 816	869	18 107	15 314	4 788	5 986
永泰能源	0	0	0	0	0	0

从永泰能源资产负债表可以看到，公司存货账面价值平均 5 亿元，而历年来公司却未对存货进行减值处理。对比 A 股同行业可比上市公司，会对存货作计提减值准备，导致永泰能源历年报表利润真实性有待商榷。

(2)无形资产近三年未计提减值。永泰能源无形资产和商誉情况见表 10-7。

表 10-7　永泰能源无形资产和商誉情况　　单位：万元

类型	2012 年	2013 年	2014 年	2015 年	2016 年	2017 年
无形资产	2 070 442	2 491 216	2 862 257	3 714 317	4 344 955	4 300 499
商誉	4 847	4 162	4 162	458 037	467 400	467 400

永泰能源的无形资产由采矿权、土地和海域使用权等组成，其中，采矿权是最主要的无形资产。随着公司不断扩张，无形资产和商誉也呈现直线增长态势，商誉的账面价值从 2012 年的 4 800 万元增长到 2017 年的 46 亿元，无形资产的账面价值从 2012 年的 207 亿元增长到 2017 年的 430 亿元，其中采矿权就有 425 亿元，占比 98.8%。市场不利因素很容易影响采矿权的价值，当不利因素已经对无形资产价值产生实质性影响时，就应该对其进行计提减值准备，在煤炭价格持续走低的情况下永泰能源却没有对无形资产和商誉做计提减值准备，有理由怀疑其利用会计政策来操纵利润，而实际上公司存在的极大的经营风险和减值风险很有可能在一夜之间释放，而 768 亿元负债却是真实存在的，公司实际经营严重资不抵债。

2. 违约主体财务状况分析

财务数据是公司经营状况的“晴雨表”，可以用来分析公司的财务管理效益。为了完整了解企业在这一过程中的变化，本案例选取近几年的财务数据来分析永泰能源的财务状况变化情况，主要关注永泰能源近年的盈利能力、偿债能力、营运能力以及现金流量的变化。

1)盈利能力下降，收益质量不佳

(1)盈利能力分析。盈利能力主要用来衡量企业赚取利润的实力，也是企业能够长期发展的保障。盈利能力不足是企业债券违约的重要因素。案例选用净资产收益率(ROE)、销售毛利率、销售净利率和每股收益对永泰公司近四年盈利能力进行测算，并与行业及可比公司进行比较分析。

从表 10-8 可以看出，永泰能源从 2015 年至 2018 年年中各项盈利指标都下滑明显，说明永泰能源的盈利能力在最近四年不断下降。永泰能源的每股收益近年来持续低迷，从 2016 年开始就一直低于行业水平。全部年份的毛利率水平均高于整体煤企的中位数水平，2015 年永泰能源的毛利率水平达到晋中能源的 3 倍多，永泰能源称生产的煤种主要是焦煤及其配煤，属于稀缺煤炭资源，故较其他煤种毛利率相对较高，但从 2018 年中报来看，永泰能源销售毛利率已低于行业水平。从销售净利率来看，扣除投资收益和营业外收入等收益后，永泰能源税前销售净利率是很低的，比如，2018 年中报反映其销售净利率仅为 0.59%。而其净资产收益率也是不断下滑，从 2017 年开始低于行业水平。

表 10-8 永泰能源盈利能力对比分析

简称	年份	潞安环能	西山煤电	永泰能源	晋中能源	行业均值	行业中值
每股收益 EPS-基本(元)	2015	0.03	0.04	0.06	0.1	0.12	0.03
	2016	0.29	0.14	0.06	0.07	0.07	0.08
	2017	0.93	0.50	0.05	0.30	0.32	0.18
	2018 中	0.75	0.48	0	0.17	0.24	0.14
销售毛利率(%)	2015	33.23	32.36	44.37	12.11	24.37	18.12
	2016	37.04	31.45	32.62	21.98	24.17	23.52
	2017	40.80	33.45	28.03	23.60	23.97	25.11
	2018 中	40.04	31.71	24.71	25.46	21.68	27.65
销售净利率(%)	2015	−0.37	1.13	9.13	2.42	2.10	−0.12
	2016	4.99	2.30	5.59	1.12	2.19	3.49
	2017	10.47	6.41	3.87	5.35	4.49	5.20
	2018 中	12.17	7.50	0.59	6.45	5.37	7.43
净资产收益率(%)	2015	0.57	0.88	3.27	1.92	1.88	0.57
	2016	4.75	2.67	3.03	1.31	1.15	2.80
	2017	15.26	9.14	2.51	4.34	5.17	5.62
	2018 中	10.03	8.09	0.13	3.05	4.33	3.85

在前文对永泰能源销售净率和销售毛利率的指标分析中，发现其销售净利率显著低于销售毛利率，说明永泰能源的期间费用一直处于比较高的水平。图 10-2 分析了近年来永泰能源与 58 家煤炭企业的期间费用对比情况。从 2011—2017 年费用占比历史分布情况来看，永泰能源全部年份的期间费用占比水平均高于行业整体的 3/4 分位数水平，其中 2012 年和 2013 年处于历史较低水平，2015 年、2016 年、2017 年永泰能源的期间费用占比分别为 33.0%、28.8%、20.5%，连续三年回落，但仍在 3/4 分位数水平之上。永泰能源的期间费用占收入的比重一直较高，而期间费用中财务费用占了绝大部分的比重，财务费用的增加主要是公司对外股权投资和固定资产投资持续保持较大规模而形成的债务增加所致。公司财务费用率持续保持较高水平，其中 2018 年 1—3 月为 19.77%，同期煤炭行业平均财务费用率仅为 4.40%，公司财务费用规模较大，且财务费用率水平长期远高于行业平均水平，利息费用的负担已经侵蚀了其盈利能力。

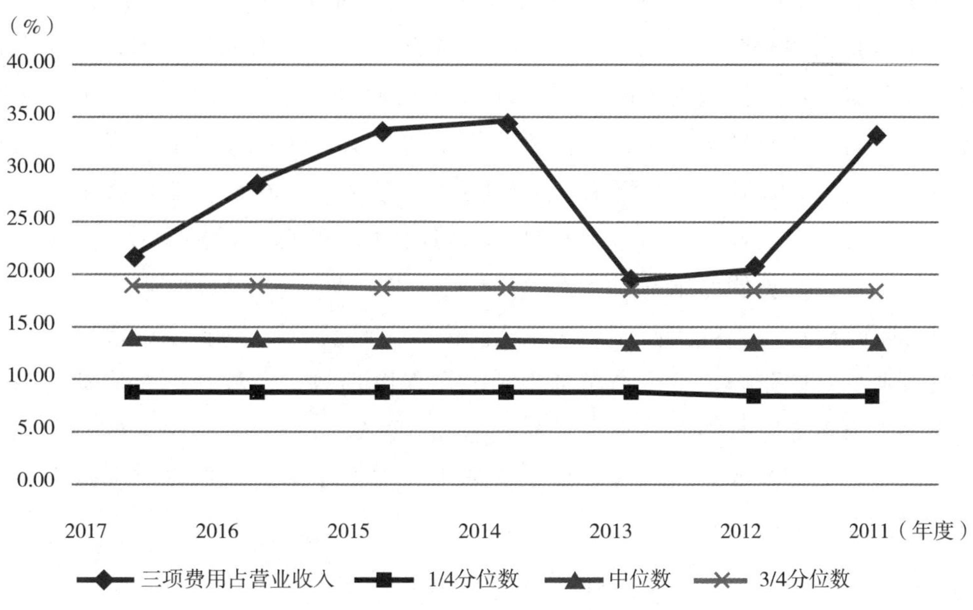

图 10-2　永泰能源历年三费占比与整体煤企三费占比历史分布情况对比

(2)收益质量分析。通过分析企业收益质量，有利于挤干收益中的水分，了解企业的真正获利能力，本案例选取 Choice 数据库里评价收益质量的两个指标，即净收益营运指数和 $\frac{\text{经营活动净收益}}{\text{利润总额}}$(%)来分析永泰能源的收益质量，其中，净收益营运指数=经营活动净收益/净利润。

表 10-9　永泰能源收益质量分析

类别	2018 年三季度	2017 年	2016 年	2015 年	2014 年	2013 年	2012 年	2011 年
利润总额(亿元)	4.21	11.3	11.46	12.94	6.39	9.07	17.03	5.27
净利润(亿元)	0.98	8.67	7.65	9.84	4.84	6.28	11.93	3.33
扣除非经常损益后的净利润(亿元)	−6.21	6.54	−1.94	3.60	1.13	4.13	7.44	2.64
$\frac{\text{经营活动净收益}}{\text{利润总额}}$(%)	−59.33	101.26	16.55	68.30	49.81	91.21	85.43	85.64
净收益营运指数(%)	−1 998.49	108.5	−28.94	59.74	27.92	86.62	75.29	82.06

从表 10-9 可以看出，虽然永泰能源的利润总额和净利润一直显示公司为盈利状态，但是从扣除非经营损益后的净利润来看，公司的实际经营利润很不乐观，2016 年实际经营已亏损 1.94 亿元，至 2018 年第三季度，公司实际已亏损 6.21 亿元。2016 年永泰能源净收益营运指数的比例已下降至−28.94%，$\frac{\text{经营活动净收益}}{\text{利润总额}}$(%)仅为 16.55%，非经营性损益主要是 3.31 亿元的营业外收入(1.21 亿元政府补助和非流动资产处置利得 2.10 亿元)和处置华夏银

行股票取得了6.98亿元的投资收益，说明企业大部分利润依靠非经营性收益而来，2017年净收益营运指数直线回升至101.26%，主要是由石化贸易业务量同比增加、煤炭采选业务产销量增加，以及非经常性损益同比减少所致。2018年永泰能源利润表显示了6.7亿元的投资收益，远高于净利润，导致扣除非经常损益后的净利润仅为−6.21亿元，净收益营运指数已低至−1 998.49%，账面利润大部分靠非经营收益来支撑。非经营收益具有很大不确定性和不可持续性，当公司净收益营运指数很小时，公司收益质量就会很差。

2)流动性不足，偿债能力下降

(1)偿债能力分析。永泰能源债券违约的直接原因是公司偿债能力非常弱，因此可对永泰能源及同行业的对照组企业就资产负债率、利息保障倍数、产权比率、流动比率、速动比率、现金比率6个指标进行横向和纵向的对比分析(见表10-10)。其中，资产负债率、利息保障倍数、产权比率反映的是企业的长期偿债能力，流动比率、速动比率和现金比率则反映了该企业的短期偿债能力。

表10-10　永泰能源偿债能力分析

	年份	潞安环能	西山煤电	晋中能源	永泰能源	行业均值	行业中值
资产负债率(%)	2015	65.30	63.65	50.96	70.32	52.8	60.35
	2016	68.91	64.03	53.83	70.31	51.61	60.92
	2017	69.41	63.37	54.52	73.14	50.96	57.36
	2018中	65.96	61.40	53.23	73.18	51.11	58.93
利息保障倍数	2015	1.24	1.28	1.23	1.44	−0.67	0.60
	2016	2.76	1.71	1.63	1.34	2.27	1.29
	2017	4.61	3.94	3.39	1.31	10.86	0.79
	2018中	4.47	5.60	4.21	1.28	9.40	1.33
产权比率(%)	2015	1.70	1.57	0.96	1.58	1.33	1.52
	2016	2.07	1.60	0.94	1.67	1.27	1.98
	2017	1.88	1.57	0.89	1.91	1.28	1.68
	2018中	1.58	1.44	0.84	1.99	1.31	1.70
流动比率(%)	2015	0.67	0.70	0.97	0.56	0.91	0.74
	2016	0.71	0.64	1.02	0.44	0.83	0.74
	2017	0.91	0.69	1.23	0.51	0.91	0.78
	2018中	0.92	0.78	1.24	0.29	0.87	0.79
速动比率(%)	2015	0.63	0.56	0.90	0.54	0.83	0.67
	2016	0.67	0.50	0.95	0.43	0.76	0.71
	2017	0.88	0.56	1.18	0.50	0.84	0.73
	2018中	0.87	0.63	1.18	0.28	0.86	0.75

续表

	年份	潞安环能	西山煤电	晋中能源	永泰能源	行业均值	行业中值
现金比率(%)	2015	31.86	18.84	30.82	26.60	29.00	53.00
	2016	26.60	16.00	26.93	21.13	26.86	35.00
	2017	39.16	17.26	40.72	18.52	36.19	44.00
	2018中	34.83	29.65	30.61	13.72	31.32	38.00

从长期偿债能力来看，永泰能源的资产负债率长期高于行业水平和对照企业；产权比率也普遍处于较高水平，超出行业均值和中值。而利息保障倍数在对照组企业每年增长的情况下一直保持稳定，说明永泰能源长期偿债压力较大且此种财务压力近年来一直存在。结合永泰能源近年来快速扩张、规模不断扩大的状况，说明永泰能源的长期债务压力尚在偿付能力范围内。从短期偿债能力角度来看，流动比率、速动比率和现金比率从2015年至2018年均下降了2/3左右，三个指标均显著低于行业均值和行业中值，其中，流动比率小于标准数值1，也说明了近年来永泰能源的短期债务能力急速下滑，流动性不足，资金链较为紧张。

下面通过永泰能源与煤炭行业整体58家企业的资产负债率的对比(见图10-3)，分析公司历年来偿债压力陡增的原因。2011—2017年煤炭行业整体58家企业的资产负债率历史分布情况：1/4分位数水平为58.5%，中位数为67.7%，3/4分位数为74.7%。2011—2017年，除了2012年以外，永泰能源的资产负债率均高于整体煤企的中位数水平。结合企业发展分析可知，2011年永泰能源资产负债率处于历史最高水平，主要由于公司在2011年大量收购煤矿，收购资金大量依赖银行借款和信托借款。2011—2013年，公司发行了大量债券用于偿还借款，使负债压力有了明显缓解，资本负债率从80.59%降到了最低点59.8%。2013年永泰能源开始着力于电力板块的发展，开发了页岩气勘探等项目，募集了上百亿元资金用于收购股权以及偿还债务。随着公司多元化发展和经营规模的扩大，永泰能源的资产负债率连续两年呈上升态势并始终保持在70%以上的高水平。2013年资产负债率迅速增加到71.81%，2014年进一步上升到了73.80%，达到次高点。到了2015年，永泰能源已经注意亟须解决的债务问题，为了降低其资产负债率，通过非公开发行股票形式拟筹资近150亿元，计划用其中的40亿元解决公司债务负担，预计可让永泰能源的资产负债率减少到60.34%。截至2015年年底，永泰能源的债务管理初见成效，资产负债率已经下降到了70.96%。2016年和2017年随着公司进一步扩张，资产负债率也持续上升。目前从整体来看，永泰能源的资产负债率远远高于同行业其他企业，偿债能力堪忧，在持续大规模对外投资的前提下，公司偿债所需资金只能通过对外筹资来满足，而一旦公司再融资能力受阻或者不及时，偿债将出现困难。

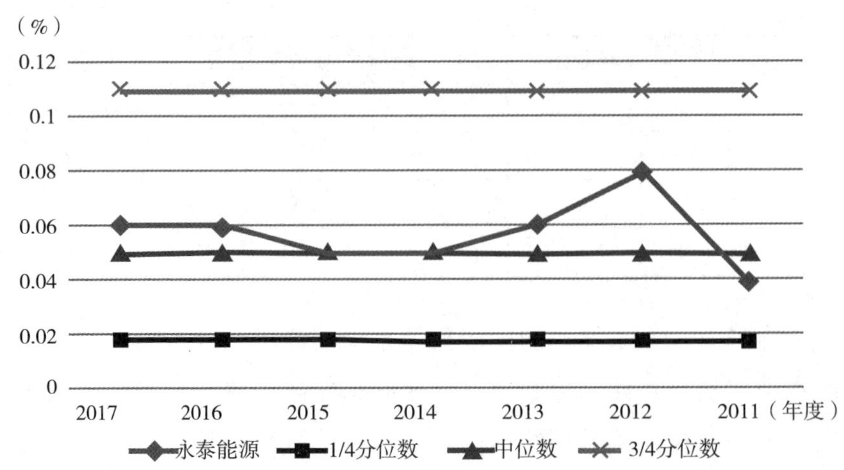

图 10-3 永泰能源历年资产负债率与行业对比分析

(2)资本结构分析。永泰能源资本结构分析见表 10-11。

表 10-11 永泰能源资本结构分析

单位:%

类别	本期(2018 年中期)	上年同期	增长率
流动资产/总资产	11.22	18.81	−40.36
非流动资产/总资产	88.78	81.19	9.35
流动负债/负债合计	52.37	45.95	13.97
非流动负债/负债合计	47.63	54.05	−11.88

永泰能源主要通过对外融资筹集固定资产投资与对外股权投资所需的资金，因此近几年积累了大量债务。从资产结构来看，近两年公司非流动资产占比 80%以上，与公司重资产的属性相适应，但也说明公司资产的变现速度慢，如果出现一些临时性的负面因素，其资产的变现能力就会较差。从公司负债结构来看，公司流动负债与非流动负债基本占比相当，均占 50%左右属于适中水平，其中流动负债主要以短期借款、应付票据、应付账款和一年内到期的非流动负债为主，截至 2018 年 3 月末，公司短期借款为 137.03 亿元，占总负债的比例为 17.52%，流动负债占比过多会加大公司的信用风险。由于公司持续通过举债来满足经营和投资所需的资金，大量借款和债务滚动导致一年内到期的非流动负债持续保持较大规模。截至 2018 年 3 月末，公司一年内到期的非流动负债规模达 173.91 亿元，占总负债的比例为 22.23%，造成公司流动性极其紧张。

3)营运能力不佳，资产运营效率低

企业的营运能力代表着企业经济资源的管理和运用是否有效，企业营运能力强代表企业运用资产赚取利润的能力强。案例分析选取了应收账款周转率、存货周转率和总资产周转率 3 个指标来衡量永泰能源的营运能力。

从 58 家煤企 2011—2017 年应收账款周转率历史分布情况来看(见图 10-4)，1/4 分位数水平为 6.4，中位数为 11.9，3/4 分位数为 23.8。2011—2017 年，永泰能源全部年份的应收账款周转率均低于整体煤企的 1/4 分位数水平。其中 2016 年、2017 年永泰能源的应收账款周转率分别为 2.2、4.3，分别有所抬升，或与永泰能源 2016 年起石化贸易收入显著增加有关，但即使有贸易收入的贡献，永泰能源的应收账款周转率仍明显低于整体煤企的 1/4 分位数。

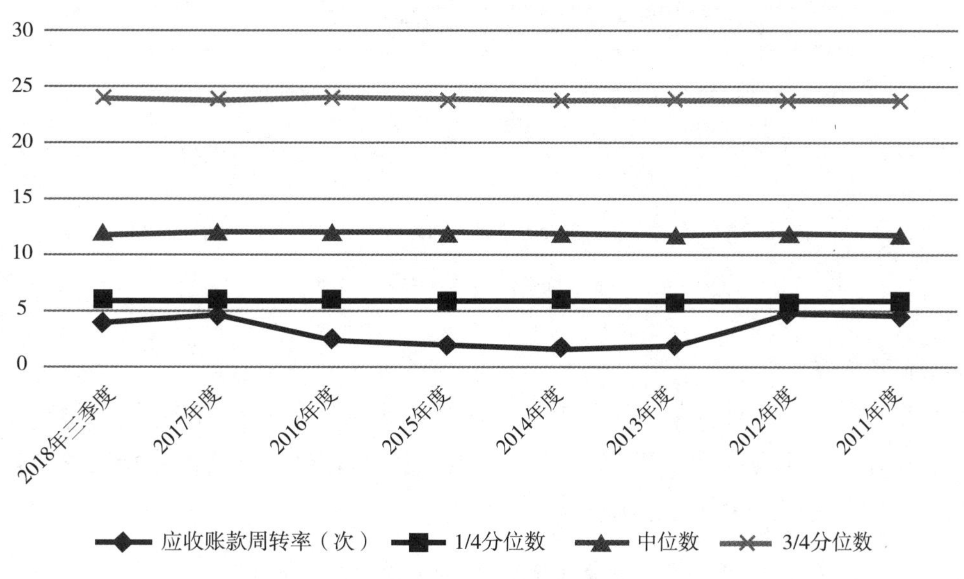

图 10-4　永泰能源历年应收账款周转率与行业对比分析

永泰能源的存货周转率从 2011 年至 2018 年三季度一直高于行业中位数，说明永泰能源的存货运营管理情况较好(见图 10-5)，但其总资产周转率历年来一直低于行业水平，说明其总资产运营效率不高(见图 10-6)。类似永泰能源这样的资产规模短期内快速扩张的企业，在进入新的业务板块时通常不能很快利用起新资产，容易出现无效资产增加，导致总资产周转率下降，给企业造成经营压力的状况。

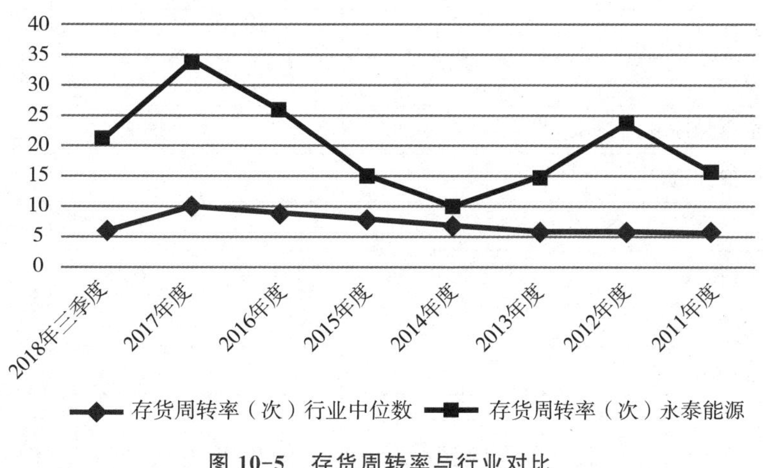

图 10-5　存货周转率与行业对比

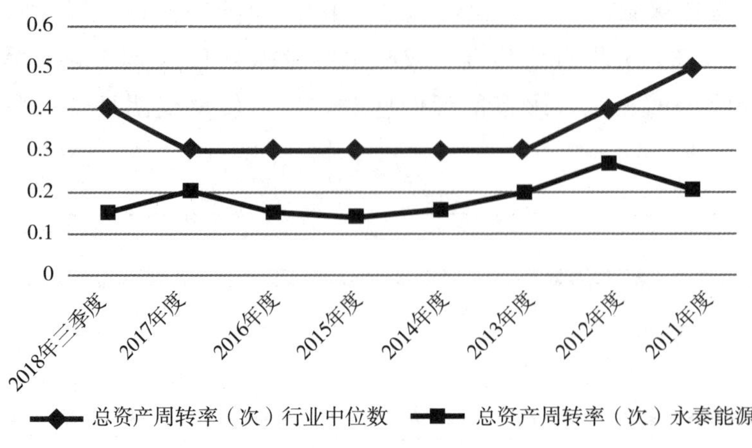

图 10-6 总资产周转率与行业对比

4)现金流量分析

现金流量是企业的血液，在财务分析中“现金流至上”的观念日渐受到推崇，分析企业的现金流能力对违约企业财务状况的反映至关重要。本案例主要从永泰能源 2014—2018 年的现金流量表(见表 10-12)来分析其现金流量情况。

表 10-12 永泰能源 2014—2018 年现金流量简表

类别	2018 年中	2017 年	2016 年	2015 年	2014 年
(一)经营活动产生的现金流量					
经营活动现金流入小计(亿元)	175.60	169.12	78.64	86.86	121.87
经营活动现金流出小计(亿元)	127.98	145.39	67.31	83.63	102.75
经营活动产生的现金流量净额(亿元)	47.62	23.73	11.34	3.24	19.12
(二)投资活动产生的现金流量					
投资活动现金流入小计(亿元)	0.77	0.73	0.67	0.34	0.16
投资活动现金流出小计(亿元)	8.86	7.72	8.71	18.78	42.90
投资活动产生的现金流量净额(亿元)	−8.09	−6.99	−8.04	−18.43	−42.74
(三)筹资活动产生的现金流量					
筹资活动现金流入小计(亿元)	61.37	169.26	112.13	137.43	119.04
偿还债务支付的现金(亿元)	71.34	124.54	98.81	119.09	62.02
筹资活动现金流出小计(亿元)	87.96	142.30	111.87	136.46	87.97
筹资活动产生的现金流量净额(亿元)	−26.59	26.95	0.26	0.97	31.07

2014 年至 2018 年第三季度，公司经营活动产生的现金流量净额整体规模较大，主要原因是公司业务规模增加导致销售商品增多，以及提供劳务收到的现金和收到其他与经营活动有关的现金增加。经营活动产生的现金流量基本处于稳定增长的态势，2015 年前后由于煤炭市场持续走低，经营活动产生的现金流量净额有所降低，但总体影响不大。永泰能源经营活

动稳定，提供了企业主要的现金流来源。同期，公司筹资和投资活动产生的现金流量均表现为大额净流出，其中投资活动现金流量净额不断增加，而筹资活动现金流量金额不断减少。

从投资活动来看，永泰能源历年投资活动产生的现金流量净额均为负值，主要原因是公司为了实现产业转型，不断对外进行固定资产投资。永泰能源投资活动主要在三个领域：一是对能源领域的企业持续收购；二是投资理财产品；三是对非上市金融公司和上市公司的股权收购。从永泰能源的投资明细来看，很大一部分资金花费在了收购资产方面，导致投资活动产生的现金流量净额一直为负。2016 年下半年以来煤炭行业景气度快速回升，煤炭价格大幅上升，此时本应该是公司趁着主业经营“修复”资产负债表的时候，但公司恰恰是在 2016 年对外投资达到最高峰，当年投资活动净流出 130.52 亿元。近年来永泰能源前期投资项目盈利以及公司逐步加快扩张，投资性现金流入及流出同步减少，现金流量净额有所改善。

从筹资活动现金流量来看，公司近年来每年筹资规模均在百亿元，巨额的筹资活动现金流入并没有为公司带来很多筹资净额，筹集到的大量资金用于偿还债务，真正用于主营业务的资金所剩无几，企业偿还债务主要依赖外部融资活动，如果外部融资趋紧，企业很可能就会出现无法偿还债务而违约的情形。

（二）债券违约非财务因素分析

债券违约是多种因素共同作用的结果，不仅仅是公司的经营状况会对债券违约造成影响，宏观经济形势和行业的发展趋势、公司的发展战略与公司治理等非财务因素都会对债券违约产生影响。对永泰能源债券违约的非财务因素将从煤炭行业需求、融资环境、评级制度三个方面展开分析。

1. 行业政策冲击，煤炭企业发展受限

(1)煤炭供给侧结构性改革持续深入。2015 年党中央首次提出“供给侧结构性改革”的概念，提出要调整经济结构，使生产要素实现最优配置，促使经济从高速增长转向高质量发展。2016 年国务院指出，从 2016 年起 3 年内停止对于新建煤矿项目的审批，确需新建煤矿的一律实行减量置换，从 2016 年起退出煤炭产能 5 亿吨左右。从图 10-7 和图 10-8 可以看出，全国煤炭消费量持续下降，单位煤炭价格也震荡下行。行业政策的影响使得煤炭行业发展增速大幅下滑，盈利状况持续恶化，并且面临巨大的库存压力，同时由于过度依赖银行借款，企业的债务负担过重，使得产能过剩行业成了债务违约高发区域。

(2)清洁能源逐步替代。煤炭作为我国当前最主要的能源，在 2007 年占一次能源消费量的比例达 72.5%，而近年来随着一系列环保政策出台，天然气、水电、风电等清洁能源逐渐替代传统能源，由于这些政策的实施，到 2016 年煤炭在一次能源中消费的比例降到了 62%。国家发改委和国家能源局于 2014 年发布《能源发展“十三五”规划》，文件指出，截至 2020 年标准煤消费量降至 51 亿吨以下，原煤消费量降至 41 亿吨以下。“十三五”规划的几年内，把煤炭消费比例降低到 58%以下，将清洁能源消费在一次能源中的消费比例提高到 15%以上，从以上数据可以判断，减少煤炭在一次能源中的消费比重，增加清洁能源的消费比重是

必然趋势。

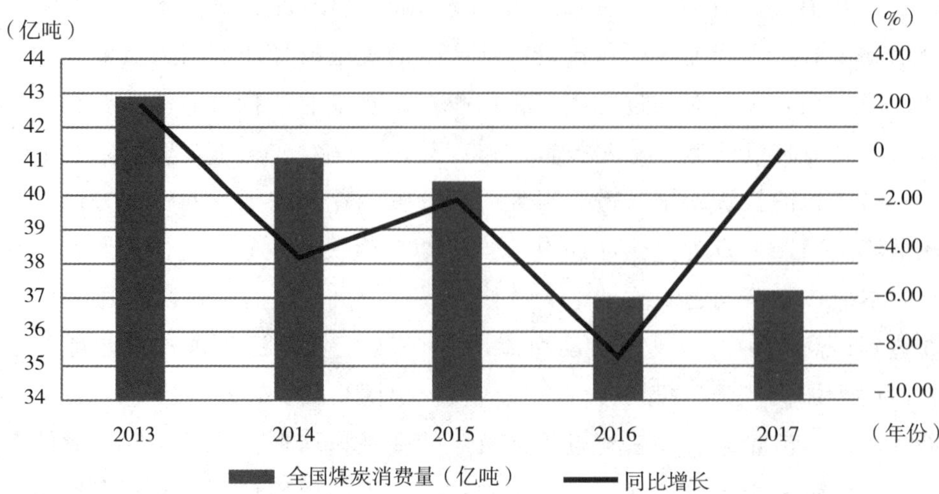

图 10-7 2013—2017 年煤炭行业消费量及增长

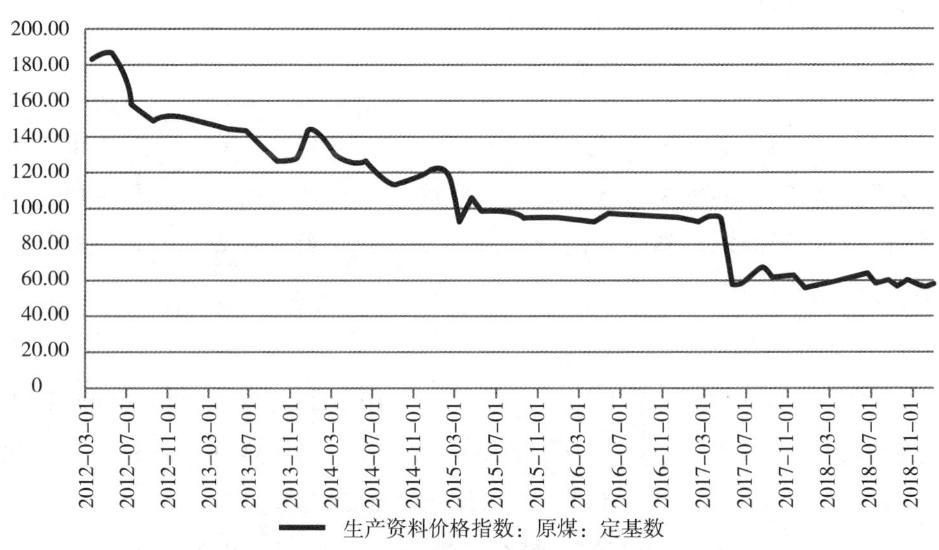

图 10-8 2012 年 3 月 1 日— 2018 年 11 月 1 日煤炭价格变动情况

(3)环保政策进入执行阶段。近几年，环保政策已经由前些年的顶层设计阶段过渡到目前的可操作阶段。2018 年我国又陆续出台多项政策，对高耗能行业提出较高的环保要求。对于新项目的审批流程，环保要求不断严格细化，对于旧煤矿加速关闭的力度持续加强，对正常经营的企业要从政策和法规上给予相关支持，并且可以对环保检查试行“双随机、一公开”的方式，使环保检查能够实现常态化。

2. 融资环境趋紧，民营企业再融资能力下降

企业外源融资方式包括间接融资和直接融资。间接融资包括以银行贷款为主的标准化融资渠道和以信托贷款、委托贷款为主的非标融资渠道。直接融资主要是发行股票和债券。民营企业自身经营稳定性较差，可用于抵押贷款的资产不足，因此相较国企来说，其标准化融资渠道受限程度较大，更依赖非标融资渠道。2017 年以来，在金融严监管、去杠杆政策的作用下，社会融资存量规模同比增速持续下滑，从 2017 年最高的 14.8%骤降至 2018 年 11 月的 9.9%，对企业整体融资形成较大压力。图 10-9 显示了近两年来社会融资规模的变化情况。

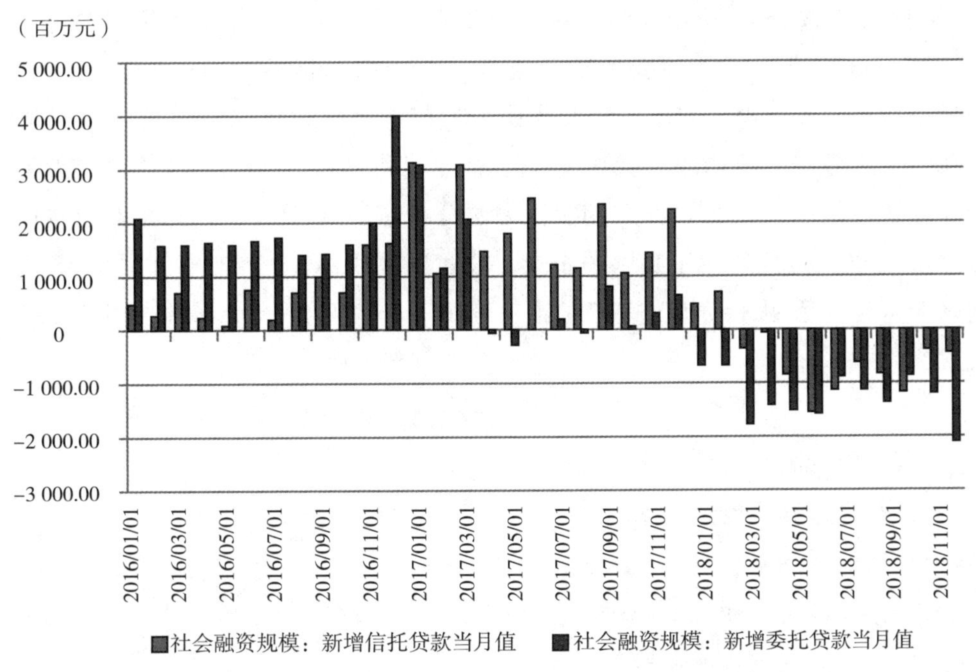

图 10-9　社会融资规模大幅下降

民营企业与国有企业相比，其难以获得银行贷款，高度依赖直接融资。随着债券市场的不断调整，许多企业被迫取消发行，再融资受阻，民营企业的违约事件增多，这反过来又引发了投资者对民营企业债券的谨慎情绪，造成了恶性循环。近年来，国企融资情况有了很大程度上的改善，而民企却不容乐观。从融资规模上看，过去 3 年国企的平均融资规模直线提升，从 2015 年的 7.1 亿元上升到 2017 年的 22.5 亿元，短短 3 年便上升了 216%。而民企却与此相反，从 5.9 亿元下降到 4.6 亿元，下降了 22%。从融资成本看，国企的各项融资成本都低于民营企业，究其原因，根本上是银行更愿意去选择有政府信用的发行人，而民营企业在扩张期大量举债进行多元化投资，导致债务负担过重，同时忽视对于流动性的管理，且对外部融资依赖度过高，银行担心企业的偿债能力不足不敢放贷。在经济下行的情形下，税负沉重，巨量的资金需求与薄弱的经营现金流、短期债务与长期投资的不匹配，导致公司资金链十分脆弱，一旦融资不畅就成了压垮骆驼的最后一根稻草。与此同时，随着《上市公司重大资产重组管理办法》的修订以及 2017 年 2 月颁布的《上市公司非公开发行股票实施细则》的实施，再融资市场上曾经备受欢迎的定增遇冷，2017 年 A 股定增募资同比减半。

3. 评级结果虚高，制度不完善

在我国债券市场不断发展的大背景下，债券信用评级的发展也取得了一定进步，评级制度日渐完善、评级机构数量持续增加、评级主体及债券规模不断上升等。但是，发展的同时也存在很多问题，比如，出现了评级结果虚高、评级方法有待商榷、信用评级跟踪不及时等现象，不仅没有体现出评级机构的评价功能，还会持续影响债市健康发展。本案例采用 Z. Score 模型分析评级机构的评级结果。

1)Z 分数与信用评级对比分析

Z. Score 模型是 Altman 提出的财务风险量化模型，目前广泛用于评级机构衡量企业的财务状况中。Altman 选择了 5 个重要的财务指标，赋予各个指标不同的权重，最终求出一个综合值来反映企业的整体财务状况。经验表明，Z 值的结果也可以在一定程度上预测企业的债券违约风险。段霞(2012)选取了我国 424 家企业，将其按照经营状况分为 ST 和非 ST 两组，分别计算这些企业的 Z 值，并采用实证方法分析了 Z 模型对于我国企业的适用性，研究证明了 Z 模型可以较好地适用于我国的企业。通过计算永泰能源 2013—2017 年五年的 Z 值，并与同期联合资信的信用评级状况进行对比，分析联合资信评级恰当性。对于上市公司，Z 模型的公式为

$$Z=1.21X_1+1.4X_2+3.3X_3+0.6X_4+0.999X_5$$

式中：X_1 为营运资金和总资产比率；

X_2 为留存收益和总资产比率；

X_3 为息税前利润和总资产比率；

X_4 为股东权益市值和总负债比率；

X_5 为销售收入和总资产比率。

Z 值判断标准见表 10-13，永泰能源 2013—2017 年 Z 值结果与评级对比，见表 10-14。

表 10-13　Z 值判断标准

Z 临界值	财务状况	债务违约可能性
$2.99<Z$	健康	财务状况良好，违约可能性较低
$1.8\leqslant Z\leqslant 2.99$	不稳定	财务状况不确定，风险控制不当有违约的可能性
$Z<1.8$	非常差	违约可能性较高

表 10-14　永泰能源 2013—2017 年 Z 值结果与评级对比

类别	2013 年	2014 年	2015 年	2016 年	2017 年
Z 分数	0.42	0.45	0.66	0.52	0.49
Z 值同比增减	−0.45	0.03	0.21	−0.14	−0.02
因素分解：					
营运资本/总资产	−12.70	−14.01	−13.79	−19.43	−17.96
留存收益/总资产	2.88	3.07	2.32	2.24	2.49
息税前利润/总资产	4.55	5.03	4.09	3.93	3.85
当日总市值/负债合计	27.86	40.07	86.72	72.23	53.26

续表

类别	2013 年	2014 年	2015 年	2016 年	2017 年
股东权益合计(含少数)/负债总计	39.24	35.50	42.19	42.23	36.72
营业收入/总资产	20.67	15.18	12.31	13.96	20.88
Z 值结果描述	堪忧	堪忧	堪忧	堪忧	堪忧
联合资信主体信用评级	AAA	AA	AA	AA+	AA+

从 Z 值来看，永泰能源近五年来 Z 值均小于 1.8，公司处于违约可能性较高的区域，但联合资信并没有及时调整永泰能源集团的评级，而是持续给予其 AA 级以上的评级。依据中国人民银行 2006 年发布的指引，银行间债券市场长期债券信用等级从 AAA 到 C 共三等九级，偿债能力从 AAA 到 C 由强到弱，等级 AA 的企业偿还债务的能力很强，违约风险很低。2018 年 6 月 22 日，联合信用评级有限公司发布评级报告，对永泰能源长期信用评级定为 AA+。违约事件爆发当天，这家评级公司才将其长期信用评级下调至 A，第二天再次下调至 CC，评级展望为负面。如此剧烈滑坡式的评级结果一方面使得投资者并未及时关注到投资风险，另一方面反映出我国评级制度存在根本缺陷。

2)评级制度分析

根据相关规定，评级机构的评级结果是企业允许发行债券的前提条件，也是投资者对债券投资首要的判断标准。但是，梳理银行间市场交易商协会历次通报和证监会警示函可以发现，国内评级机构长期存在债券评级虚高、跟踪力度不足、评级报告质量监督和审核不到位、评级模型计算过程缺乏明确规则等问题，持续影响债市稳定发展。下面就我国评级制度弊端进行分析：

(1)债券评级结果虚高。从历年违约情况来看，2014 年和 2015 年债市违约主体主要集中在 AA 一级及以下，2016 年和 2017 年违约主体主要为 AA 级，永泰能源作为首例评级 AA+的企业也在 2018 年发生实质性违约。从发行情况来看，我国发行主体评级处于 AA 级及以上的占总体的 85%，债项评级 AA 级及以上的占总体的 98%。而国外的评级结果则呈现正态分布趋势，区分度很明显。对于国内投资者而言，区分度不高的评级结果无法真正帮助识别并防范信用风险，因而不能成为投资决策的有效依据。

(2)发行人付费模式影响独立性。根据监管要求，我国将信用级别视为债券发行“门槛”，面向投资者公开发行且上市的债券其信用评级应达到 AA 级或以上，客观上导致了发行人“跨门槛”的利益诉求。我国的信用评级机构主要采用发行人付费的模式，通过企业提供信用资料对企业和债券进行评级，依靠企业支付的费用来生存。这种模式极易产生道德风险，导致评级机构向发行人允诺级别或者以级定费等违规现象的产生。

(3)没有约束信用评级的法律体系。债券市场发展 20 多年来，中国人民银行、国家发改委和证监会相继出台了《信用评级业务指导意见》《信贷市场和银行间债券市场信用评级规范》等相关业务规范，此外，国家也认可了 8 家具有债券评级资格的评级公司来专门从事相关的评级业务，但目前尚无统一和完整的信用评级法律。我国有关评级方面的规范如表 10-15 所示，主要还是行政法规和部门规章。

表 10-15　我国评级机构的业务规范

规范	出台单位
《信用评级管理指导意见》	中国人民银行
《信贷市场和银行间债券市场信用评级规范》	
《证券市场资信评级业务管理暂行办法》	证监会

目前评级行业并未对评级业务的指导和监管机构统一区分，行业规范性有待完善。此外，现有的这些业务规范仅能对业务有一个粗略的方向指引，在具体执行过程中对具体业务的针对性不强，导致评级数据的采集与使用、信用评级监测以及评级行业监管等方面缺乏相应的法律依据，评级法律空白亟须填补。

（三）债券违约后果分析

永泰能源作为首例评级为 AA+的债券发生债券违约，究其本源，公司的经营状况并未发生实质性恶化，却由于其违约规模大、情势突发等现象给债券市场、投资者以及公司自身都带来了深远的影响。

1. 触发企业其他债券交叉违约

交叉违约条款是指借款人对除本债务外的其他债务有违约情形，或其他债务被宣告加速到期，则本协议也将视为违约。永泰能源 17CP004 实质性违约，使得公司的多支债券触发交叉违约条款，此次债券违约的影响面预计将会进一步扩大。如表 10-16 所示，永泰能源目前涉及交叉违约的存续债券 20 支，合计金额 206.2 亿元。

表 10-16　交叉违约触发详情

类别	发行日期	到期日期	当前余额（亿元）	特殊条款
18 永泰能源 CP003	2018 年 4 月 25 日	2019 年 4 月 26 日	10	交叉违约
18 永泰能源 MTN001	2018 年 4 月 4 日	2021 年 4 月 5 日	5	交叉违约
18 永泰能源 PPN001	2018 年 3 月 28 日	2021 年 3 月 29 日	1	交叉违约
18 永泰能源 CP002	2018 年 3 月 15 日	2019 年 3 月 16 日	10	交叉违约
18 永泰能源 CP001	2018 年 1 月 18 日	2019 年 1 月 19 日	10	交叉违约
17 永泰能源 PPN003	2017 年 12 月 21 日	2020 年 12 月 22 日	10	交叉违约
17 永泰 01	2017 年 12 月 15 日	2019 年 12 月 16 日	10	交叉违约

续表

类别	发行日期	到期日期	当前余额（亿元）	特殊条款
17 永泰能源 MTN002	2017 年 12 月 5 日	2020 年 12 月 6 日	3	回售选择权 交叉违约
17 永泰能源 MTN001	2017 年 11 月 15 日	2020 年 11 月 16 日	10	交叉违约
17 永泰能源 CP007	2017 年 12 月 13 日	2018 年 12 月 14 日	10	交叉违约
17 永泰能源 CP006	2017 年 10 月 19 日	2018 年 10 月 20 日	10	交叉违约
17 永泰能源 CP005	2017 年 8 月 23 日	2018 年 8 月 24 日	1.8	交叉违约
17 永泰能源 PPN001	2017 年 8 月 17 日	2020 年 8 月 18 日	8	交叉违约
16 永泰 03	2016 年 7 月 6 日	2019 年 7 月 7 日	10	交叉违约
16 永泰 02	2016 年 5 月 18 日	2019 年 5 月 19 日	3.5	交叉违约
16 永泰 01	2016 年 3 月 29 日	2020 年 3 月 30 日	18.5	交叉违约
15 永泰能源 MTN002	2015 年 11 月 26 日	2020 年 11 月 27 日	13.9	交叉违约
15 永泰能源 MTN001	2015 年 10 月 21 日	2020 年 10 月 22 日	14	交叉违约
13 永泰债	2013 年 8 月 6 日	2018 年 8 月 6 日	25.9	交叉违约

2. 股债两市动荡，股东股份遭冻结

在债券违约的当天，永泰能源的股票和债券均暴跌，永泰能源下跌 4.57%，“13 永泰债”“16 永泰 01”和“16 永泰 02”均大幅下挫，其中“16 永泰 02”跌幅高达 22.78%，“16 永泰 02”于当天上午被上海证券交易所停牌。次日，控股股东的股份被冻结，永泰集团持有的 32.41%的永泰能源全部股权也已被冻结，第三日，青岛诺德公司持有的 5.31%股权被冻结。突如其来的违约给股市债市造成了很大的冲击，也导致众多投资者损失惨重。

3. 子公司再融资困难

2018 年 11 月 12 日，据永泰能源子公司华晨电力称，受母公司永泰能源债券违约事件影响，华晨电力发布《关于公司贷款发生逾期情况的公告》，公告内容显示，华晨电力在厦门国际银行厦门分行的 4 800 万美元流动性贷款已逾期。该公司的正常融资功能基本丧失，再融资能力受到严重限制，短期流动性极为紧张，逾期贷款可能对公司的信用报告和未来债务融资产生不利影响。此外，公司采购付款方式等外部经营环境也出现了一些不利因素，严重扰乱了公司的正常生产经营活动。

四、案例思考

1. 从财务与非财务角度分析永泰集团债券违约的因素。
2. 结合永泰能源的财务数据，分析其防范债务违约风险的应有措施。
3. 从企业、评级机构和债券投资者三个方面分析债券违约的背景及应对措施。

案例十一
千山药机并购案中业绩承诺对中小股东利益的影响

一、背景知识

(一) 业绩承诺

业绩承诺是并购重组活动中主并方与被并方签订的一份业绩补偿协议，其存在的意义是期望被并方对其未来一段时间内的盈利能力做出客观预测，并作为向主并方承诺的业绩目标。当被并方无法达到承诺的业绩时，就需依照协议规定对实际盈利数与预期盈利数的差额进行相应补偿。按照不同的补偿方式，业绩承诺分类见表 11-1。

表 11-1　不同补偿方式下的业绩承诺

类型	补偿方式	适用企业
现金补偿	按业绩承诺数与实际利润数的差额全部以现金方式补偿	业绩承诺数额较低，被并方具有充沛的现金流
股份补偿	差额全部以股票方式补偿，具体可分为股份回购和赠送股份	标的资产溢价率高，交易方流动股受限，换股比例较高的企业
现金＋股份混合补偿	差额按现金＋股份补偿，又可分为优先以现金补偿、优先以股份补偿、依照协议规定比例同时进行股份与现金补偿	—

业绩承诺的指标通常是被并方的扣非净利润，承诺期限为自并购完成后的 3～5 年。主并方每年年底须对被并方的相关财务指标进行考核。在此值得关注的是，在实际操作中，主并方在业绩期满后就不再对被并方的经营状况进行评估，这为以后企业的长期发展埋下了隐患，不利于保障主并方及其中小股东的利益。

(二) 信息不对称理论

Balakrishnan 提出在市场经济活动中，利益相关方对信息的了解程度存在差异，充分掌握市场信息的一方比掌握不充分的一方更容易处于主动地位。在并购活动中，主并方与被并方之间拥有的信息量是不对等的，掌握信息多的一方处于有利地位，而信息缺失的一方会相对弱势。为了使自身利益最大化，取得最高的并购溢价，被并方通常会粉饰公司的盈利能力和经营状况，这会让主并方付出更多的交易对价。而业绩承诺是对被并方未来的业绩进行约定，当被并方资产价值被高估且其在承诺期内又未实现所承诺的业绩时，就需对主并方进行补偿，在这个层面上业绩承诺降低了信息不对称的风险，并提高了并购的效率。另外，大股东和中小股东之间也存在着信息不对称。大股东对上市公司享有控制权，在公司经营过程中他们可以对管理者制定政策、可以自由选择并购目标及推进并购重组的节奏，其掌握的信息充分、及时、可靠；而中小股东相对处于劣势地位，仅依靠上市公司披露的信息进行判断，对于公司信息披露不完全的中小股东来说，想要做出正确的判断是比较困难的。

(三)信号传递理论

信号传递理论以信息不对称理论为基础，是指企业会向市场传递对自身有利的信息。在并购活动中，并购双方对标的资产实际情况的了解程度存有差异，被并方对其资产的实际盈利能力、未来发展状况都有更全面的了解，这也极易导致并购定价被扭曲。此时业绩承诺可以看作被并方向主并方传递公司未来业绩较好的信号，体现其对标的资产的盈利能力有相当的信心。主并方也会将其视为考量并购标的的因素之一，进而提升被并方的总体交易价值，加速交易的完成。同时，中小股东为了获得企业承诺收益带来的投资价值和更多的分红，也将受到信号传递的作用而纷纷购买上市公司的股票，股票价格随着市场需求的增加而上涨，所以业绩承诺给并购双方都带来了价值的提升。

(四)大股东掏空理论

占据信息高地的大股东为谋取私利，利用其对上市公司所拥有的控制权优势将公司财产转移。如今法律与监管力度不够完善，大股东掏空手段也是层出不穷，例如，大股东虚假出资，并购交易估值高溢价，关联交易资金占用，大股东减持套现，以上市公司资产抵押为关联方恶意赖资提供担保，恶意稀释中小投资者股权比例等。这不仅会对上市公司的业绩产生负面效应、影响公司长期稳定的经营发展、侵害中小股东利益，而且打击了中小股东的投资信心和热情，更不利于整个资本市场的良序发展。

二、案例资料

(一) 千山药机并购背景

1. 主并方公司介绍

1998 年，刘祥华创办了衡阳市千山制药机械有限公司(以下简称“千山药机”)，2002 年将其更名为湖南千山制药机械股份有限公司。2011 年 5 月千山药机在深交所上市。2012—2016 年，公司大幅扩张，对多家企业进行并购重组，现已有海内外子公司 18 家，涵盖医疗器械、生物制药、医药包材、投资等领域。截至 2015 年 2 月千山药机发布重大资产购买暨关联交易预案之日，千山药机股权控制关系结构如图 11-1 所示。

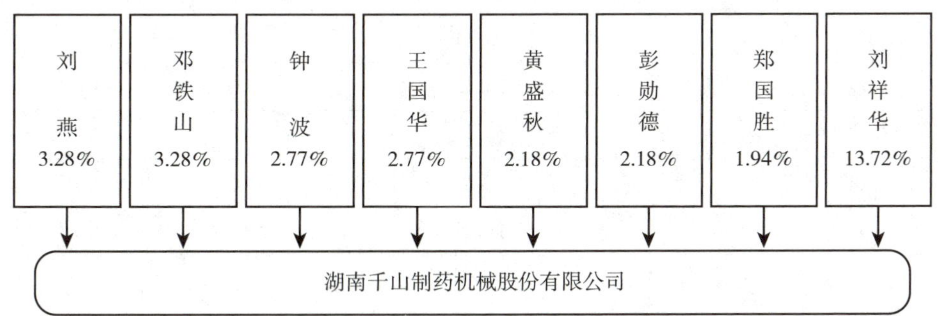

图 11-1　千山药机股权控制关系结构

表 11-2 展示了千山药机在并购乐福地前近 3 年的主要财务指标。由表 11-2 数据可知，千山药机在并购乐福地之前的 2012—2014 年，经营业绩稳步增长，其中 2013 年营业收入较上年增长 26.3%，2014 年增长 28.2%。利润总额由 2013 年 16.88%，的增长率骤增至 2014 年 65.45%，净利润增长率同期也由 18.16%上涨至 2014 年的 58.05%。可见，千山药机在并购前的 3 年内发展稳定，盈利水平有效增长，且在 2014 年增幅明显，体现出千山药机整体发展态势向好。

表 11-2　千山药机并购前 3 年财务指标

项目	2012 年度	2013 年度	2014 年度
营业收入(万元)	36 500	46100	59 100
利润总额(万元)	8 325.45	9 730.76	16 100
净利润(万元)	7 121.71	8 414.80	13 300
基本每股收益(元)	0.40	0.46	0.37

2. 被并方公司介绍

2004 年 7 月，湖南乐福地医药包材科技有限公司(以下简称“乐福地”)注册成立，注册资金 2 125 万元。截至 2015 年与千山药机并购重组前，乐福地主要股权控制关系结构如表 11-3 所示。

表 11-3　乐福地拟出让股权关系结构

姓名/名称	拟出让出资额(万元)	对应出资比例(%)
刘华山	798.1	37.56
新疆海捷康健股权投资企业	375	17.65
周俊丽	300	14.12
汤朝阳	109.37	5.15
张海定	93.75	4.41
黄顺枝	93.75	4.41
张成	67.71	3.19
付娟	62.5	2.94
张伶伶	41.67	1.96
涂文利	31.25	1.47
钟波	15.2	0.72
刘燕	15.2	0.72
邓铁山	15.2	0.72
王国华	15.2	0.72

续表

姓名/名称	拟出让出资额(万元)	对应出资比例(%)
郑国胜	10.12	0.48
彭勋德	10.12	0.48
黄盛秋	10.12	0.48

这里值得关注的是乐福地第一大股东、占有公司37.56%股权、对公司拥有绝对控制权的刘华山，是千山药机董事长、总经理刘祥华的胞弟；同时，乐福地原控制人25名中有7名为千山药机的实际控制人，9名为千山药机持股比例3%左右的股东。表11-4展示了乐福地在并购重组前两年的主要财务数据。

表11-4　乐福地2013—2014年主要财务数据　　单位：万元

项目	2013年12月31日	2014年12月31日
流动资产合计	15 974.04	17 630.13
非流动资产合计	20 584.44	27 449.12
资产总计	36 558.48	45 079.26
流动负债合计	14 698.40	19 851.25
非流动负债合计	3 560.09	5 082.73
负债总计	18 258.49	24 933.98
所有者权益	18 299.98	20 145.28
归属母公司所有者权益合计	18 299.98	17 745.70
营业收入	17 682.38	20 011.07
营业成本	11 694.63	13 511.74
利润总额	2 247.86	2 421.53
净利润	1 822.13	2 064.09
归属母公司所有者的净利润	1 990.81	2 227.26

(二)千山药机并购历程

1. 交易方案

2015年1月20日，千山药机发布公告称其与刘华山等25名乐福地股东签署转让股权协议，拟以55 619万元的交易对价，全额以现金支付的方式购买乐福地100%的股权，收购资金是其银行贷款和自有资金，这为之后千山药机的负债之路埋下了深深的祸根。股权交割后千山药机支付90%的价款，由乐福地股东按各自持股比例分配，若乐福地2015—2017年实现承诺业绩，则千山药机支付剩余10%的价款。千山药机并购乐福地信息披露进程见表11-5。

表 11-5 千山药机并购乐福地信息披露进程

公告时间	公告内容
2014 年 12 月 2 日	千山药机股票临时停牌，公司发布《关于重大资产重组停牌公告》
2015 年 1 月 20 日	千山药机独立董事、监事会通过重大资产购买暨关联交易方案议案
2015 年 2 月 3 日	重大资产购买暨关联交易预案
2015 年 3 月 25 日	乐福地盈利预测审核报告
	《〈关于附条件生效的转让乐福地股权之协议书〉补充协议》
2015 年 4 月 14 日	拟收购乐福地股权评估项目资产评估报告
2015 年 6 月 17 日	公司重大资产购买核查意见，股权转让工商变更登记
2015 年 6 月 30 日	重大资产重组相关方承诺事项
2015 年 8 月 7 日	乐福地资产交割过渡期损益专项审计报告
2015 年 8 月 27 日	为乐福地提供 3 000 万担保的公告
	独立董事关于公司为全资子公司提供担保的独立意见
2016 年 3 月 16 日	2015 年年度报告，2015 年年度审计报告
2016 年 3 月 28 日	公司盈利预测实现情况的专项审核报告
2016 年 5 月 14 日	股东股权解除质押及进行股票质押式回购交易
2016 年 10 月 29 日	为乐福地提供 2 500 万担保
2017 年 2 月 22 日	为乐福地提供 6 300 万担保
2017 年 3 月 22 日	关于子公司对外投资
2017 年 4 月 19 日	公司盈利预测实现情况的专项审核报告 乐福地 2016 年度业绩承诺实现情况的说明暨致歉公告 东海证券关于公司重大资产重组业绩承诺实现情况的说明及致歉 瑞华会计师事务所关于乐福地未实现 2016 年盈利预测说明及道歉 中瑞国际资产评估关于乐福地未实现 2016 年盈利预测说明及道歉 2016 年年度报告，审计报告 公司控股股东及其他关联方资金占用情况汇总表的专项审核报告
2017 年 5 月 18 日	收到业绩承诺补偿款
2017 年 10 月 26 日	为乐福地提供 2 500 万担保
2017 年 12 月 25 日	重大事项停牌
2018 年 1 月 18 日	实际控制人终止股权转让暨公司股票复牌 收到中国证券监督管理委员会调查通知书
2018 年 1 月 20 日	公司大股东质押股票跌破平仓线 公司及子公司部分银行账号被冻结
2018 年 3 月 8 日	乐福地股权被冻结
2018 年 5 月 9 日	公司违反规定程序对外担保等事宜的风险提示性公告
2018 年 6 月 1 日	公司关联方非经营性资金占用情况的公告

续表

公告时间	公告内容
2018 年 6 月 7 日	2017 年度报告，2017 年无法表示意见的审计报告 未实现业绩承诺及计提减值准备并致歉声明的公告 商誉减值专项审核报告 中瑞世联资产评估关于乐福地未实现 2017 年盈利预测说明及道歉 东海证券关于公司重大资产重组业绩承诺实现情况的核查意见
2018 年 7 月 7 日	业绩补偿承诺实施情况的公告
2018 年 10 月 30 日	业绩补偿款回收重大风险提示性公告
2018 年 12 月 19 日	乐福地业绩补偿款回收进展公告
2018 年 12 月 26 日	对千山药机实际控制人钟波、彭勋德、黄盛秋通报批评处分的决定
2019 年 4 月 17 日	权益变动报告书
2019 年 4 月 26 日	2018 年年报，无法表示意见的审计报告
	公司非经营性资金占用及其他关联资金往来的专项审核报告
	公司股票停牌的公告
	计提资产减值损失的公告
2019 年 10 月 8 日	对刘华山、刘祥华、新疆海捷康健股权投资合伙企业(有限合伙)、周俊丽给予纪律处分的决定

2. 业绩承诺情况

千山药机与刘华山等 25 名乐福地股东就此次并购重组签署了《盈利预测补偿协议》，约定乐福地 2015 年经审计并扣除非经常损益后，归属于母公司股东的净利润不低于 3 800 万元，2016 年不低于 5 000 万元，2017 年不低于 6 000 万元。在承诺期内任意一年未达到当年的承诺净利润数额的，乐福地所有股东按各自持股比例以现金方式进行补偿。刘华山作为乐福地的控股股东，为其他股东提供不可撤销连带责任保证担保。

3. 补偿安排情况

千山药机对乐福地在 2015—2017 年实现净利润的情况将在年报里专门披露，并聘请外部审核机构对上述披露内容出具专门的审核报告。若乐福地在承诺期内任意一年未达到当年的承诺净利润数额，则刘华山等 25 名股东将以现金方式对千山药机进行补偿。每年应补偿现金金额＝(截至当期期末累积预测净利润数－截至当期期末累积实际净利润数)×标的资产交易价格÷补偿期限内各年的预测净利润数总和－已补偿现金金额，具体按乐福地各股东持股比例进行分摊(参照表 11-3)。

(三) 业绩承诺完成情况

乐福地业绩承诺及履行情况如表 11-6 和图 11-2 所示。

2015 年乐福地的扣非净利润为 3 915.84 万元，当年业绩承诺实现比例为 105.05%，完成对千山药机 2015 年度的业绩承诺金额。

2016 年乐福地的扣非净利润为 441.12 万元，业绩承诺实现比例为 8.82%，远低于承诺数的 5 000 万元。

2017 年乐福地的扣非净利润为－2 593.04 万元，业绩承诺实现比例为－43.22%，未完成对千山药机当年 6 000 万元的业绩承诺。可见，乐福地 2016 年及 2017 年业绩承诺都未达标，且三年合计实现业绩承诺只占了承诺总数的 11.92%。

表 11-6　乐福地业绩承诺及履行情况

指标	2015 年	2016 年	2017 年	三年合计
承诺净利润数(扣除非经常性损益)(万元)	3 800	5 000	6 000	14 800
实际净利润数(扣除非经常性损益)(万元)	3 915.84	441.12	－2 593.04	1 763.92
完成率(%)	103.05	8.82	－43.22	11.92
应补偿金额(万元)	0	16 697.12	32 293.00	48 990.12
实收金额(万元)	0	16 697.12	2 154.51	18 851.63

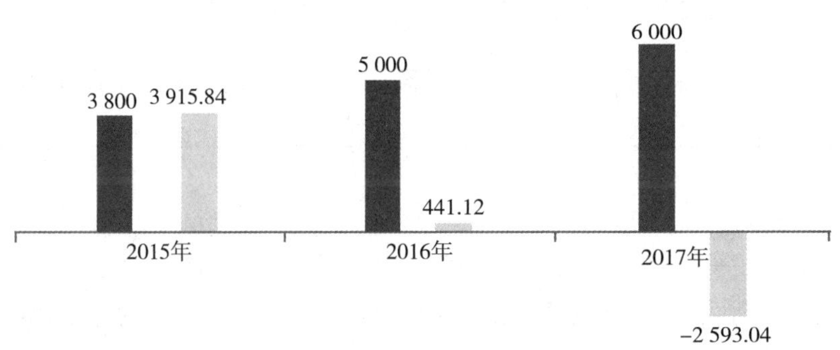

图 11-2　乐福地业绩承诺及履行情况

由表 11-6 及图 11-2 可知，乐福地在 2016 年及 2017 年内连续业绩承诺均未完成，仅在承诺期第一年勉强完成业绩，第二年较第一年利润开始呈现大幅下降的趋势，在 2016 年完成率仅有 8.82%，到第三年甚至处于巨亏状态，与之前承诺须要完成的 6 000 万元业绩数背道而驰，渐行渐远。三年内净利润从 3 915.84 万元下滑到－2 593.04 万元，形成 6 508.88 万元的差值，由盈利到巨亏的状况反差强烈，说明此次业绩承诺过高，超过了乐福地的实际盈利能力，导致最后的业绩承诺完成率很差。

(四) 业绩承诺追偿情况

通过梳理乐福地业绩承诺期间的完成情况可知，仅 2015 年实现了当年的业绩承诺，而 2016 年实现的业绩低于做出的承诺数，甚至在 2017 年出现实际净利润为负，由此触发了业绩补偿协议，按照协议需向千山药机进行利润补偿。具体补偿情况如下：

2016 年因乐福地扣非净利润为 441.12 万元，低于业绩承诺数 4 558.88 万元。根据相关协议的约定，应向千山药机补偿现金为

(8 800.00 万元－4 356.96 万元)×5 5619.00 万元÷14 800.00 万元－0＝16 697.12 万元

该补偿已在合同约定期限内缴付至千山药机公司账户。

2017 年经瑞华会计师事务所审定的扣非净利润为－2 593.04 万元，与业绩承诺相差－8 593.04 万元。则乐福地应补偿现金为

(14 800.00 万元－1 763.92 万元)×55 619.00 万元÷14 800.00 万元－16 697.12 万元＝32 293.00 万元

因 2017 年 5 月 17 日刘华山出具《承诺函》，承诺若乐福地 2017 年度经审计的扣非净利润未达到 6 000 万元，千山药机依照业绩承诺补偿协议的要求，在由乐福地进行利润补偿的基础上，刘华山还将先行向千山药机追加支付该利润补偿金额 20%的补偿款，事后刘华山再按照乐福地原股权结构向其他交易方追偿，金额为

32 293.00 万元×20%＝6 458.60 万元

综上所述，乐福地原股东 2017 年应向千山药机支付利润补偿总计为

32 293.00 万元＋6 458.60 万元＝38 751.60 万元≈3.88 亿元

截至 2018 年年末仅补偿了 2 154.51 万元，偿付比例仅占 5.55%，仅是千山药机损失的冰山一角。

三、案例分析

(一) 业绩承诺中影响中小股东利益的行为

1. 高溢价的资产评估

并购重组中交易对价是业绩承诺的关键要素，业绩承诺数越高，标的估值溢价率就越高，后期业绩承诺不达标的可能性也随之提高，势必影响上市公司业绩，造成公司股价下跌，而这些都直接影响中小股东的利益。

千山药机对乐福地进行资产评估的基准日确定为 2014 年 12 月 31 日，当日乐福地资产的账面价值为 36 518.48 万元，负债为 18 223.95 万元，净资产为 18 294.53 万元。基于资产基础法评估后，净资产增值 7 022.57 万元，增值率为 38.39%。具体评估结果如表 11-7 所示。

表 11-7　基于资产基础法对乐福地进行评估的结果汇总

项目	账面价值（万元）	评估价值（万元）	增减值（万元）	增值率(%)
流动资产	15 711.51	15 982.86	271.35	1.73
非流动资产	20 806.97	27 471.24	6664.27	32.03
资产总计	36 518.48	43 454.10	6935.62	18.99
流动负债	14 663.86	14 631.60	－32.26	－0.22
非流动负债	3 560.09	3 505.40	－54.69	－1.54
负债总计	18 223.95	18 137.00	－86.95	－0.48

续表

项目	账面价值（万元）	评估价值（万元）	增减值（万元）	增值率(%)
净资产	18 294.53	25 317.10	7 022.57	38.39

收益法计算的乐福地资产价值受诸多因素影响，且在并购双方信息不对称的情况下，评估机构的预测严重依赖被并方提供的信息，而这在很大程度上决定了收益法的资产评估结果。所以，被并方为取得更高的并购价格，更倾向于乐观估计企业的经营状况，继而提出较高的业绩承诺。最终乐福地在收益法下净资产评估值为 55 619 万元，与评估基准日的账面价值 18 294.53 万元相比增值了 37 324.47 万元，增值率高达 204.02%。中瑞国际在资产评估报告中未曾结合乐福地自身的情况具体分析其是否适合收益法，仅仅罗列了资产基础法、市场法、收益法的定义和计算公式，简单地说明其最终选用收益法作为资产评估的结果，在计算过程中也没有披露所用的每年预测金额、预测依据、折现率及其选取标准等。

此外，乐福地近几年净利润最高只有 2 421.53 万元，却提出三年内 3 800 万元、5 000 万元和 6 000 万元的预计业绩，其超过自身经营发展条件的高业绩承诺是此次并购评估高溢价的主要原因。这样的高业绩承诺不仅提高了被并方的资产估值，为乐福地带来巨大的现金收益，还向二级市场中小股东释放出一种对标的资产前景看好的信号，进而刺激公司股价，主并方大股东通过股价提高获得的收益以弥补付出的高溢价，甚至还可能为其带来更多的收益，这也是千山药机接受乐福地高溢价的原因之一。另一个层面，高交易对价必然引导被并方做出高业绩承诺，这也能为主并方提供一定的获利保障。

2. 大额计提商誉减值

由图 11-3 可以看出，乐福地的业绩承诺实现情况在后两年是非常差的，2016 年完成率仅有 8.82%，2017 年的实际利润甚至出现了负值。可见当时对乐福地的评估结果并不准确，确认的商誉过高，这在之后其未完成业绩承诺时，千山药机会产生大额的商誉减值，最终导致公司业绩下滑，二级市场上的中小股东也会对乐福地未来发展的前景产生怀疑，这势必影响千山药机股价的下跌，从而导致中小股东的利益受损。

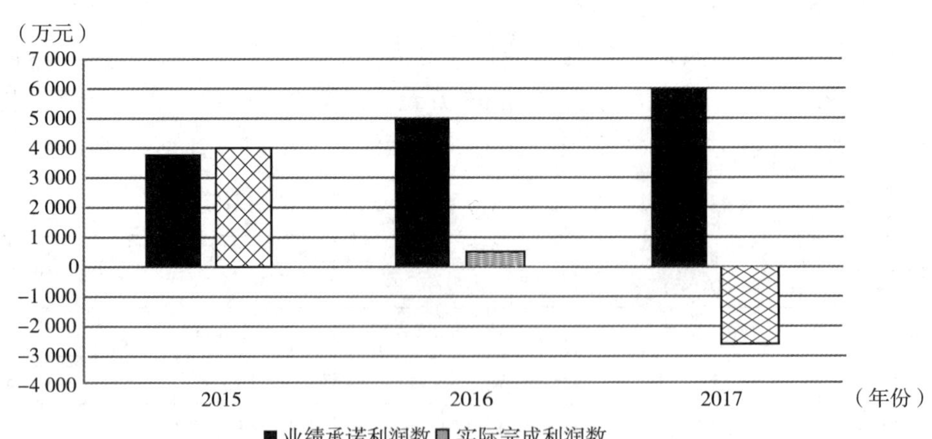

图 11-3　乐福地业绩实现情况

在业绩期满后，由于乐福地业绩大滑坡，从 2015 年 3 915.84 万元的实际净利润跌至 2017

年的－2593.04 万元损失，千山药机对其进行商誉减值测试后，计提了 313 879 234.31 元的商誉减值。这种减值对千山药机的利润影响巨大。计提了商誉减值准备后，直接导致千山药机经营业绩由正变负，盈利能力和经营状况恶化，影响了中小股东的切身利益。

总而言之，被并方利用高估值高溢价来掩盖其实际的经营状况，这样的高溢价并购会产生高额的商誉，在被并企业经营情况恶化时，上市公司会因此计提大额商誉减值准备，导致公司业绩由正变负，随之而来的就是上市公司利润下跌，继而在二级市场上股价受创，公司甚至可能会进入“利润减少、业绩下滑及股价下跌”的恶性循环，这严重侵害了中小股东的利益。

3. 大股东掏空上市公司

1)为乐福地及大股东违规担保

乐福地于 2015 年 8 月 27 日、2016 年 10 月 29 日、2017 年 2 月 22 日、2017 年 10 月 26 日及 2018 年 5 月 9 日，向中国光大银行衡阳石鼓支行、上海浦东发展银行衡阳分行及深圳市融易达投资管理有限公司分别申请了 8 000 万元、6 300 万元及 5 000 万元的贷款授信，全部都由千山药机为其提供担保。担保责任包括对主债权的本息、违约金、赔偿金及应付费用。

截至 2018 年 5 月，千山药机为公司第一大股东、实际控制人刘祥华共设定 9 500 万元的连带担保责任，担保责任包括对主债权的本金、违约金及应付费用。同时，千山药机为刘祥华的胞弟刘华山(乐福地的第一大股东、实际控制人)共设定 9 800 万元连带担保责任，担保责任包括对主债权的本金、利息、违约金、赔偿金及应付费用。

上述担保事项，尤其是对刘祥华及刘华山的担保，千山药机未履行审批程序及信息披露义务，这是对二级市场上中小股东利益极其不负责的表现，更是进一步加深了对中小股东利益的侵蚀。

2)关联方非经营性占用上市公司资金

关联方非经营性资金占用情况见表 11-8。

表 11-8　关联方非经营性资金占用情况　　单位：万元

项目	关联方名称	关联关系	往来资金余额	往来形成原因
其他应收款	刘华山	公司第一大股东、控制实际人、董事长、总经理的胞弟	92 710.38	资金往来

千山药机 2019 年 4 月发布的年报显示，2018 年公司实现营业收入 2.01 亿元，同比 2017 年下降近 34.78%，净利润亏损约 24.66 亿元，同比上年的净利润下降超过 660%，连续两年亏损。千山药机出现巨额亏损的主要原因在于资产减值损失、预计负债、财务费用大幅增加，深究原因主要是被关联方刘华山掏空。从千山药机的资产减值来看，2018 年千山药机对可能发生减值的应收款项、存货、长期股权投资、固定资产、无形资产及商誉等合计计提了近 18.35 亿元的减值准备，坏账减值高达 16.96 亿元，其中其他应收款计提额度约 13.24 亿元，主要包括关联方刘华山占用的 9.27 亿元资金。2018 年千山药机计提资产减值情况见表 11-9。

表 11-9　2018 年千山药机计提资产减值情况　　单位：元

项目	期初数	本期增加计提数
坏账准备——应收账款	400 749 749.27	366 768 985.23
坏账准备——其他应收款	19 137 107.05	1 324 293 392.83
坏账准备——预付状况	—	4 394 200.74

对于坏账准备中的应收账款，因为 2017 年乐福地业绩承诺未达标，需对千山药机进行总金额为 387 516 045.6 元的补偿，截至 2018 年年末，千山药机收回 2 154.51 万元的业绩补偿款，而剩余近 3.66 亿元的业绩补偿款，因没有财产保障，千山药机以账龄已达一年、预计未来很可能无法收回的理由做出全额计提资产减值。对于坏账准备中的其他应收款，千山药机 2018 年年报显示，截至 2017 年年底刘华山占用千山药机的资金中借款约为 9.27 亿元、代付担保款约 7 560 万元，而千山药机在 2018 年之前的 10 年里累计净利润仅有 2 亿元左右，由此可见刘华山对千山药机的资金占用量之大。那么，刘华山拿着占用的千山药机资金用于何处呢，其中一项竟是用来垫付 2016 年乐福地的业绩补偿款 1.66 亿元，拿着从千山药机处借来的资金偿还对其应尽的补偿义务，由此，刘华山对千山药机的掏空行为是显而易见的。而在这之后，千山药机同样以账龄已达一年、预计未来很可能无法收回而对刘华山占用的资金做出全额计提减值。

可以说刘华山是掏空千山药机的主力，他不仅通过高溢价出售乐福地直接从上市公司获利，而且拖欠 2017 年的业绩补偿款，甚至还为满足自身利益需求，为他人提供借款投资而占用千山药机大额资金，让千山药机为其提供违规担保，最后千山药机却通过计提减值的方式自己消解其中损失，置中小股东的权益于不顾。同时，对于此次千山药机的资产计提，审计机构也无法认可，其无法取得千山药机提供的除按账龄计提之外充分适当的证据，故表示无法出示审计意见。

3）大股东股权质押

有关公告显示，2018 年 1 月 22 日公司第一大股东、实际控制人刘祥华质押给国泰君安的总计 4 980.80 万股股票全部已跌破平仓线，实际控制人邓铁山质押给国泰君安的 943.57 万股已跌破平仓线，实际控制黄盛秋共质押了 6 966.65 万股公司股票，包括质押给国泰君安的 11.83 万股股票均已跌破平仓线。截至 2018 年 1 月千山药机大股东股权质押情况见表 11-10。

表 11-10　截至 2018 年 1 月千山药机大股东股权质押情况

股东	持有公司股票（万股）	持有数占公司总股本的比重（%）	总质押数（万股）	质押数占公司总股本的比重（%）
刘祥华	5 160.03	14.28	4 980.80	13.78
邓铁山	1 185.60	3.28	943.57	2.61
黄盛秋	789.36	2.18	696.65	1.93

2017 年 11 月 24 日及 12 月 6 日，刘祥华曾将 340 万股和 129 万股千山药机股票补充质押给国泰君安。截至 2018 年 1 月，刘祥华所质押的股票占其持有的公司股票比例达 96.5%。

这次刘祥华、邓铁山和黄盛秋质押的公司股票均跌破平仓线，必然会对千山药机的经营产生一定影响，且千山药机股票可能出现很大的卖盘，短期内股价大跌，对中小股东产生不可逆转的影响。本案例认为千山药机大股东质押套现的主要目的是最大限度减少业绩承诺未兑现时面临的损失，拥有实际控制权的大股东通过将大量股票质押来获得流动资金以提前规避风险，旨在使自身利益得到较好的保障，完全无视中小股东的利益。

（二）业绩承诺对中小股东利益的影响

本案例从业绩承诺的影响入手，研究估值过高致使业绩承诺不能达标后公司内部财务状况以及二级市场对公司的股价反应，分析业绩承诺对中小股东利益的影响。为研究业绩承诺高估值溢价的乐福地在并购完成后，对千山药机的经营状况及中小股东利益影响的情况，我们截取了 2014—2018 年千山药机的相关财务指标，即通过千山药机重组前(2014 年)、承诺期(2015—2017 年)及承诺后(2018 年)的盈利能力、成长能力、偿债能力的变化情况，探究乐福地的估值溢价、业绩失诺对千山药机财务的影响，继而研究业绩承诺对中小股东利益的影响，尤其是业绩承诺未达标时业绩补偿协议是否能真正保护中小股东的利益。

1. 财务绩效对中小股东利益的影响

1)盈利能力下降对中小股东利益的影响

如图 11-4 所示，从主营业务利润率来看，并购前(2014—2015 年)较平稳，没有大的升降，但是 2016 年后至业绩承诺期结束，千山药机的下滑趋势就很明了，此次并购乐福地并没有如公告中所言，形成一体化结构、减少医药包装材料成本，提高企业利润。与此同时，总资产净利润率水平在 2016 年开始下降，2017 年以后降势越发明显，说明前期的承诺溢价导致后期高额业绩承诺未能兑现，最终影响了公司的盈利能力。

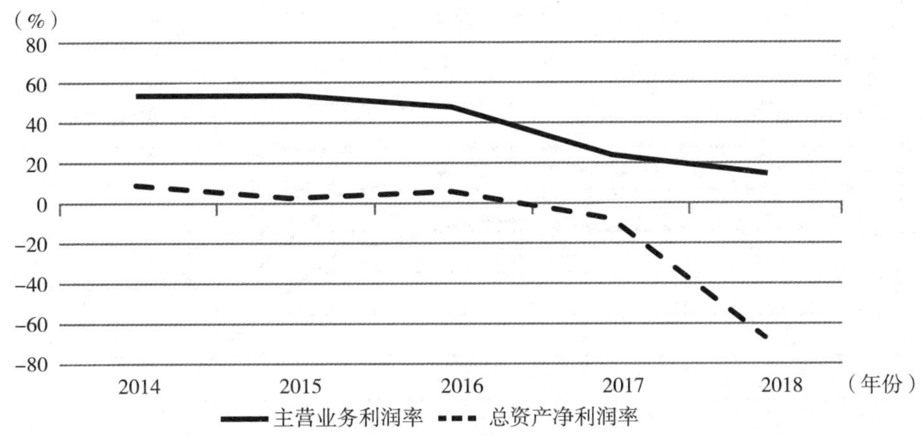

图 11-4　2014—2018 年千山药机主营业务利润率及总资产净利润率

如图 11-5 所示，从千山药机的净资产收益率来看，并购后期(2016—2017 年)净资产收益率有下滑趋势，直至失诺后的 2018 年，净资产收益率暴跌至－438.76%。这说明高额业绩承诺未能兑现后严重影响了公司长期的盈利能力，业绩承诺并不能对公司的盈利能力起到长效的激励作用，至此中小股东不得不承受被并方业绩失诺、盈利能力下滑、股价下跌的沉重打击，其利益也受到重创。2014—2018年千山药机盈利能力指标见表11-11。

表11-11 2014—2018年千山药机盈利能力指标

财务指标	2014年	2015年	2016年	2017年	2018年
主营业务利润率(%)	55.02	53.94	48.32	23.14	14.81
总资产净利润率(%)	9.08	2.77	5.72	−8.19	−69.03
净资产收益率(%)	14.74	6.17	18.88	−38.52	−438.76
每股收益(元)	0.73	0.17	0.57	−0.9	−6.82
每股净资产(元)	5.26	2.68	3.3	1.86	−4.97

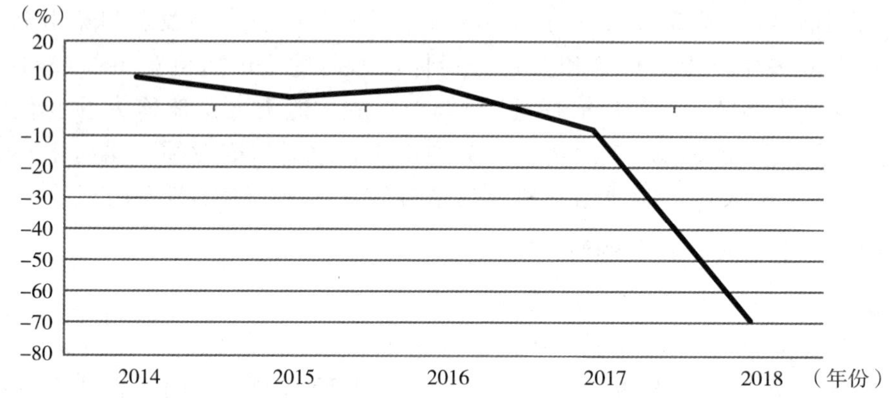

图11-5 2014—2018年千山药机净资产收益率

从图11-6中的每股收益及每股净资产来看，千山药机在并购前(2014—2015年)就有所下降，但是自2016年之后双双再次下跌，每股收益最低时只有−6.82元，比承诺期第二年(2016年)下降了7.39元，下降比例竟高达1 296.50%。

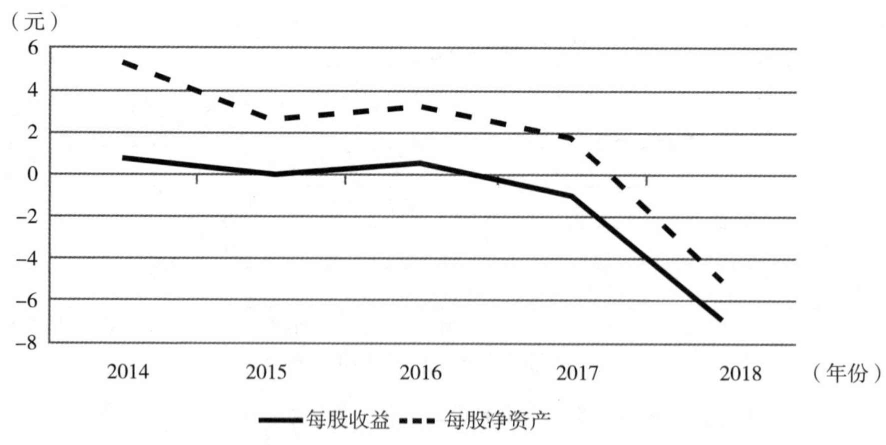

图11-6 2014—2018年千山药机每股收益及每股净资产

总体而言，在业绩承诺期，千山药机的主营业务利润率、总资产利润率和净资产收益率纷纷下降，从而导致公司的每股收益下降，股东持有股份的获利能力降低，公司风险加大。

在后期业绩承诺不能达标时，公司计提高额商誉减值准备，加剧了利润的下跌，更是直接影响到了中小股东的利益。

2)成长能力不足对中小股东利益的影响

2014—2018年千山药机成长能力指标见表11-12。

表11-12　2014—2018年千山药机成长能力指标

成长能力指标	2014年	2015年	2016年	2017年	2018年
主营业务收入(万元)	59 135	54 588	76 407	30 792	20 083
主营业务收入增长率(%)	28.41	−7.70	39.97	−59.70	−34.78
净利润(万元)	13 452	5977	20579	−32409	−246 596
净利润增长率(%)	58.97	−55.57	244.30	−675.79	−660.89
总资产(万元)	170 506	287 030	409 167	468 184	254 857
总资产增长率(%)	38.91	68.34	42.55	7.97	−45.56

从图11-7和图11-8可知，自并购重组乐福地完成后的第二年(2016年)始，千山药机的主营业务收入增长率和净利润增长率都在下降，其中最为显著的就是净利润增长率，从2016年的244.3%直降到2017年的−675.79%，下跌超过920%，承诺期之后的2018年净利润增长率仍停留在−660%，难回以前的利润水平。

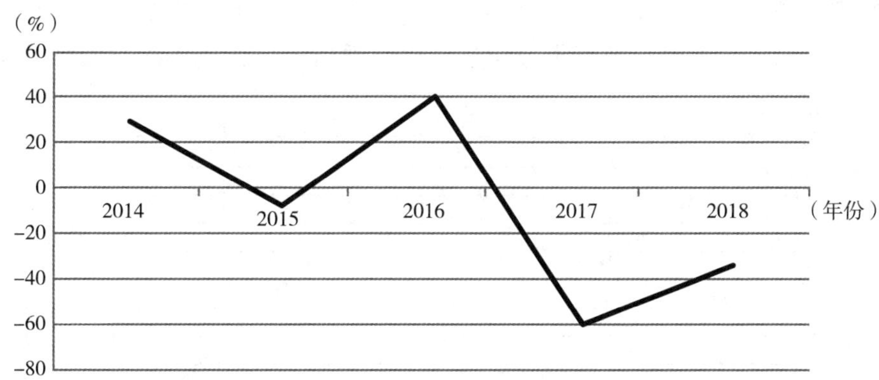

图11-7　2014—2018年千山药机主营业务收入增长率

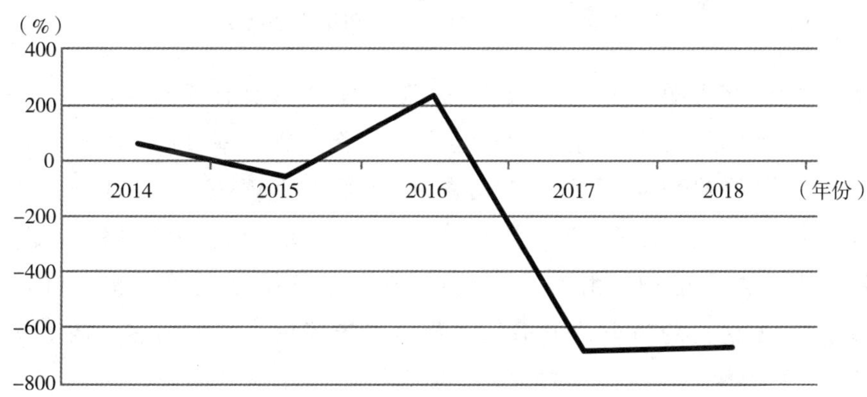

图11-8　2014—2018年千山药机成长能力指标

总而言之，企业的价值最终还是要回归于经营业绩，当并购重组发生时，高溢价的业绩承诺是对企业未来业绩的一种预期和肯定，企业的经营业绩达不到承诺的水平会影响企业各项财务指标和经营状况。业绩承诺仅仅是一种事后保护机制，起到事后补救的作用，这种保护机制在业绩承诺未达标时对中小股东利益的保护作用非常小。股价要依靠企业真实的价值，需要依靠企业未来持续的盈利能力，而偏离实际价值的业绩承诺最终会对中小股东的利益造成很大伤害。

3)偿债能力下降对中小股东利益的影响

2014—2018 年千山药机偿债能力指标见表 11-13。

表 11-13　2014—2018 年千山药机偿债能力指标　　单位：%

指标	2014 年	2015 年	2016 年	2017 年	2018 年
流动比率	1.75	1.09	1.45	1.18	0.28
资产负债率	42.59	63.31	68.37	83.92	168.53

如图 11-9 所示，千山药机的流动比率变化较大，在并购前的 2014 年最高，之后由于 2015 年以 5.56 亿元的现金支付方式并购乐福地，流动比率迅速下降，由 1.75 降至 1.09，短期偿债能力呈现下滑趋势。2015—2016 年，流动比率虽有回升，但是 2016 年后一直下降，从 1.45%到 2018 年的 0.28%，降幅十分明显，可以看出千山药机无法再回到并购前的状态。

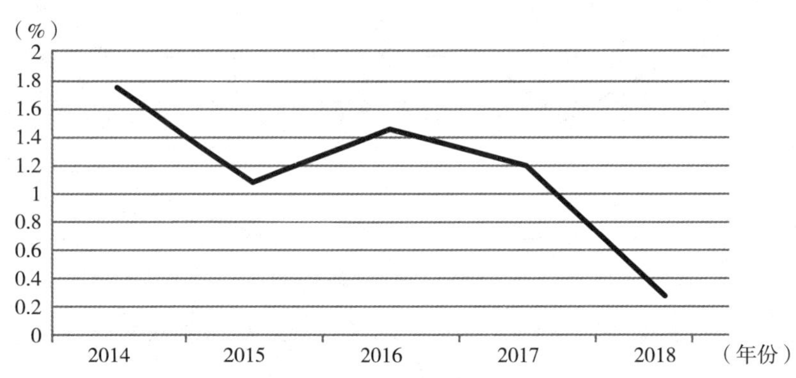

图 11-9　2014—2018 年千山药机流动比率

资产负债率对于中小股东来说是越低越好，但对于企业所有者而言，他们通常希望该指标适当提高，有利于利用财务杠杆增加获利能力，但资产负债率过高，又会影响企业的筹资能力。从图 11-10 的趋势可以看到，千山药机的资产负债率自 2014 年开始不断上升，2017—2018 年迎来大幅度的增长，高达 168.53%，可以认为企业的再融资能力有所下降。从千山药机发布的公告中可知，由于乐福地自 2016 年开始净利润大幅下降，千山药机于 2017 年就计提了 3.14 亿元的商誉减值损失，公司资产减少，负债增多，故而资产负债率比重升高，长期偿债能力弱，财务风险较大，严重危及了中小股东的利益。

图 11-10　2014 — 2018 年千山药机资产负债率

2. 市场绩效对中小股东利益的影响

根据信号传递理论，投资者会根据企业的财务指标和发生的事件来判断其经营状况，进而做出不同的投资决策，利好的消息使得公司股票受到投资者追捧，利空则会致使其抛售，需求变化影响股票价格。本案例采用事件研究法分析特定事件日对股价的影响，继而发现中小股东对此事件的态度和对其自身利益的影响。分析过程分别选取了业绩承诺公告日、第二期业绩承诺未完成后进行业绩承诺补偿日、第三期业绩承诺未完成并进行商誉减值公告日，共 3 个事件日。事件日定义为第 0 天，如果企业公告日当天股票停牌，那么以复牌后第一个交易日为事件日。窗口期为事件发生的公告前后等天数的一段时间，在窗口期内对股价和累计超额收益率的变化进行分析。本案例确定的窗口期定义为[－10，10]，共 21 个交易日，如果事件日当天停牌，则窗口期为 20 个交易日。

1)基于股价的影响分析

(1)业绩承诺对股价的影响。千山药机于 2015 年 1 月 20 日发布公告称拟并购乐福地，但是千山药机由于重大资产并购重组已经自 2014 年 12 月 2 日起停牌，故对于业绩承诺对股价的影响事件日调整为复盘起第一日，即 2015 年 2 月 3 日，前后 10 个交易日作为窗口期进行分析。具体交易日股价见表 11-14。

表 11-14　业绩承诺公告前后股价

日期	收盘价(元)	日期	收盘价(元)	日期	收盘价(元)
2014-11-18 (－10)	36.54	2014-11-27 (－3)	36.05	2015-2-6 (4)	45.74
2014-11-19 (－9)	36.89	2014-11-28 (－2)	37.77	2015-2-9 (5)	47.93
2014-11-20 (－8)	36.30	2014-12-1 (－1)	37	2015-2-10 (6)	47.12
2014-11-21 (－7)	36.01	(0)	—	2015-2-11 (7)	48.31
2014-11-24 (－6)	36.00	2015-2-3 (1)	40.7	2015-2-12 (8)	46.51

续表

日期	收盘价(元)	日期	收盘价(元)	日期	收盘价(元)
2014-11-25 (—5)	36.14	2015-2-4 (2)	41.98	2015-2-13 (9)	47.45
2014-11-26 (—4)	35.90	2015-2-5 (3)	41.58	2015-2-16 (10)	48.20

由图 11-11 可以看出，在业绩承诺公告发出前股价较平稳，无大的升降。但是自公告发出后，千山药机于 2 月 3 日复牌，公众早已得知其并购重组乐福地并签订了业绩承诺的事件，故而此时发生正效协同效应，刺激股价上升，自复牌第一天起至第十日股票价格呈现持续上涨的趋势，其中第二日至第四日的涨幅最为明显，增长率达到 9%，整体来看，窗口期股价最高达到 48.2 元，较之最低点的 35.09 元，增长率达 37.36%。此时的业绩承诺公告对中小股东产生信号传递作用，释放出乐福地未来经营状况向好，千山药机实现一体化经营后期发展可期的信号，提升了公司股价，继而中小股东同期受益。

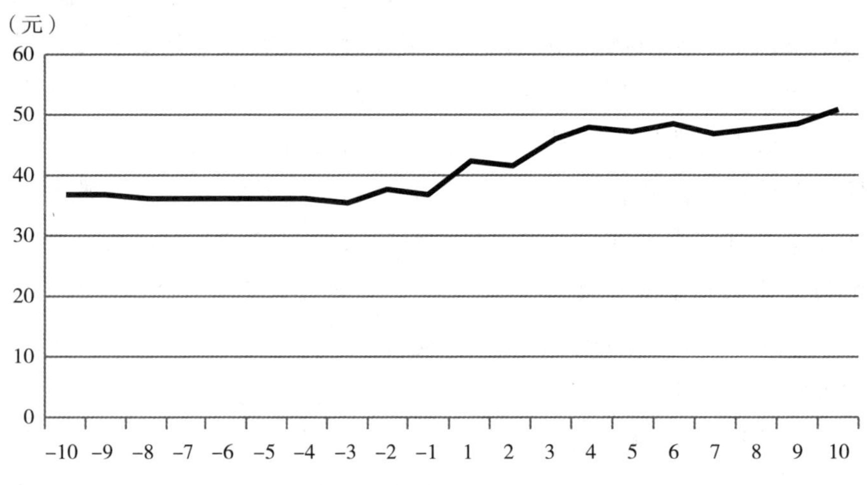

图 11-11 业绩承诺公告前后股价

(2)第一次业绩失诺并收到补偿款对股价的影响。2017 年 5 月 18 日，千山药机发布公告称，已收到乐福地原股东支付的 2016 年度业绩补偿款合计 16 697.12 万元。所以，可将乐福地未完成业绩承诺后进行业绩补偿对千山药机股价的影响事件日确定为 2017 年 5 月 18 日，前后 10 日作为窗口期进行分析。具体交易日股价如表 11-15 所示。

表 11-15 公告收到补偿款前后股价

日期	收盘价(元)	日期	收盘价(元)	日期	收盘价(元)
2017-5-4 (—10)	24.68	2017-5-15 (—3)	25.09	2017-5-24 (4)	25.70
2017-5-5 (—9)	23.76	2017-5-16 (—2)	25.31	2017-5-25 (5)	26.65
2017-5-8 (—8)	23.86	2017-5-17 (—1)	26.29	2017-5-26 (6)	26.27

续表

日期	收盘价(元)	日期	收盘价(元)	日期	收盘价(元)
2017-5-9 (−7)	24.78	2017-5-18 (0)	25.75	2017-5-31 (7)	25.64
2017-5-10 (−6)	25.00	2017-5-19 (1)	26.37	2017-6-1 (8)	25.45
2017-5-11 (−5)	25.25	2017-5-22 (2)	26.79	2017-6-2 (9)	25.75
2017-5-12 (−4)	25.30	2017-5-23 (3)	25.54	2017-6-5 (10)	26.02

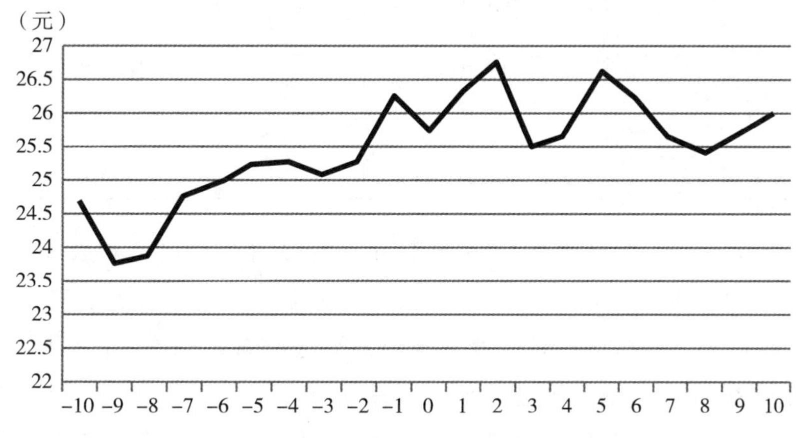

图 11-12　公告收到补偿款前后股价

从事件日前的股价水平来看，从公告日前 9 日至前 1 日为止，股价一直是上升的态势，从 23.76 元增长到 26.29 元，涨幅达 10.65%。但是，千山药机在 5 月 18 日发出乐福地进行业绩补偿的公告后，股价反而不再有大幅的上涨趋势，变得较为稳定，从公告后第 1 日至第 5 日股价主要浮动区间集中于 25.54～26.79 元之间，上涨率为 4.89%，与公告日前 10 日的 23.76～26.29 元 10.65%的涨幅相比，已无明显的上升态势，甚至自公告后的第 6 日开始，股价下降的趋势越发明显，连续三个交易日下跌，降幅达到 4.5%。综上所述，股价 20 日内由 10.65%的增长率变为−4.5%的增长率，说明在业绩承诺未达标的情况下，乐福地进行承诺补偿也不能挽救二级市场上中小股东的信心，无法挽回二级市场上的股价。

(3)第二次业绩失诺并进行商誉减值对股价的影响。2018 年 6 月 7 日，千山药机发布公告，称乐福地 2017 年扣非净利润为−2 593.04 万元，与业绩承诺相差 8 593.04 万元。没有完成业绩承诺金额，甚至出现巨额亏损，需进行 38751.60 万元的业绩补偿，在这种情况下，千山药机 2017 年在进行商誉减值测试后，作出了商誉减值准备决定。故将乐福地未完成业绩承诺且进行商誉减值对千山药机股价的影响事件日为 2018 年 6 月 7 日，对前后 10 日作为窗口期进行分析。未完成业绩承诺且进行商誉减值公告前后股价见表 11-16。

表 11-16　未完成业绩承诺且进行商誉减值公告前后股价

日期	收盘价(元)	日期	收盘价(元)	日期	收盘价(元)
2018-5-24 (−10)	9.22	2018-6-4 (−3)	9.68	2018-6-13 (4)	6.77
2018-5-25 (−9)	8.89	2018-6-5 (−2)	10.07	2018-6-14 (5)	6.09
2018-5-28 (−8)	8.74	2018-6-6 (−1)	9.85	2018-6-15 (6)	6.16
2018-5-29 (−7)	9.61	2018-6-7 (0)	9.36	2018-6-19 (7)	5.54
2018-5-30 (−6)	8.94	2018-6-8 (1)	9.29	2018-6-20 (8)	5.32
2018-5-31 (−5)	9.41	2018-6-11 (2)	8.36	2018-6-21 (9)	5.32
2018-6-1 (−4)	9.25	2018-6-12 (3)	7.52	2018-6-22 (10)	5.31

如图 11-13 所示，从千山药机的股价表现可以明显看出，在公告发出前十个交易日内，公司股价较为稳定，保持在 8.74～10.07 元的区间，但是从业绩承诺未完成及公司进行商誉减值的公告发布后，千山药机的股价一直处于下跌状态，最高点在 2018 年 6 月 7 日，即公告日当天的股价为 9.36 元，最低点即公告发出后第十天下降到 5.31 元，相比于公告日前两天的 10.07 元仅 12 个交易日下降幅度就高达 47.27%。如果说第一次业绩承诺未完成乐福地给予千山药机按时补偿款时投资者还有些信心，那么这次乐福地继续的业绩失诺及千山药机大额计提减值可以说是对中小股东信心的沉重打击。从公告发出后的股价很明显的可以看出，在乐福地的二次业绩失诺后，千山药机不积极履行追偿义务，直接计提商誉减值，这一系列的作为都让中小股东的利益严重受创。

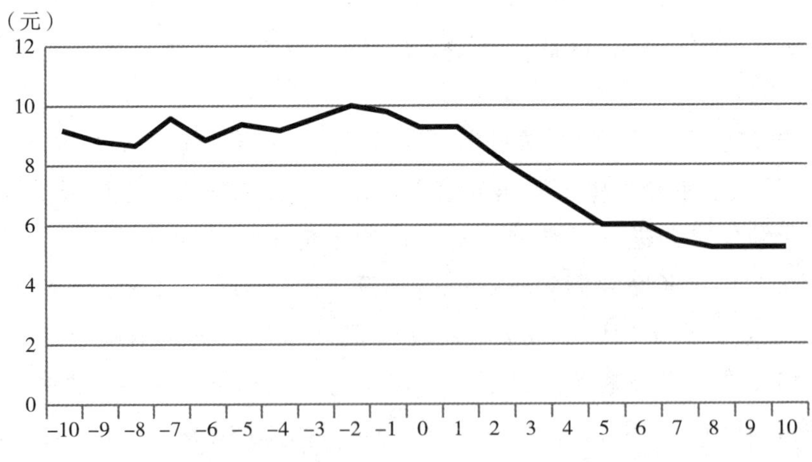

图 11-13　未完成业绩承诺且进行商誉减值公告前后股价

2)基于累计超额收益率的影响分析

在计算预期收益率。Rit 时，本案例采用市场模型法。预期收益率模型为 Rit＝αi＋βi×

Rmt+ε，其中 Rit 为被解释变量，即千山药机日收益率，Rmt 为解释变量，选取的是 399001 的深证成指。Rit 和 Rmt 可以通过市场上的公开数据获取，αi 为截距项，估算参数 βi 股票收益率对市场收益率指数的回归系数，ε 为随机变量。

(1)业绩承诺对累计超额收益率的影响。根据市场上的公开数据，用千山药机的实际收益率和市场收益率，利用 Stata 软件对上述模型进行回归估计，得到 Rmt 的系数是 0.986 449 4 且在 5% 的显著性上与 Rit 正相关。此时参数 αi 和 βi 的估计值分别为 0.007 076 8 和 0.986 449 4，见表 11-17。我们假定 α、β 在事件期内保持不变，并利用 α、β 计算千山药机的预期收益率，得到个股预期收益率与市场收益率之间的回归方程为

$$Rit' = 0.0070768 + 0.9864494 \times Rmt$$

表 11-17　回归估计

Rit	Coef.	Std. Err.	t	$P>\|t\|$	[95% Conf. Interval]	
Rmt	0.986 449 4	0.281 161 3	3.51	0.001	0.431 408 9	1.541 49
_cons	0.007 076 8	0.002 851 3	2.48	0.014	0.001 448 1	0.012 705 6

如图 11-14 所示，从超额收益率来看，公告日前 10 日总体较稳且多为负，自千山药机并购乐福地并签订业绩承诺公告后开始明显上升，在复牌当日，超额收益率由 -4% 上升至 7%，增长了 11%，之后有所振荡，在复牌后的第四个交易日达到顶峰水平 12%，后二级市场逐渐消化了千山药机并购乐福地业绩承诺的事件，超额收益率又有所回落，最后从复牌后第六个交易日开始趋于稳定，但相较于事件日前 10 天就有 9 天出现超额收益率为负值的情况，在公告后千山药机的超额收益率整体为正，说明此次并购重组中的业绩承诺确实起到了信号传递作用，给二级市场上的中小股东传达了公司利益向好的消息，继而引起超额收益率的上升，中小股东也随之受益。

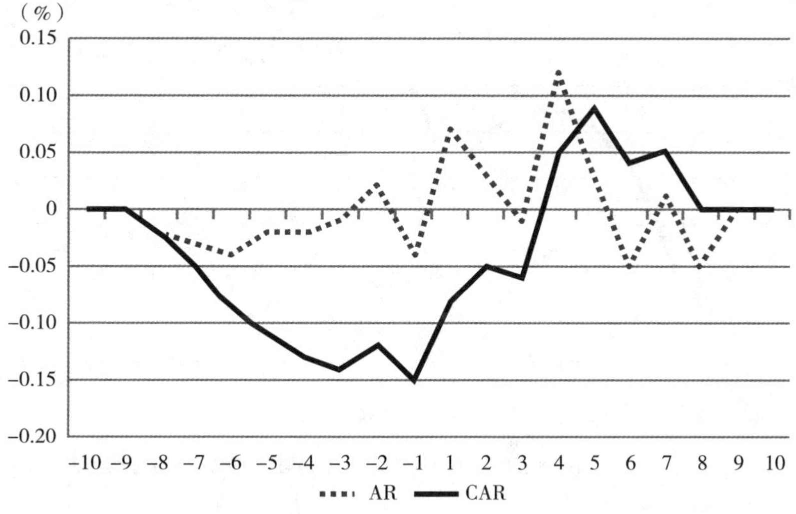

图 11-14　业绩承诺公告前后超额收益率及累计超额收益率

从累计超额收益率也能看出，千山药机的业绩承诺公告向市场传递了积极的信号，提振了市场信心，在2月3日公司复牌前，累计超额收益率一直下跌，且降幅非常明显，仅10个交易日就下降了15%，但是情况在千山药机发布业绩承诺公告后开始转变，公司复牌后累计超额收益率逐渐上升，至事件日后第五天达到最高值9%，仅5天内就增长了24%。由此可以确定，此时乐福地做出的业绩承诺，实际上被二级市场上的中小股东解读为向市场传递良好的经营能力和对未来业绩实现的信心，这无疑是一种优质资产的信号，故而中小股东也是积极的表态，最终使得千山药机的累计超额收益率持续上升，由负转正。此时，中小股东由于此次乐福地与千山药机签订的业绩承诺而受益。

综上可以得出，千山药机在公告业绩承诺后股票超额收益率一直在波动，累计超额收益呈直线上升的趋势。综合股价和超额收益率的变化趋势基本可以说明二级市场中的中小股东目前仍站在乐观的立场看待这起并购事件，他们相信即使业绩承诺未达标，也能为其带来一定的财富。

(2)第一次业绩失诺并收到补偿款对累计超额收益率的影响。对千山药机2017年5月18日发布收到补偿款期间进行回归估计，得到Rmt的系数是1.294 005。此时参数αi和βi分别为－0.000 715 5和1.294 005。得到个股预期收益率与市场收益率之间的回归方程为

$$Rit'=-0.000\ 715\ 5+1.294\ 005\times Rmt$$

从图11-15中可以看出，超额收益率在千山药机公告收到补偿款前一直在－2%～4%之间浮动，处于振荡中，公告日之后最高3%，最低达到－3%，整体而言千山药机收到承诺补偿前后的超额收益率变化不大，说明收到补偿款的公告对中小股东的影响较小，此次业绩补偿款对提升二级市场股价的作用并不明显，对中小股东的保护作用显然有限。即使乐福地对千山药机按时履行了补偿义务，仍然无法明显挽回中小股东受损的利益。

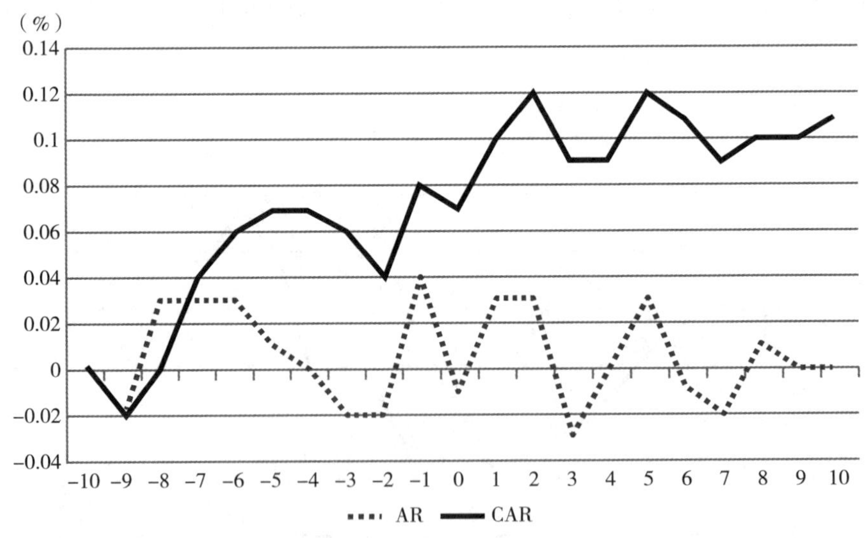

图11-15　公告收到补偿款前后超额收益率及累计超额收益率

再看累计超额收益率方面，从公告日前9日的最低点－2%上升至公告日前一天的8%，跨度达10%，但是公告日后涨势减弱，最高为公告后的第2日及第5日的12%，与公告日当

天的7%相比只增加了5%，总体而言上涨态势减弱，呈现二级市场反应一般的状态。业绩承诺补偿对于中小股东本应起到保护作用，然而在做出业绩承诺时，高承诺数往往会导致高溢价，进而导致业绩承诺难以完成，在业绩承诺未达标的情况下承诺补偿也不能挽救二级市场的信心，提升二级市场的股价。因此，可以得出此时的业绩承诺并不能很好地保护中小股东的利益。

综上可以看到，千山药机在收到业绩补偿后，这一利好消息并没有明显改善公司的超额收益率。由此可见，业绩承诺未达标对中小股东利益有着不利的影响，而这种不利影响是无法通过业绩补偿来改善的。标的资产进行估值时高溢价率与高业绩承诺互相影响，致使乐福地的业绩承诺偏离其实际的经营发展情况，当承诺期内业绩无法完成时，即使进行业绩补偿也会对上市公司中小股东造成不可逆的负面影响。

(3)第二次业绩失诺并进行商誉减值对累计超额收益率的影响。2018年，千山药机迟迟收不到乐福地对2017年标的资产的业绩补偿款。公司于2018年6月7日公布了商誉减值报告，这将进一步影响中小股东的利益。对千山药机2018年6月7日发布收到补偿款期间进行回归估计，得到Rmt的系数是1.230 93。此时参数αi和βi的估计值分别为－0.004 031 9和1.230 93，个股预期收益率与市场收益率之间的回归方程为：

$$Rit' = -0.004\ 031\ 9 + 1.230\ 93 \times Rmt$$

商誉减值对中小股东利益的影响通常体现在市场反应上，根据信号传递理论，乐福地第二次的业绩失诺无疑再次成为一个负面信号，会引起股东抛售股票，引起股票价格下跌，而此时再加上商誉减值的公告，更是使其雪上加霜。

如图11-16所示，2018年6月7日千山药机出具计提商誉减值准备的公告。在公告日前十天内，超额收益率在一直在－4%～5%内浮动，多数情况下在0值以上，且在0值的上升幅度高于其下探幅度，说明此时中小股东未受太大影响。但是自公告日后，超额收益率下降幅度远高于上升程度，在公告发出后的第2日及第3日两天内，超额收益率就下跌了12%，说明中小股东受到乐福地业绩承诺未完成公告和千山药机进行商誉减值公告的影响，市场反应较差，这使得中小股东的信心受到了严重的损害。

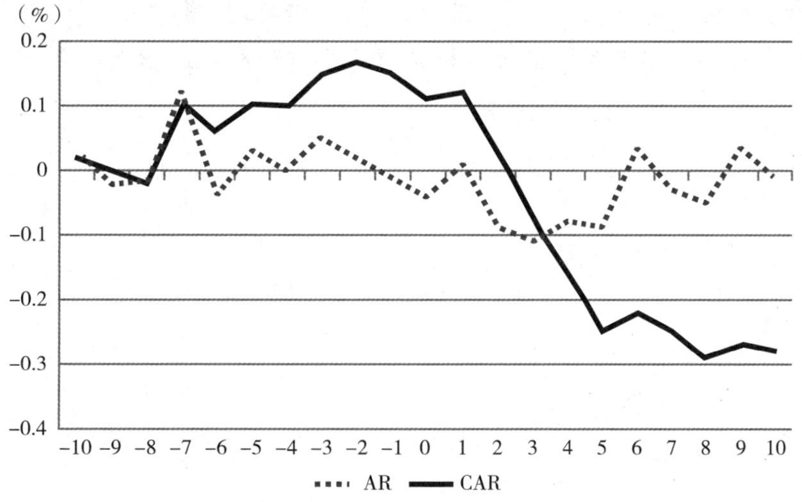

图11-16　未完成业绩承诺且进行商誉减值公告前后超额收益率及累计超额收益率

累计超额收益率比超额收益率更能反映千山药机的真实情况，在事件日前全部为正值，公告发出前2日，累计超额收益率最高达到17%，但是自公告发出之后就一路下跌，在公告日后的5天内，下降幅度高达37%，处于快速下跌的趋势，可以确定市场反应受乐福地再度业绩失诺及千山药机进行商誉减值的影响较大。由此得出，乐福地再次未完成业绩承诺、千山药机进行商誉减值的行为无疑使中小股东利益受到了严重的损害。

综上，在经历2016年业绩未达标事件后，2017年乐福地业绩继续未达标让公众对千山药机未来发展更不看好，2018年6月7日千山药机公布了2017年业绩承诺不达标且进行商誉减值的消息，这一消息的公布令中小股东非常失望，因为这是乐福地作出业绩承诺后连续两年未完成业绩目标了，所以二级市场中小股东对公司未来发展持消极态度并开始减持股份，从而使公司股票出现供过于求的现象。从公告后累计超额收益连续下跌，由此看来，高溢价带来的高承诺通常会导致承诺的业绩难以兑现，一旦业绩承诺连续不达标将会对中小股东利益造成很大的损害。

追求股票的超额收益是中小股东最大的期盼，但从千山药机的案例中可以看到中瑞国际采用收益法对乐福地进行了偏离实际的高估值，并购方原股东在业绩不达标时大额计提商誉减值，甚至为了降低自身损失试图通过质押股份摆脱可能遭遇的困境，这不仅使公司内部经营状况变差，还引起外部市场股价下跌，累计超额收益率为负，使得中小股东心灰意懒。连续两年的业绩不达标以及乐福地至今不履行业绩补偿使得中小股东从一开始的满怀期待到最后的丧失信心，最终让中小股东成了利益受害者。

四、案例思考

1. 分析公司并购过程中被并方做出业绩承诺的原因。
2. 结合我国上市公司并购实践，分析影响业绩承诺实现的行为。
3. 根据被并方业绩承诺的履行情况分析其对中小股东利益的影响。

案例十二
金发拉比高送转动因分析

一、背景知识

（一）高送转概念界定

高送转是指上市公司大比例送股或转股，包括送红股或转增股，是股利分配的方式之一。“送”即送红股，是指上市公司将公司的未分配利润以股票红利的形式分配给股东，“转”即转增股本，是上市公司将资本公积与盈余公积转为股本，两者都属于所有者权益内部科目之间的调整。上市公司送股与转股都具有股份增持的效果，但并未增加股东所拥有股份的实际价值。上市公司进行“高送转”后出现的显著变化是股票价格大幅下降，投资者持有股票的数量增加。何涛、陈小悦（2003）研究了上市公司经历送股或是转股后的财务状况、经营业绩等，发现它们并没有实质性的区别，所以送股和转股可以合并进行研究。并且上市公司与投资者一般也将两者合称为股票送转。因此，本案例将“高送转”视为一种股利政策，没有进行具体地区分。关于“高送转”的具体界定，我国研究普遍认为上市公司每 10 股转增大于 5 股应称为高送转，因而本案例以每 10 股送转 5 股作为“高送转”的界定标准。

（二）信号传递理论

信号传递理论最初由 Lintner（1956）应用于股利政策，他认为利润宣告、股利宣告、融资宣告是三种向投资者传递公司信息的途径，其中股利宣告，即股利政策是较常见的一种形式。上市公司的管理层和大股东相比于中小投资者可以及时并全面地了解公司信息，中小投资者了解信息渠道有限，只能掌握上市公司公开披露的信息。基于这种基础，信号传递理论认为中小投资者获得的信息可以被上市公司操控，大多数情况下只能获取上市公司希望他们知道的信息，所以在信息有限的情况下股利政策就会被投资者认为是一种传递公司发展信息的信号。因此，上市公司可以通过股利政策的不同选择向外部中小投资者传递公司希望表达的积极或消极的信号，投资者会根据股利政策传达出的信号来对公司进行分析判断。

（三）代理理论

代理理论最早是由 Jensen 和 Meckling 在 1976 年提出的，他们认为公司所有权与经营权的分离是代理问题产生的根本原因。当公司股权不集中时，所有者和管理者可能并不是同一个人，这就意味着可能会出现代理问题。因为所有权和控制权相分离，管理层和所有者必然会存在利益分歧，而拥有控制权的管理层决策时可能不会以所有者利益最大化为原则。

前文所介绍的理论是第一类代理问题，相关研究还表明了第二类代理问题的存在。第二类代理问题说明的是公司股权集中度高造成的问题。公司股权集中度高时小股东很难影响公司决策，公司决策主导权掌握在大股东手中，相应地，大股东会掌握公司更多的内部信息。所以在利益不一致的情况下，大股东有可能为了满足自身利益而做出一些有损小股东利益的决策。第二类代理问题是本案例主要涉及的代理问题。

（四）迎合理论

迎合理论存在假定条件，即企业的管理层可以理性地做出决策，而投资者往往是非理性的。企业管理层很可能在自身利益的驱动下主动进行“高送转”，这迎合了投资者的非理性偏好。我国学者结合我国实际情况对股利迎合理论的分析发现，公司的股权越集中，其股利支付的意愿越强烈。研究发现，国内投资者倾向于选择发放股票股利的公司，因此理性的公司管理层会为了取得投资者付出的高额溢价和公司股价短时间的提升选择实施受市场欢迎的“高送转”股利政策，刻意迎合投资者存在的这种非理性的行为。

（五）价格幻觉假设

价格幻觉假设认为上市公司送转股行为的目的是满足投资者对低价股的偏好。价格幻觉有三个构成条件：一是投资者在分析股票时除了分析公司的基本面外，还会考虑公司的历史股价；二是经过“高送转”除权后，上市公司股价会大幅下降，投资者认为此时公司股价较“便宜”，远没达到公司的历史股价，因此预期股价上涨，会在此时大量买入低价股票；三是在股票价格降低后，上市公司大股东会利用投资者纷纷买入股票使公司股价提升的时机增加公司的市场价值。“高送转”这一股利政策本身并不会导致公司市值的变动，只是这种股利政策会使投资者错误判断股票价值，促使公司股价上涨，这在一定程度上增加了公司的市场价值。

二、案例资料

（一）金发拉比公司简介

金发拉比妇婴童用品股份有限公司成立于1996年，是我国最早成立的母婴消费品企业之一，于2015年在深圳证券交易所挂牌上市(股票简称金发拉比，股票代码002762)。公司涉足母婴行业多年，主要产品包括婴幼儿日用品(寝具、哺育、卫浴、洗护用品)、婴幼儿服饰棉品(内着服饰、外出服饰、家居棉品)以及孕产妇用品等，拥有“拉比”“下一代”“贝比拉比”三大自主品牌，超千家终端形象店面，销售网络覆盖中国境内市场，是多项母婴类产品国家和行业标准的主要起草单位。

金发拉比的主要控股股东有林浩亮、林浩茂和林若文，林浩亮持有公司30.07%的股份，林若文持有公司29.64%的股份，林浩茂持有公司3.5%的股份，而林若文与林浩亮为夫妻关系，林浩茂与林浩亮为兄弟关系，林若文和林浩茂是林浩亮的一致行动人。公司剩余股权分散，而三人持股总数高达63.21%，林浩亮既是公司董事长，又是公司第一大股东，同时也对公司拥有绝对的控制权。金发拉比相关资料如表12-1所示。

表 12-1　金发拉比相关资料

公司名称	金发拉比妇婴童用品股份有限公司
公司属性	民营企业
所属行业	纺织服装、服饰业
成立日期	1996 年 8 月 2 日
上市时间	2015 年 6 月 10 日
注册资本	356 615 000 CNY
董事长	林浩亮
实际控制人	林浩亮
第一股东	林浩亮(30.07%)

金发拉比公司自成立以来，主营业务发展较为平稳，总体表现良好，主营产品范围逐渐扩大，近年来也有意向实行多元化战略，逐渐涉及其他领域，但是相关资料显示金发拉比自2017 年开始发展逐渐放缓。金发拉比 2015 年的 IPO 招股说明书显示：公司共募集 3.97 亿元，主要用于营销网络建设、信息化系统建设及补充流动资金，但是其募投项目进展极为缓慢，只有补充流动资金项目全部完成，募投项目累计投入金额仅为 2 456.49 万元，只占计划金额的 10.91%。金发拉比正是在发展放缓、经营状况跑输行业平均水平且募投项目进展缓慢的情况下选择了“高送转”政策。

(二) 事件回顾

1. 公司历年股利政策情况

如表 12-2 所示，金发拉比在上市后没有进行过送红股，但每年都有现金分红，共进行了 3 次转增股且都属于“高送转”。

表 12-2　金发拉比历年股利政策情况

年份	送红股	转增股	派息(税前)
2015	0	每 10 股转增 7.5 股	每 10 股派 2.5 元
2016	0	每 10 股转增 7 股	每 10 股派 1.6 元
2017	0	0	每 10 股派 1 元
2018	0	每 10 股转增 7.5 股	每 10 股派 1.5 元

在 2015 年，即公司上市第一年，金发拉比经济状况良好且高管对公司未来发展预期良好，公司实行了每 10 股转增 7.5 股并派 2.5 元的“高派现”“高送转”股利政策。2016 年，公司在业绩低于行业平均水平的情况下，依然实行了每 10 股转增 7 股并派 1.6 元的股利政策。在 2017 年，金发拉比公司可能意识到公司业绩并不足以支撑连续“高送转”，所以没有实施转增股，仅仅进行了每 10 股派 1 元的股利政策。但 2018 年，公司在 2017 年整体业绩不佳的情况下却实施了每 10 股转增 7.5 股并派 1.5 元的股利分配政策。金发拉比上市后的短短

4 年时间内实施了 3 次“高送转”，其股利政策引人深思。但不可否认的是，因为金发拉比自 2015 年 IPO 上市之后自身建设开始逐步放缓，在二孩政策红利的背景下经营业绩又跑输行业平均水平，投资者已经开始怀疑其发展能力，金发拉比高调宣布的“高送转”股利政策确实充分引起了市场的注意。

2. 金发拉比“高送转”实施过程

金发拉比此次“高送转”预案公告日为 2018 年 3 月 31 日，宣布将以 2017 年 12 月 31 日的总股本数 20 378 万股为基数，向全体股东每 10 股派发现金 1.50 元(含税)，通过资本公积向所有股东每 10 股转增 7.5 股，共计派现 3 056.7 万元，转增股本数 15 283.5 万股。值得注意的是，“高送转”预案公告日当天也是金发拉比 2017 年年报的披露日，这一时间点的选择较为巧妙，不但可以尽早实行“高送转”股利政策来规避可能不久就将推行实施的更加严格的“高送转”新规，而且大股东限售股解禁日处于预案公告日和除权除息日之间，有利于大股东更加灵活地选择减持时机。

2018 年 4 月 24 日为“高送转”股东大会公告日，2018 年 6 月 11 日林浩亮、林若文、林浩茂三人共解禁 12 881.75 万股，占总股本的 63.21%，6 月 13 日和 14 日，金发拉比连续公布了控股股东减持公告的预案，2018 年 6 月 20 日为此次“高送转”除权除息日。具体内容如表 12-3 所示。

表 12-3　金发拉比 2017 年度利润分配方案具体内容

名称	内容
分配方式	每 10 股派 1.5 元(含税)转 7.5 股
分配总额	以 20 378 万股为基准，合计派息 3 056.7 万元，转增 15 283.5 万股
预案公告日	2018 年 3 月 31 日
股东大会公告日	2018 年 4 月 24 日
股权登记日	2018 年 6 月 19 日
除权除息日	2018 年 6 月 20 日
新增无限售条件流通股份上市日	2018 年 6 月 20 日

三、案例分析

(一) 金发拉比“高送转”实施条件分析

通常“高送转”股利政策是公司业绩良好、未来发展空间大的上市公司选择的用于锦上添花的股利分配方式。本案例接下来将从送转能力、盈利能力、成长能力及金发拉比财务指标与新规对比四个方面对金发拉比公司的“高送转”实施条件进行探讨研究。因为送转能力是企业进行送转股的基础，盈利能力强代表企业未分配利润充足，成长能力强表示企业股利政策持续性好，金发拉比选择“高送转”股利分配政策理论上应该具备送转能力强、盈利能力良好、成长潜力大的特点，而在金发拉比实施“高送转”股利政策不久，深交所就发布了更严格的“高送转”实施新规，所以参照该规定分析金发拉比送转条件也是十分必要的。

1. 送转能力分析

企业送转股是将公司的未分配利润以股利形式送股或将资本公积转化为股本，公司只有在未分配利润或资本公积较高的情况下才能够实施送转股。进行“高送转”的上市公司应具有“三高一低”的特点，即较高的每股未分配利润、每股资本公积及每股净资产和较低的总股本。因此，可以通过每股未分配利润、每股资本公积、每股净资产和总股本这些指标来衡量公司“高送转”的能力。除了上述分析指标，本案例还运用了何涛、陈小悦(2003)使用的计算企业送转能力的公式：

企业送转能力＝{资本公积＋max[0，max(0，盈余公积－0.25×总股本)＋未分配利润]}÷总股本

图 12-1 为金发拉比近 7 年的送转能力指标情况。如图 12-1 所示，从每股资本公积的角度分析，金发拉比的每股资本公积在 2011—2014 年基本没有变动，因为这期间公司并未上市，2015 年为金发拉比上市年份，其每股资本公积大幅上涨到了 3.21 元，2016 年又下降到了每股 1.48 元，虽然 2017 年每股资本公积略微提升，上涨到了 1.57 元每股，但其每股资本公积仍处于较低水平，和 2015 年的数值存在较大差距，2017 年并不具有充足的资本公积来实施“高送转”股利政策；从每股净资产的角度分析，金发拉比该指标在 2011—2014 年逐年上升，在 2014 年达到了最大值，于 2014—2016 年逐步下降，2017 年又有了小幅回升，金发拉比 2017 年每股净资产为 4.72 元，相比于上市当年，即 2015 年的 7 元还是出现了大幅下降，说明公司利润创造能力下降；从每股未分配利润的角度分析，金发拉比每股未分配利润变化趋势和每股净资产基本相同，且 2017 年每股未分配利润仅为 1.98 元，金发拉比在 2015

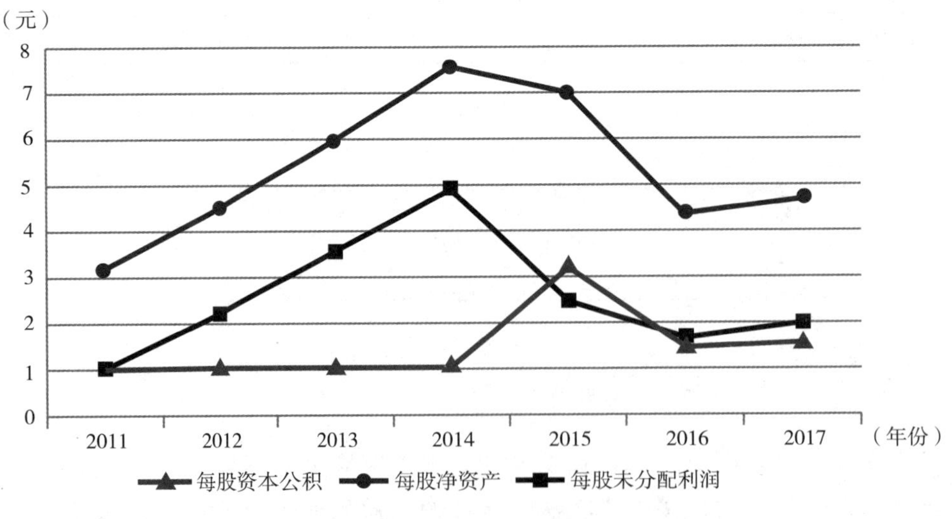

图 12-1　金发拉比 2011—2017 年转送能力指标情况

年发布的招股说明书中说明其未来两年内要开始建设营销网络，但逐步下降的公司未分配利润说明公司投资效果也并不理想，公司 2017 年的每股未分配利润数值也并不理想。从整体来看，2017 年金发拉比的三项指标同比略微提升也仅仅是因为公司在其他年份都进行了"高送转"，只有 2017 年没有实施送转股政策，但是在这种情况下 2017 年公司各项指标数值仍然不理想。

从表 12-4 中可以看出，深交所 A 股上市公司中，2018 年宣布对 2017 年年报实施"高送转"股利政策的公司共有 182 家，金发拉比在送转之前股本规模为 2.04 亿股，介于深交所实施"高送转"公司股本规模的 1/2 分位与 3/4 分位之间，金发拉比的股本规模在实施"高送转"的深交所上市公司中排名较高，较高的股本规模说明金发拉比不符合低股本规模的条件，所以金发拉比在 2018 年实行的"高送转"基本不可能是为了扩大公司的股本规模。

表 12-4　2017 年年报深圳证券交易所 A 股上市公司实施"高送转"情况

	数量(家)	最小值	最大值	3/4 分位值	1/2 分位值	1/4 分位值
"高送转"公司股本状况	182	0.42	12.67	3.25	1.7	0.91

表 12-5 运用了何涛、陈小悦(2003)使用的计算企业送转能力的公式：

企业送转能力＝{资本公积＋max[0，max(0，盈余公积－0.25×总股本)＋未分配利润]}/总股本

因为金发拉比自上市以来分别在 2015 年和 2018 年两个年度进行了每 10 股转增 7.5 股的"高送转"股利政策，所以本案例收集并计算了 2014 年和 2017 年的相关数据。从表 12-5 中可以看出，虽然 2017 年金发拉比的未分配利润相比 2014 年增加了 1.53 亿元，上涨了 61.20%，但是根据送转能力计算的结果，金发拉比 2017 年的送转能力较 2014 年出现了大幅下降。金发拉比 2014 年的送转能力为 6.32，而 2017 年的送转能力仅为 3.56，这反映出金发拉比 2017 年送转能力较差。

表 12-5　2014 年和 2017 年金发拉比送转能力指标　　单位：亿元

名称	2014 年	2017 年
总股本	0.51	2.04
资本公积	0.54	3.20
盈余公积	0.31	0.55
未分配利润	2.50	4.03
送转能力	6.32	3.56

表 12-6 是深圳证券交易所 2018 年实施"高送转"的上市公司送转能力的情况，送转政策在 2018 年实行，其背后的送转能力则是通过各公司 2017 年的财务指标进行计算得出的。金发拉比送转能力为 3.56，在横向比较中可以发现其送转能力在 1/4 分值以下，和深交所当

年实施“高送转”政策的公司相比较，金发拉比送转能力显然较差，其送转能力存疑。

表 12-6 深证 A 股 2017 年“高送转”上市公司送转能力对比

	数量(家)	最大值	最小值	3/4 分位值	1/2 分位值	1/4 分位值
A 上市公司 2017 年“高送转”转送能力情况	182	24.65	1.64	8.34	5.86	4.12

综上所述，从纵向角度看，2015 年之前金发拉比并未上市，所以 2017 年每股资本公积高于未上市年度并不能代表公司每股资本公积金额理想；公司每股净资产和每股未分配利润变化趋势基本一致，在上市之后逐年下降，只有 2017 年未进行送转政策，没有扩大股本规模，而使各指标数据略有回升，但提升幅度很小且数额较小，与同样进行每 10 股送转 7.5 股的年份相比，金发拉比的送转能力也处于较差水平，金发拉比的股本规模在历经送转后也扩张了 4 倍，股本规模处于较高水平。从横向角度看，金发拉比的股本规模和深交所其他“高送转”公司相比较高，通过扩大股本来增加融资规模的动因不足，同时金发拉比转送能力在比较中也处于较低水平。金发拉比并不具备“高送转”公司“三高一低”的特征且送转能力较差，但在这种情况下金发拉比仍然实施“高送转”股利政策，其动因值得进一步分析。

2. 盈利能力分析

盈利能力体现了企业获取利润的能力，代表企业是否可以很好地实现资本的增值。较高的盈利能力水平可以说明公司未来的发展空间较大，持续增长能力较强，而持久良好的盈利能力可以为企业发放股利提供应有的物质基础。较高的盈利能力是企业进行“高送转”必不可少的条件，因为只有拥有充足的未分配利润，企业才有自由选择股利政策的空间，当企业未分配利润留存较少时，就有可能不实施所需的股利政策。

如图 12-2 所示，公司净资产收益率 2011—2016 年逐年下降，2017 年同比略有回升，总体呈下降趋势且从 2015 年开始金发拉比的净资产收益率都处于 15%以下，一般认为净资产收益率处于 15%～30%之间较好，但金发拉比的净资产收益率说明其以自有资本获得净收益的能力较差，公司 2017 年的净资产收益率仅为 9.52%，从净资产收益率来看，金发拉比 2017 年度盈利能力较差。公司的总资产报酬率在 2012 年略有提升，不过 2012—2016 年，金发拉比的总资产报酬率都在逐年降低，2015 年上市原因出现大幅下降，2017 年总资产报酬率有些许好转，不过也仅维持在了较低水平，这说明金发拉比资产利用效率较差。公司的营业净利率相较于另外两个盈利指标变化幅度较小，该指标反映的是企业销售的最终获利能力，该指标表明金发拉比通过营业收入创造净利润的能力较好。不过从总体上来说，金发拉比的盈利能力在上市之后表现较差。金发拉比在上市后只有 2017 年没有实施“高送转”股利政策，公司留存的未分配利润和资本公积并不充足，但金发拉比在 2017 年盈利能力水平并不乐观的情况下还是选择了在 2018 年进行股票“高送转”。

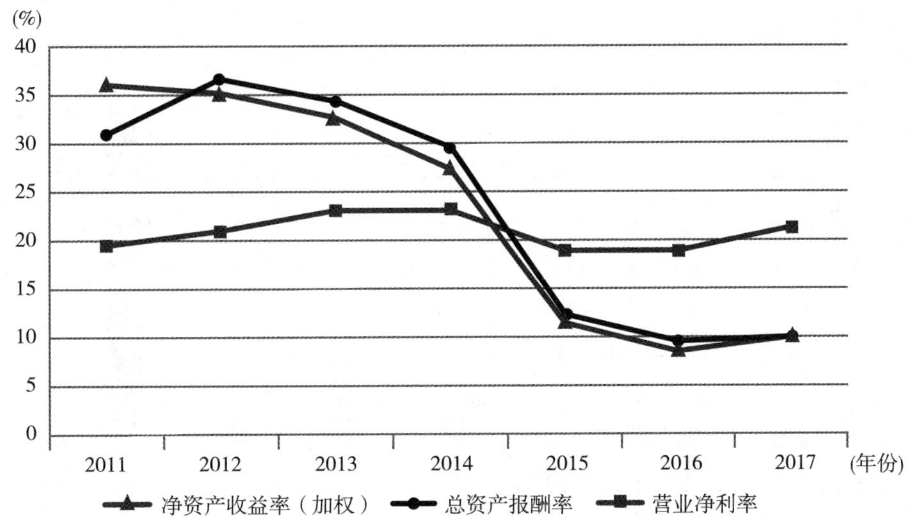

图 12-2　金发拉比 2011 — 2017 年盈利能力指标情况

图 12-3 为公司净利润情况，金发拉比的净利润最高点在 2014 年，2014 年之前公司净利润一直处于上升阶段，2014—2015 年，金发拉比的净利润大幅下降，这可能是因为金发拉比运用了一些手段使 2014 年的报表数据更为美观，2015—2017 年公司净利润开始逐年增长，金发拉比 2017 年净利润为 0.92 亿元，但没有超过上市前最高值。

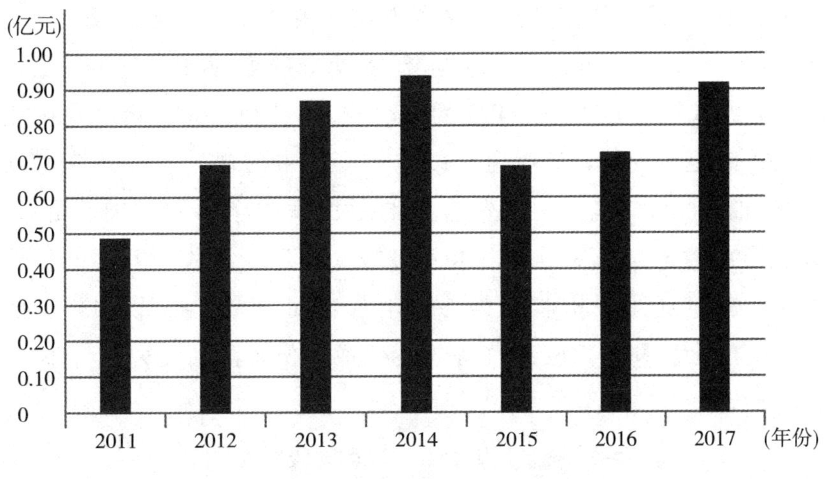

图 12-3　金发拉比 2011—2017 年净利润

如图 12-4 所示，金发拉比资产减值损失一直处于波动状态中，上市之后这种波动变得更加明显。2015 年和 2017 年为公司资产减值损失计提最多的年份，2015 年可能因为计提了之前年度公司为粉饰上市前报表而少提的减值，所以计提金额同比增加较多，2016 年因为金发拉比冲销了之前已计提的 33.77 万元的存货跌价准备，所以计提了相对较少的资产减值损失，而 2017 年金发拉比的资产减值损失达到了 387.92 万元，同比增幅达到 1 020.51%，如此之大的增幅和数额较大的资产减值损失，说明金发拉比 2017 年的营业收入质量让人存疑。

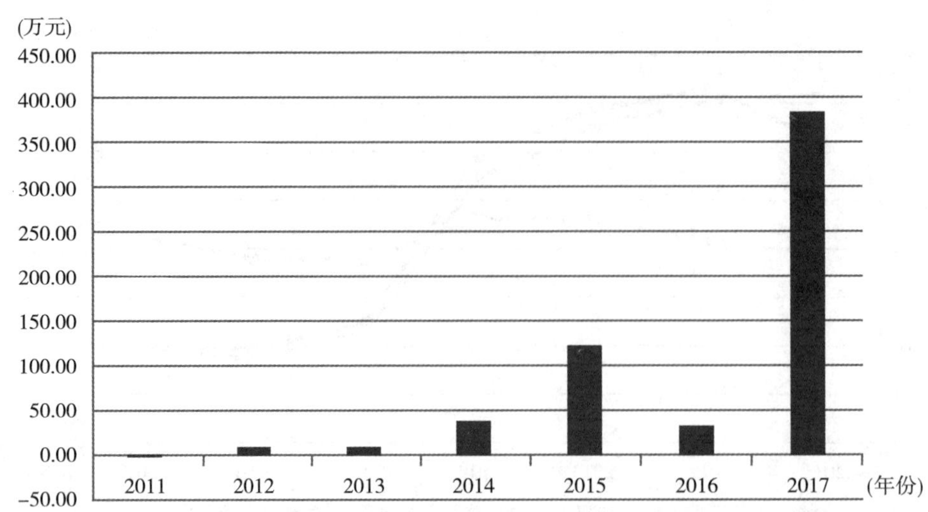

图 12-4 金发拉比各年资产减值损失的计提情况

尽管金发拉比 2017 年净利润相较 2016 年有明显增加，但增加的净利润也有赖于投资理财产品产生的投资收益，主营业务对净利润增长的贡献占比不到 60%，根据金发拉比 2017 年年报整理的金发拉比投资收益情况如表 12-7 所示。2016 的净利润为 0.72 亿元，2017 年的净利润为 0.92 亿元，2016 年公司净利润同比增加 0.01 亿元，2017 年公司净利润同比增加 0.19 亿元，将以上数据和 2017 年的投资收益数据做对比，可以发现金发拉比主营业务的发展情况。金发拉比 2016 年只有从理财产品投资方面获得的 0.018 亿元投资收益，该投资收益占公司当年净利润的 2.5%。2017 年，理财产品投资收益达到 0.082 亿元，金额增加了 0.064 亿元，增加额度都大大超过上一年度的理财收益，同时 2017 年金发拉比也通过长期股权投资获得了 0.023 亿元的收益，该收益在以前年度并未出现，通过计算可以得知金发拉比 2017 年投资收益增加了 0.087 亿元，投资收益的增加值占净利润增加值的 47%。这反映出 2017 年金发拉比投资收益的增长对其净利润贡献较大，但投资收益并不能长期持续，金发拉比之后年度的净利润很难通过投资收益维持或增加，而且金发拉比的主营业务发展并不乐观。综上所述，金发拉比盈利能力较差且持久性存疑，公司盈利能力也许不能支撑其于 2018 年实施的“高送转”政策。

表 12-7 金发拉比 2016—2017 年投资收益情况

类别	2016 年	2017 年
权益法核算的长期股权投资收益(亿元)	—	0.023
理财产品投资收益(亿元)	0.018	0.082
合计	0.018	0.105

3. 成长能力分析

公司的成长能力可以反映企业较上一年的发展速度，可以体现企业未来一段时间的经营状况和收益能力。研究表明，高成长性的公司才可以选择相对较高的股利分配政策，本案例选取了主营业务收入增长率、净利润增长率和净资产增长率来衡量金发拉比的成长能力。

图 12-5 为金发拉比 2012—2017 年主营业务收入增长率、净利润增长率和净资产增长率的各年情况。从图 12-5 中可以看出，金发拉比的主营业务收入增长率在 2012—2015 年逐年下降，2015 年主营业务收入增长率为－10.64%，达到历史最低值；但是，在 2015—2017 年，公司主营业务收入增长率逐年上升，但增长较为缓慢，说明公司主营业务发展情况一般。

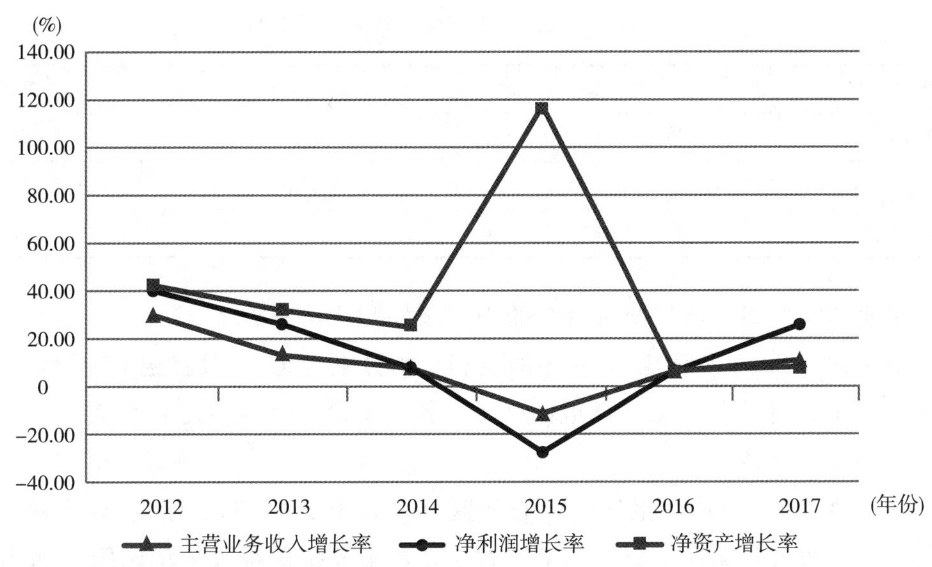

图 12-5　金发拉比 2012—2017 年成长能力指标情况

公司的净利润增长率与主营业务收入增长率相比，整体趋势基本保持一致且基本保持在较低水平。金发拉比的净资产增长率在上市当年快速增长达到迄今为止的最高值 116.39%，之后几年一直处于较低水平。金发拉比的主营业务收入增长率和净资产增长率相比于上市前都处于较低水平，而净利润增长率在 2017 年出现了一定幅度的回升也只是因为金发拉比在当年进行了几宗并购，公司整体成长能力一般。尽管金发拉比在上市之后开始加大网络销售平台的建设，并根据招股说明书中的承诺增加线下门店，开辟线上线下销售渠道在一定程度上增加了销售额，但对企业成长的帮助并不明显。

4. 与新规标准对比分析

金发拉比在 2017 年报披露当天同时宣布“高送转”股利分配政策，其披露时间距“严监管”新规发布时间较短，所以本案例将金发拉比的各项数据与新规标准进行了对比，探讨金发拉比此次“高送转”的实施条件。金发拉比的本次“高送转”预案披露日为 2018 年 3 月 31 日。上交所在 2018 年 4 月 4 日发布了有关高送转信息披露指引的征求意见稿。深圳证券交易所在 2018 年 11 月 23 日发布了《深圳证券交易所上市公司信息披露指引第 1 号——高比例送转股份》，对上市公司“高送转”股利政策制定了严格规定，明确了上市公司“高送转”的限制条件，要求公司必须满足下列条件之一：

(1)最近两年净利润持续增长，且每股送转比例不能高于上市公司最近两年净利润的复合增长率。

(2)报告期内再融资和并购重组事项导致公司净资产产生较大变动的，每股送转比例不得高于上市公司报告期末较之期初净资产的增长率。

(3)近两年净利润持续增加且近三年每股收益不低于1元，公司认为披露高送转方案确有必要的，则应披露提议理由及合理性，且实施后每股收益不得低于0.5元。

金发拉比2015—2017年财务指标见表12-8。

表12-8 金发拉比2015—2017年财务指标　　单位：元

年份	净利润	每股收益	净资产
2015	68 763 667.11	0.45	833 432 350.21
2016	72 755 668.33	0.36	887 148 379.55
2017	91 567 143.91	0.66	961 735 668.63

将金发拉比的财务指标与深交所发布的规定条件对比研究如下：

对比分析条件(1)，金发拉比2018年的股利分配方案为每10股转送7.5股，即每股送转比例为0.75，而通过计算可以得知最近两年金发拉比的净利润复合增长率为0.15，远小于其每股送转比例，不符合条件。

对比分析条件(2)，公司在报告期内有并购事件，于2017年5月25日认购了蜜儿乐儿20%的股权导致公司报告期内净资产产生较大变动，金发拉比每股送转比例为0.75，而其净资产增长率仅为0.08，每股送转比例远高于当期净资产增长率，不符合条件。

对比分析条件(3)，金发拉比近两年净利润逐年增加，但其近三年每股收益均小于1元，且三年中每股收益最高值仅为0.66元，公司财务指标不符合该条件。

综上所述，公司没有达到深交所新规中明确的“高送转”实施标准，金发拉比在公司2017年度报告公布的同一天披露了此次“高送转”实施方案，如此匆忙，且预案公告日距离新规发布时间跨度并不长，很可能是为了规避严监管，其“高送转”真实目的有待商榷。

(二)金发拉比“高送转”动因分析

1. 传递利好消息

信息不对称在资本市场中客观存在，公司管理层和中小投资者对公司信息的掌握程度不同，管理层对公司信息和其经营和未来发展情况有更加充分的了解，但是中小投资者仅能根据公开披露的信息来对公司进行分析判断，同时因为很多中小投资者缺乏专业的知识储备，“高送转”股利政策被很多投资者认为是公司经营状况良好，发展潜力较大的信号，是管理层向市场传达的利好消息。

1)国家政策支持

金发拉比的产品面向母婴市场，我国母婴消费品行业依托国家政策利好，发展潜力巨大。我国自2013年开始推行“单独二孩”政策，儿童人口数量开始明显增长，2014年儿童人口数量增长幅度超过1%，当年全国儿童人口数量占国内总人口数量的比例达到了16.49%，而2015年《中共中央关于制定国民经济和社会发展第十三个五年规划的建议》中明确了全面放开二孩政策，自此我国人口生育高峰期开始到来，儿童人口数量逐年开始大规模增长，这意味着相关利好政策使母婴消费品行业发展潜力更为巨大，市场更加广阔。

2)金发拉比发展战略

金发拉比开始逐步转型，试图进行多元化发展，先后进军了食品、文化教育等发展前景较为乐观的行业，"高送转"政策也许就是大股东与管理层给外部中小投资者吃的"定心丸"，表现出他们对公司发展良好的信心。2017年年初，金发拉比同蜜儿乐儿童乳液(上海)有限公司签订协议，通过增资和股份收购的方式持有蜜儿乐20%的股权，而且据此间接获得了丹麦奶粉厂16%的股权，金发拉比由此进入了食品相关行业。2017年5月，在文化产业成为我国战略性新兴产业的背景下，金发拉比以现金入股，和黄淦、郑晓瑜一齐投资设立了汕头市拉比文化教育咨询有限公司，开始涉足文化教育行业。同年6月，金发拉比又出资与其他公司一齐成立了广东加康医疗投资中心，拓宽了公司的投资平台。金发拉比在2017年逐步拓展了公司业务，开始进入其他行业，无论是食品，还是文化，抑或是医疗投资中心，看上去都是前景较为乐观的发展领域，而且金发拉比在进入时也获得了业绩承诺，若没有达到承诺标准，公司可以收到现金或股份补偿，这一切似乎都表明金发拉比发展前景较为明朗。

综上所述，即使金发拉比自2015年上市之后发展情况有所下降，但在二孩政策利好和公司多元化经营的背景下，中小投资者会因为信息不对称造成误判，相信"高送转"传达的利好消息，相信公司股价即使因除权除息后下降，公司在将来依旧可以依靠良好的盈利能力抬升股价，因此，金发拉比通过增加投资收益的方式提高净利润和国家政策的利好，利用"高送转"股利政策向市场传递公司经营状况及发展前景良好的信号。但是，公司是否可以真正利用好国家政策、多元化战略有利于公司发展，这些都需要通过对其"高送转"后各项财务指标的分析得出答案。

2. 提高股票流动性

股票流动性反映的是上市公司股票在市场上转让的难易程度，股东并不能退股，只能通过股票转让获得流动资金，而股票流动性越好，股东越容易在市场中对股票进行转让，股票的高流动性可以吸引更多的投资者，也有利于公司股价的提升，而股票流动性越低，投资者买入该股票的可能性则越少，投资者买入低流动性股票后很有可能被套牢。上市公司的管理层与大股东同样希望公司股票具有较高流动性，因为高流动性股票可以吸引更多投资者，在一定程度上提高公司股价可引起更多投资者的注意，形成良性循环，而且较高的股票流动性也可以让大股东可以更容易地进行减持等操作来满足个人利益。股价因为股本规模的增加而降低时，投资者往往会产生"价格幻觉"，缺乏专业知识的投资者在对比历史股价后，发现公司"高送转"后的股价较低，所以认为上市公司股价上涨空间很大。同时，因为市场中的许多投资者资金有限，他们倾向于买入股价较低的股票，如此，低股价且预期会上涨的股票自然会进入投资者的视野。那么，无论是为了公司在股票市场中的表现，还是为了迎合投资者的各种偏好，抑或是为了满足大股东的需求，上市公司都希望提高本公司的股票流动性。

国内外学者对衡量股票流动性的相关指标进行了大量研究，一般而言，股票流动性可以用单位时间内的成交量或换手率进行衡量。单位时间内的成交量越大，换手率越高，股票的流动性越好。外部投资者可以根据市场中股票的成交量与换手率来判断该股票流动性的高低。

由图 12-6 可知，自 2017 年 9 月开始，金发拉比的股价虽然略有波动整体呈现下降趋势，但在股票“高送转”前后有一定程度的回升。金发拉比股票的下降可能受到了中美 2017 年 3 月开始的贸易战的影响，也可能是因为金发拉比在二孩利好政策背景下经营业绩一般，低于行业平均水平的发展速度让投资者对公司丧失了信心。而通过“高送转”股利政策，金发拉比的股票价格在预案公告日后逐渐小幅上升，截至 6 月 19 股权登记日，其股票价格增长到 13.79 元，在整体大环境并不乐观的背景下，金发拉比股价的上升说明送转股政策确实起到了一定作用。在 6 月 20 日除权除息后，金发拉比的股价下降到 7.40 元，价格较低的股票意味着股价下跌空间较小而上涨可能性较大，同时与公司股票价格较高时相比，投资者以同样的本金可以获得更多的股票，出于投机逐利的心理，投资者此时会进行新一轮的买进，公司股票的流动性在此时大大提高。统计表明，2018 年 6 月 20 日至 2019 年年初，金发拉比的日均成交量在 434 万股左右，远高于“高送转”政策实施之前。

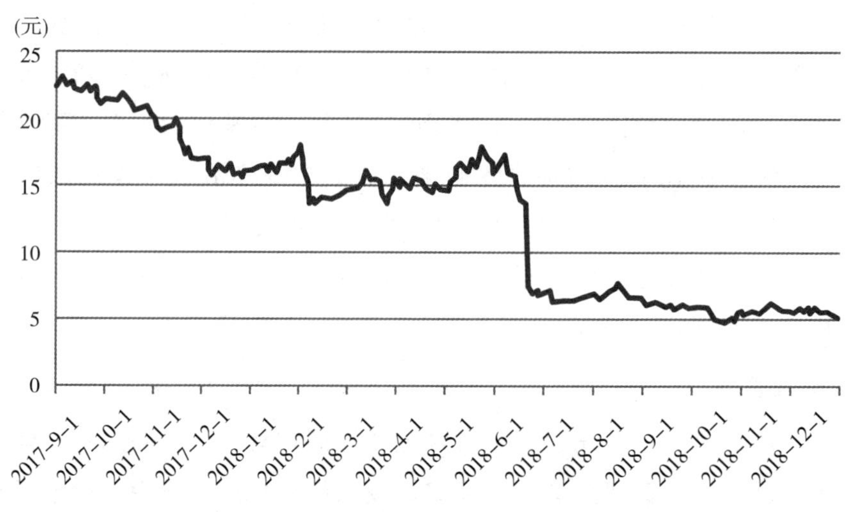

图 12-6　金发拉比股价走势

金发拉比在发布“高送转”预告之前就在网上将实施“高送转”的消息流出，所以事先披露相关讯息的嫌疑较大。投资者在预案公告前通过网上的消息猜测金发拉比有极大可能会实施“高送转”，所以提前大量买进公司股票。由图 12-7 和图 12-8 可以看出，金发拉比的股票成交量和换手率从 2018 年 1 月以来出现大幅上涨，从 2018 年 1 月 2 日至 3 月 31 日预案公告日，金发拉比的股票日成交量由 1 019 053 股上升到 2 759 230 股，增长幅度达到 170.76%，换手率也从 1.47%增长到 3.97%，增长了 170.07%。

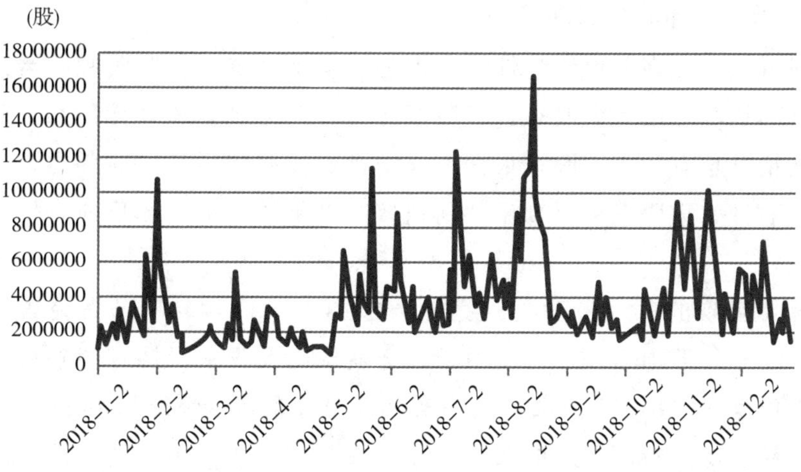

图 12-7 金发拉比“高送转”前后股票日成交量

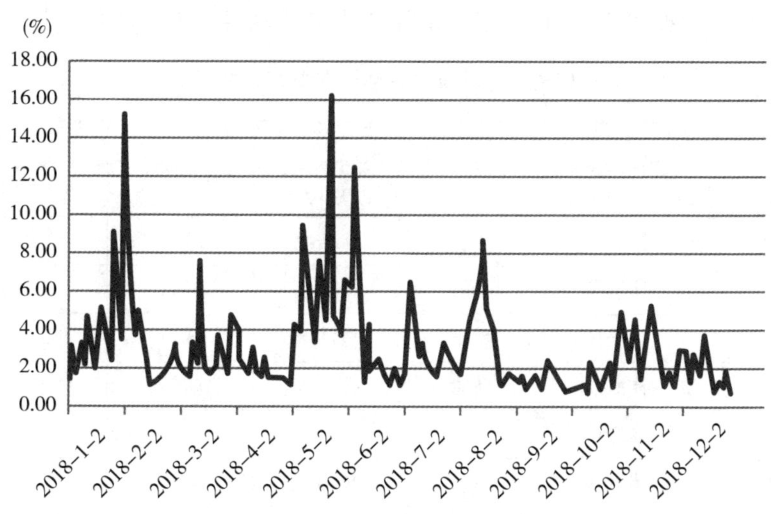

图 12-8 金发拉比“高送转”前后股票日换手率

金发拉比 2018 年 1 月的股票日均成交量在 276 万股左右，平均换手率为 3.98%，无论是日均成交量还是换手率都远远低于“高送转”实施以后。自 2015 年 2 月开始，金发拉比的股票流动性开始在波动中提高并出现明显的高峰，截至 2018 年 8 月，金发拉比股票的日均成交量维持在 364 万股左右，最高日成交量超过 1 658 万股，日均换手率最高值也超过 16%，二者最高值相比于 1 月初都增加了不止 7 倍。一般情况下，如果没有特殊政策或利好的影响，上市公司股票的成交量和换手率不会出现如此巨大的变动，这说明“高送转”使公司股票流动性有了大幅度的提高。

综上所述，提高股票流动性是金发拉比实施“高送转”的动因之一，吸引投资者注意，迎合投资者的投机心理和对“高送转”政策的盲目追捧，提高公司股价，便于满足大股东其他方面的需求。

3. 满足大股东减持和股权质押的要求

从上文分析可知，提高股票流动性是上市公司实施“高送转”股利政策的动因之一，而公司股票流动性的提高可以为大股东进行股票减持提供便利，流动性越高，股票越容易被转让，同时股价的抬升也有利于大股东根据个人安排选择股权质押的时间点，比如本案例所涉及的大股东股权质押，大股东可以利用“高送转”带来的积极市场反应，促进股价上涨，从而取得高额融资。

从大股东减持套现的角度来看，金发拉比 2018 年“高送转”预案公告日为 6 月 13 日，而 2018 年 6 月 11 日，即预案公告日前两天，金发拉比大股东所持有的限售股迎来了最后一批解禁，本次共解禁 12 881.75 万股。公司实际控股股东减持情况如表 12-9 所示，金发拉比大股东林浩茂连续多次减持了手中的股票，累计减持 3 342 万元，其中涉及的解禁股套现获得 1 339 万元。由此可见，大股东林浩茂计划利用“高送转”股利政策，在公司送转方案公布当天同时公布减持计划，其为自身在股价高点减持获利提供便利的动机非常明显。

表 12-9　金发拉比实际控股股东减持情况

公告日期	股东名称	股东类型	关联高管	方向	参考市值（万元）	是否减持解禁
2018 年 10 月 30 日	林浩茂	高管	林浩亮	减持	298.09	—
2018 年 10 月 31 日	林浩茂	高管	林浩亮	减持	402.31	—
2018 年 11 月 1 日	林浩茂	高管	林浩亮	减持	82.95	—
2018 年 11 月 27 日	林浩茂	高管	林浩亮	减持	359.93	—
2018 年 11 月 28 日	林浩茂	高管	林浩亮	减持	90.17	—
2018 年 11 月 29 日	林浩茂	高管	林浩亮	减持	491.46	—
2018 年 12 月 6 日	林浩茂	高管	林浩亮	减持	154.32	—
2019 年 1 月 7 日	林浩茂	高管	林浩亮	减持	124.31	—
2019 年 1 月 8 日	林浩茂	个人	—	减持	298.12	是
2019 年 1 月 8 日	林浩茂	个人	—	减持	402.35	是
2019 年 1 月 8 日	林浩茂	个人	—	减持	359.97	是
2019 年 1 月 8 日	林浩茂	个人	—	减持	154.37	是

从大股东股权质押的角度来看，股权质押就是将股票作为标的物换取资金的行为。股东进行股权质押时不但可以获取资金而且对其控制权并没有影响，同时禁止流通的限售股也可以进行股权质押，所以很多上市公司大股东通过股权质押的方式进行融资，希望可以在不影响公司的控制权的前提下获取资金，之后再根据情况选择是否解除质押，最大限度地实现自身利益最大化。但是若股权质押爆仓，股东就会面对失去控制权的风险。随着股权质押数量增加相关的风险也随之而来，若公司被爆出巨额亏损，股价跌破规定的补仓线，则其违约风险将会剧增。所以进行股权质押的控股股东会进行市值管理稳住公司的股价来规避平仓从而

失去控制权，他们会通过公司股利政策来降低自身风险。相关研究也表明，若存在股权质押，控股股东一般情况下更希望选择“高送转”股利政策，且股权质押比例越高，平仓风险越大时，这种倾向会越明显。金发拉比大股东股权质押的情况一直存在，且此次“高送转”前后，公司大股东股权质押行为频繁，金发拉比自 2015 年成立起至 2020 年 12 月 31 日共进行过 37 次股权质押，仅在 2018 年就进行了 22 笔股权质押，2018 年股权质押次数占其股权质押总次数的 59.5%。公司 2018 年股权质押情况如表 12-10 所示，公司大股东林浩亮在公司实施“高送转”的这一年度进行了非常频繁的股权质押，而且在 2018 年之前公司大股东股权质押的情况一直存在，这说明金发拉比的大股东似乎非常青睐通过股权质押进行融资，也非常希望降低股权质押的风险。

表 12-10　金发拉比 2018 年股权质押情况

公告日期	股东名称	质押方	质押股数(万股)
2018 年 2 月 8 日	林浩亮	广发证券	0.01
2018 年 2 月 8 日	林浩亮	广发证券	0.01
2018 年 2 月 8 日	林浩亮	广发证券	0.01
2018 年 2 月 8 日	林浩亮	广发证券	0.01
2018 年 4 月 9 日	林浩亮	广发证券	20
2018 年 4 月 9 日	林浩亮	广发证券	200
2018 年 6 月 14 日	林浩亮	广发证券	80
2018 年 6 月 14 日	林浩亮	广发证券	400
2018 年 6 月 14 日	林浩亮	广发证券	1 229.99
2018 年 6 月 14 日	林浩亮	广发证券	0.01
2018 年 10 月 16 日	林浩亮	广发证券	0.01
2018 年 10 月 16 日	林浩亮	广发证券	0.01
2018 年 10 月 16 日	林浩亮	广发证券	0.01
2018 年 12 月 4 日	林若文	广东广发互联小额贷款	350
2018 年 12 月 18 日	林浩亮	广发证券	1 155
2018 年 12 月 18 日	林浩亮	广发证券	490
2018 年 12 月 18 日	林浩亮	广发证券	210
2018 年 12 月 18 日	林浩亮	广发证券	752.5
2018 年 12 月 18 日	林浩亮	广发证券	0.01
2018 年 12 月 18 日	林浩亮	广发证券	500
2018 年 12 月 18 日	林浩亮	广发证券	3 400
2018 年 12 月 18 日	林浩亮	广发证券	617.51

注：公告日期与质押股数相同的质押情况因其质押起始日、质押截止日和解押日期等有所区别，因此将其分别列示，限于篇幅不再赘述。

如表 12-10 所示，金发拉比在 2018 年期间的股权质押情况不仅频繁，且数额巨大。经过“高送转”，金发拉比总股本增加，可以选择在市场产生积极反应的股价高点质押股票，达到获取高额贷款资金的目的；同时股价提升可以在一定程度上提升公司市值，防范股权质押后控制权转移的风险。根据相关公告，金发拉比大股东林若文与林浩亮公开的股权质押目的都是出于个人财务安排，并没有其余的解释。当公司存在股权质押，特别是仅仅有第一股东或其他公司重要股东共同进行质押时，上市公司进行股票送转的概率明显提高。无论是为在股权质押时获得更多融资，还是为在股权质押后防范控制权转移的风险，存在股权质押或希望进行股权质押的股东希望通过“高送转”进行市值管理，因为“高送转”股利政策优势非常明显，和其他方式相比，“高送转”具有实施门槛和操作成本低，法律风险低且易获得投资者青睐的好处。公司通过“高送转”增加公司市值，大股东不但可以降低自身股权质押的风险，还可以根据自身需要根据选择时机进行质押，而“高送转”操作成本又很低，有需要的大股东又何乐而不为呢？所以金发拉比此次实施的“高送转”股利政策的动因之一可能是为了进行市值管理从而降低股权质押带来的风险，或是为大股东利用股权质押融资做好铺垫。

4. 规避严格市场监管

根据本案例对金发拉比的送转、盈利和成长能力的分析可知，金发拉比 2018 年并不具备实施“高送转”股利政策的条件，而与不久之后深圳证券交易所发布的关于“高送转”的新规对比，金发拉比也不符合监管机构限定的“高送转”前提条件，金发拉比此次匆忙的“高送转”也许可以从时间线索中找到原因。金发拉比公布“高送转”预案的时间为 2018 年 3 月 31 日，这和公司 2017 年年报披露时间为同一天，而之后不久上海证券交易所和深圳证券交易所都相继公布了相关指引对上市公司的“高送转”行为进行了严格的规定。因此，此次“高送转”股利政策可能是为了争取在严监管正式落地生效前匆忙进行的。金发拉比 2017 年经营情况一般，而上交所和深交所已经发布过关于严格限制“高送转”的征求意见稿，可以预见的是若正式指引发布，金发拉比实施“高送转”股利政策的希望渺茫，所以无论是出于公司角度考虑需要还是为了满足大股东的利益诉求，公司都必须尽快实施“高送转”股利政策。

我国监管机构对“高送转”的监管力度近年来不断趋严。2013 年由中国证监会发布的《上市公司监管指引第 3 号——现金分红》中规定上市公司应在高成长性和每股净资产的摊薄的前提下选择分配股票股利。自 2015 年开始，监管机构不断加强监管力度，对多所上市公司实行的“高送转”政策实施了问询，但监管力度的加强并没有使市场中“高送转”的热潮消退。在这种情况下，上交所、深交所在公布征求意见稿之后于 2018 年正式相继发布了《上海证券交易所上市公司高送转信息披露指引》和《深圳证券交易所上市公司信息披露指引第 1 号——高比例送转股份》，对上市公司“高送转”行为进行了严格限制，这和金发拉比公布“高送转”股利政策相距并不久。因为案例公司金发拉比于深交所上市，所以将以深交所发布的指引为参考进行分析。深交所发布的指引中第五条规定实施“高送转”的公司最近两年净利润必须保持持续增长，且每股送转比例不能高于上市公司最近两年净利润的复合增长率。

如表 12-11 所示，金发拉比 2018 年的股利分配方案为每 10 股转送 7.5 股，换言之，公司每股送转比例为 0.75，虽然金发拉比近两年净利润持续增长，但其净利润复合增长率仅为 0.15，远小于其每股送转比例。同时，指引限定“高送转”公司近两年净利润需持续增加且近三年每股收益不低于 1 元。金发拉比 2015—2017 年的每股收益都小于 1 元，并不符合规定。除对上市公司财务指标提出了要求外，深交所为了防止大股东利用“高送转”减持套现，也对公司大股东及高管的减持行为做出了限制，即上市公司不得在提议股东、控股股东及其一致行动人、董事、监事及高级管理人员在公司“高送转”前后存在减持或预计减持的情况下进行“高送转”。分析金发拉比相关资料可知，其身兼董事长和第一大股东身份的林浩亮在预案公告日当天就宣布了减持计划且另一大股东林浩茂也在公司实施“高送转”后进行了减持，这不仅不符合新指引的要求，也间接印证了金发拉比满足大股东减持套现的这一动因。

表 12-11　金发拉比 2015—2017 年净利润与每股收益

	2015 年	2016 年	2017 年
净利润(亿元)	0.69	0.73	0.92
每股收益(元)	0.66	0.36	0.45

综上所述，金发拉比强行且如此匆忙地实施“高送转”股利政策的动机，很可能是为了向市场传递利好消息，提高公司股票流动性，进而满足大股东减持和股权质押的需要，同时又考虑到公司很可能不能满足即将公布的更加严格的“高送转”新规。

四、案例思考

1. 分析上市公司热衷于“高送转”这一股利分配方式的原因。
2. 讨论“高送转”股利分配方式对大股东和中小股东的影响分别是什么。

参考文献

[1] 刘鑫宏. 中国A股IPO融资成本差异:民营、国有上市公司的证据[J]. 当代财经,2010(4):53-62.

[2] 沈锡飞,苏为华. 基于信息不对称条件下企业IPO筹资成本评价模型[J]. 商业经济与管理,2008(9):46-51.

[3] 王木之,李丹. 资本市场中的媒体公关:来自我国企业IPO的经验证据[J]. 管理世界,2016(7):121-136+188.

[4] 王小君. 上市公司股权融资成本影响因素分析[J]. 合作经济与科技,2018(7):38-50.

[5] 王晓梅,龚洁松. 创业板市场IPO融资成本的影响因素研究[J]. 北京工商大学学报(社会科学版),2012(27):77-81.

[6] 王雪琴. 传统媒体如何利用新媒体实现跨界合作:以读者集团利用新媒体为例[J]. 中国传媒科技,2013(18):156.

[7] 项国鹏,周鹏杰. 商业模式创新:国外文献综述及分析框架构建[J]. 商业研究,2011(4):84-89.

[8] 邓路,廖明情. 上市公司定向增发方式选择:基于投资者异质信念视角[J]. 会计研究,2013(7):56-62+97.

[9] 邓路. 上市公司定向增发融资行为研究[M]. 北京:中国经济出版社,2012.

[10] 耿建新,吕跃金,邹小平. 我国上市公司定向增发的长期业绩实证研究[J]. 审计与经济研究,2011(6):52-58.

[11] 顾海峰,吴狄,中国上市公司定向增发公告效应的影响因素研究:基于事件研究法的实证分析[J]. 经济与管理评论,2014(6):82-88.

[12] 王峰娟,粟立钟. 中国上市公司内部资本市场有效吗:来自H股多分部上市公司的证据[J]. 会计研究,2013(1):70-75+96.

[13] 王惠庆,葛军,马小勇. 多元化相关程度与内部资本市场配置效率研究[J]. 东南大学学报(哲学社会科学版),2015(3):96-101+148.

[14] 谢军,黄志忠. 区域金融发展、内部资本市场与企业融资约束[J]. 会计研究,2014(7):75-81+97.

[15] 刘海龙. 债券定价与债券风险预警方法综述[J]. 系统管理学报,2016(1):1-10.

[16] 陆巍峰,杜国庆,陈楠希. 我国债券市场违约处置的现状及市场化处置方式探讨[J]. 金融市场研究,2016(2):51-61.

[17] 苗霞. 债券违约形成整合性框架:文献的视角[J]. 财会通讯,2018(6):124-129.

[18] 沈炳熙,曹媛媛. 中国债券市场30年改革与发展[M]. 北京:北京大学出版社,2014.

[19] 汪莉，陈诗一.政府隐性担保债务违约与利率决定[J].金融研究，2015(9)：66-81.

[20] 宁静，杨景岩，杨淑飞，刘锦.浅谈盈利补偿协议与对赌协议的区别[J].财务与会计，2013(1)：50.

[21] 潘爱玲，邱金龙，杨洋.业绩补偿承诺对标的企业的激励效应研究——来自中小板和创业板上市公司的实证检验[J].会计研究，2017(3)：46-52＋95.

[22] 曲晓辉，卢煜，张瑞丽.商誉减值的价值相关性：基于中国A股市场的经验证据[J].经济与管理研究，2017(3)：122-132.

[23] 王竞达，范庆泉.上市公司并购重组中的业绩承诺及政策影响研究[J].会计研究，2017(10)：71-77＋97.

[24] 谢纪刚，张秋生.上市公司控股合并中业绩承诺补偿的会计处理——基于五家公司的案例分析[J].会计研究，2016(6)：15-20＋94.

[25] 杨超，谢志华，宋迪.业绩承诺协议设置、私募股权与上市公司并购绩效[J].南开管理评论，2018(6)：198-209.

[26] 姜硕，陈明，胡启磊.代理问题下对优先股股东利益保护的思考[J].财会月刊，2015(3)：23-25.

[27] 刘浩，杨尔稼，麻樟城.业绩承诺与上市公司盈余管理：以股权分置改革中的管制为例[J].财经研究，2011(10)：58-69.

[28] 郭滨辉，王胜.限售股转让的税政及税收筹划[J].财务与会计，2020(1)：59-61＋64.

[29] 何平林，辛立柱，潘哲煜，等.上市公司股票送转行为动机研究：基于股权质押融资视角的证据[J].会计研究，2018(3)：57-63.